BRASIL

DO AMOR AO TERROR
O GOLPE DE ESTADO HÍBRIDO

Ráyel G. C. Barroso

Dados Internacionais de Catalogação na Publicação (CIP)

Ráyel G. C. Barroso
Brasil do amor ao terror : o golpe de estado híbrido / Ráyel G. C. Barroso. -- 1. ed. -- [S.l.] : Ed. do Autor, 2024.   385 p.

ISBN: 9798323695652

1. Ciência Política. 2. Ditadura 2.0. 3. Democracia - Brasil. 4. Liberdade de expressão. 5. Regimes de exceção. 6. Manifestações populares. I. Título.

CDD: 320.981

----

*Em memória dos que tombaram na defesa
dos valores democráticos.*

ÍNDICE

PREFÁCIO

O Brasil de 2024, quando esse livro foi escrito e publicado, é uma sombra do que está destinado a ser. Escrever um livro sobre Golpe de Estado Híbrido e Ditadura 2.0 em um país com "democracia pujante" é algo desafiador. Em 2024 o Brasil possui presos políticos, jornalistas exilados, outros tantos censurados, perseguição político-partidária a opositores do governo e até morte de prisioneiro político. Situações absurdas, que atentam contra os princípios democráticos, a Constituição Federal de 1988 e o devido processo legal, estão sendo impostas aos cidadãos.

Para alimentar o transe coletivo, a imprensa corrompida e autoridades corruptas, repetem exaustivamente um mantra falacioso: "Não reaja! Ignore qualquer oposição ou denúncia, certamente é discurso de ódio, extremismo ou "Fake News". Tudo está sendo feito para defender as instituições e a democracia". Sob essas justificativas, acontecimentos típicos de regimes ditatoriais são acompanhados pela população, como se fossem notícias de uma realidade distante, muito distante. A relativização orquestrada pela imprensa e autoridades faz com que, o sofrimento de cidadãos, lutando pela democracia, pareça até mesmo divertido ou justificável.

As pessoas que despertam do transe e buscam se informar, reagem à ideia de que o Brasil esteja vivendo uma democracia pujante. Mas, ao contrariar a "verdade oficial" elas descobrem que todo o sistema já foi aparelhado. Por esse motivo, o regime, bancado com o dinheiro dos impostos, está sendo usado para perseguir e silenciar qualquer um que ouse discordar. Quer saber como foi possível acontecer algo assim no Brasil? Deseja entender a conexão entre alguns dos principais fatos da história recente do país e a tomada de poder? Quer saber qual é a forma de resistir? Bom, então esse livro é para você!

Vamos analisar o modelo de Golpe de Estado Híbrido e o novo estilo de ditadura decorrente dessa forma sutil de tomada do poder. Moderna, elegante e difusa, mas tão nefasta e pútrida quanto qualquer outra ditadura. Assim é a Ditadura 2.0. Esse fenômeno político não está limitado ao Brasil. Milhões de pessoas estão experimentando a opressão causada pelo seu modo de atuação difuso mas terrivelmente sufocante. Quem percebe o risco representado por essa nova forma de ditadura e tem coragem, reage. Talvez você, em algum momento, sentiu-se da mesma maneira que foi descrita por Eric Clapton na música "This Has Gotta Stop", que é um grito de protesto:

"Isso tem que parar. Basta! Eu não aguento mais essa porcaria. Já foi longe o suficiente. Se você quer reivindicar minha alma, você terá que vir e derrubar esta porta. Eu sabia que algo estava acontecendo de errado quando você começou a estabelecer a lei. Eu não consigo mover minhas mãos. Eu começo a suar, eu quero chorar. Não aguento mais. Isso tem que parar. Basta! Eu não aguento mais essa porcaria. Já foi longe o suficiente. Se você quer reivindicar minha alma, você terá que vir e derrubar esta porta. Eu estive por aí muito tempo. Vi

tudo e estou acostumado a ser livre. Eu sei quem sou. Tente fazer o que é certo. Então me tranque e jogue a chave fora. Isso tem que parar. Já é suficiente. Eu não aguento mais essa porcaria. Pensando nos meus filhos. O que sobrou para eles. E então o que está vindo na estrada. A luz no túnel pode ser o trem para o sul. Senhor, por favor, ajude-os com sua carga."

Eric Clapton, cantor

This Has Gotta Stop

DITADURA 2.0

Ditaduras

Nossa jornada não terá início nas águas mansas e cristalinas da democracia. Não, definitivamente não! De acordo com Sun Tzu, "Se você conhece o inimigo e conhece a si mesmo, não precisa temer o resultado de cem batalhas. Se você se conhece mas não conhece o inimigo, para cada vitória ganha sofrerá também uma derrota. Se você não conhece nem o inimigo nem a si mesmo, perderá todas as batalhas." Então precisamos conhecer o inimigo. Porque o fato de você escolher esse livro já demonstra autoconhecimento e consciência sobre o quanto sua preparação é importante.

Nosso inimigo é o regime que subverte a democracia, atenta contra valores fundamentais e ignora a Constituição Federal de 1988. Para conhecê-lo, é fundamental entender o conceito que pode ser empregado a ditaduras convencionais. Você na maior parte das vezes vai encontrar textos caracterizando ditadura como um regime político com poder absoluto, autocrático e concentrado nas mãos de um pequeno grupo ou de uma única pessoa. Alguns autores também citam a abolição das instituições democráticas ou o seu completo controle pelo regime como características das ditaduras. A concentração de poder vem acompanhada de supressão de direitos e liberdades, contaminação do processo eleitoral, estatização da economia, controle dos órgãos de imprensa e dos meios de comunicação, perseguição política e ideológica além do culto à personalidade ou ao legado do tirano.

Ditaduras podem ser militarizadas, quando os tais ditadores são militares. Elas também podem ser de Partido único, quando tudo no Estado é controlado por integrantes do "grande partido". Nesse contexto, qualquer outra representação política é automaticamente rotulada como subversiva, afinal só pode haver um partido. No entanto, nos dias atuais essas abordagens são de difícil emprego. Os mecanismos de controle, inerentes à democracia, organismos multilaterais internacionais, o comércio e as relações diplomáticas representam entraves aos processos violentos ou ostensivos de tomada do poder. De tal maneira, que violações acintosas dos direitos humanos, liberdades individuais ou o rompimento brusco da ordem democrática podem ocasionar sanções políticas, econômicas, diplomáticas e comerciais por parte de outros países.

As experiências mais recentes de Golpe de Estado ou estabelecimento de Ditaduras pelas vias tradicionais deixaram claro o preço a se pagar pelo poder: Destruição das relações comerciais, isolamento internacional, sanções econômicas, resistência popular e perda de legitimidade dos regimes e dos ditadores, desde o primeiro momento. Então foi preciso repensar a estratégia, uma vez que, de nada adianta conquistar uma terra arrasada, se o ditador deseja fazer uso da plenitude de seus recursos e gozar de legitimidade aos olhos da comunidade internacional. Até mesmo porque, atualmente, Narco Estados e países que sofrem rupturas institucionais graves, são considerados párias e suas lideranças podem ser incluídas em processos por crimes contra a humanidade ou ter patrimônio confiscado por bancos estrangeiros. Por esses motivos, as pessoas interessadas em obter controle absoluto sobre um país que já é considerado uma democracia evitam a tomada hostil de poder. Eles tomam o poder de maneira mais sutil, estabelecendo as ditaduras 2.0.

#

Disfarçando ditaduras

Nos últimos cinquenta anos a repressão e controle assumiram contornos mais difusos, dificultando sua identificação tanto para a população diretamente afetada quanto para a comunidade internacional. As monarquias absolutistas, depois de um longo processo civilizatório, deram espaço para as chamadas democracias modernas. Assim, a maioria dos países ocidentais optou pelo respeito à liberdade de expressão, aos direitos humanos e a representatividade da vontade da maioria através do voto. Entretanto, o desejo de exercer poder absoluto sobre uma nação, sem a necessidade de aprovação da maioria da população, continuou a existir na alma de muitas pessoas. Sob o mote de que eleição não se ganha, se toma a nova estratégia dos ditadores é corromper a democracia, usando para isso as suas próprias instituições. Como veremos em breve, muitas democracias no ocidente estão sendo corrompidas para, pouco a pouco, se transformarem em "ditaduras 2.0". Elas agem como ditadura, fedem como ditadura mas garantem que são democracias pujantes.

Usando maneiras mais sutis de controle e repressão, geralmente com a conivência do judiciário e das Forças Armadas, as leis viram pretexto para contingenciar quaisquer reações contrárias desencadeadas pela população. Mudanças culturais são impostas como avanços civilizacionais, a opinião da maioria passa a ser marginalizada por supostamente representar opressão às minorias, liberdades como a de expressão, livre pensar ou de ir e vir são relativizadas em nome de alguma causa de "bem maior". O processo eleitoral vira um capítulo à parte. Ele passa a ser um teatro, um show macabro, realizado sob medida para acalmar a população e agradar os observadores internacionais.

Enquanto se esforça para criar a percepção de que tudo está sendo feito de acordo com as leis do país a "ditadura 2.0" ganha espaço eliminando vozes dissonantes, modulando a opinião pública através do controle dos meios de comunicação, usando a imprensa marrom para repetir a narrativa do governo e propondo novas leis para legitimar os próximos avanços. As ditaduras disfarçadas de democracia são tão difíceis de identificar porque um observador externo só irá receber notícias favoráveis ao regime. Afinal, as agências de notícias internacionais recebem as informações sobre o país diretamente das grandes empresas de comunicação, que na maioria das vezes são parceiras da ditadura.

Os organismos multilaterais internacionais são induzidos a acreditar que o país segue em regime de normalidade democrática. Os relatórios diplomáticos ou comerciais, quando muito, citarão apenas que o governo local está enfrentado problemas pontuais com lideranças políticas populistas, radicais de "extrema" alguma coisa e também com o discurso de ódio ou desinformação nas redes sociais. Ou seja, nada para ver! Afinal, isso soa igual ao que outros países relatam estar enfrentando ao redor do planeta.

Internamente, a população vai sendo dissuadida, ao longo dos anos, de qualquer possibilidade de reagir ao sistema. Perseguições implacáveis, exposição à situações de constrangimento e julgamentos com penas excessivamente altas são divulgados e repercutidos pela imprensa marrom, como atos exemplares do Estado na defesa da democracia. Nenhum discurso diferente da "verdade oficial" é admitido pela mídia como aceitável. As atividades online de cidadãos são rastreadas. O bloqueio de sites, aplicativos de mensagens ou plataformas de mídia passa a ser considerado "um mal necessário" para proteger a democracia e evitar desinformação ou discurso de ódio. Postagens, curtidas e comentários, que possam significar algum tipo de crítica ao governo ou autoridades, são usados como provas para perseguir e intimidar. Os indivíduos que insistem em pensar por conta própria, reagem à doutrinação massiva. Muitos deles não aceitam se curvar diante das ameaças implícitas feitas pelo regime. Autoridades, então, fazem o possível para identificar e depois rotular esses cidadãos como "extrema" alguma coisa, radicais, propagadores de "Fake

News", terroristas ou inimigos da democracia e de suas instituições.

Conhecendo as formas de atuação que citamos acima, talvez você esteja em melhores condições para identificar uma ditadura disfarçada de democracia. Essa maneira de tomada "soft" do poder representa um grande desafio para o sistema democrático internacional. Cada país que sucumbe se transforma em uma espécie de Cavalo de Tróia, continuando a gozar do status de democracia pujante, mas ele estará na verdade contaminando o cerne das práticas democráticas com seus exemplos de "sucesso". Vindo de um país democrático, com eleições supostamente regulares e transparentes, quem iria desconfiar que os incríveis casos de sucesso são frutos contaminados? Dessa maneira outras democracias "importam" soluções como o uso de sistemas informatizados de votação ou leis draconianas para combate à desinformação, que magicamente resolveram o maior problema do século XXI nas democracias pujantes.

Por mais complexo que seja analisar um cenário político, acredito que a melhor maneira de defender a democracia é ser capaz de identificar ameaças. Em geral, a verdadeira ameaça ao estado democrático de direito não é a apontada pelos governantes e autoridades que usufruem do poder Estatal. Melhor do que apenas acreditar no que eles dizem é observar o que eles fazem. Quando, em uma democracia legítima, o Estado começa a perseguir seus cidadãos, apontar o dedo para políticos e limitar os direitos da população, atenção: O verdadeiro problema, possivelmente, é o governo.

#

Silenciando a dissidência

Algumas décadas atrás a hegemonia da narrativa estabelecida pelos ditadores podia ser mantida com mais facilidade. No entanto, com os avanços tecnológicos recentes e as mudanças de comportamento da sociedade está ficando mais difícil impor a "verdade oficial". O mundo interconectado, com a informação descentralizada e distribuída, tornou possível que qualquer cidadão emita opinião, denuncie ou relate fatos. Tudo isso em tempo real e com imenso alcance. A informação descentralizada e distribuída permite que qualquer pessoa, bem informada, destrua narrativas oficiais. Por esse motivo, os regimes totalitários estão com dificuldades para manter o controle.

Houve uma época em que mandar mudar as manchetes do jornal do dia, visitar algumas lideranças políticas e reprimir aglomerações era o suficiente para impor o discurso de ditadores ou sustar controvérsias. Atualmente, as ditaduras precisam investir em estratégias muito mais complexas para fiscalizar múltiplas plataformas digitais. São esforços para, pelo menos, reduzir o alcance de determinados assuntos ou tentar silenciar pessoas com ideias contrárias ao regime.

Controlar o fluxo de informações, as mensagens e as redes sociais é essencial para um regime ditatorial. As ditaduras 2.0 enfrentam a dificuldade de ter de fazer a prevenção e o controle de danos da maneira mais discreta possível. Quando não tem êxito, o Estado apela para alguma acusação que sirva ao propósito de perseguir e neutralizar a dissidência. De forma geral, as medidas adotadas por ditadores para manter o controle da narrativa oficial ainda são baseadas no medo, desinformação, negação de acesso e vigilância. As ações de governos autoritários que assumiram ou estão em processo para assumir o controle de países democráticos, sob a égide da Ditadura 2.0, são revestidas com verniz de defesa da democracia ou instituições. Caso algum outro país perceba o que está acontecendo ou atenda aos pedidos de socorro, vindos da resistência democrática, o regime ditatorial reage com eloquência e indignação. Rapidamente as autoridades da ditadura 2.0 caracterizam tais questionamentos como ataques coordenados por extremistas transnacionais à democracia de seu país. Enquanto isso, o regime amplifica a utilização dos seguintes recursos:

Controle da Infraestrutura: Essa dimensão do poder se manifesta pelo domínio dos meios de acesso à internet através de Órgãos de Estado como agências reguladoras ou de fiscalização. Esse monopólio estatal sobre setores estratégicos, por exemplo o de Comunicações, oferece diversas formas de atuação quando o objetivo é filtrar, espionar ou bloquear o acesso da população à determinados conteúdos ou plataformas. Com pouco esforço e com garantia quase total de discrição, autoridades conseguem censurar seus opositores ou reduzir o alcance de mensagens contrárias ao regime. Da mesma forma, fica fácil monitorar dados online, invadindo a privacidade de milhões de pessoas para obter informações preciosas que permitam identificar opositores, planos da oposição ou informações comprometedoras que sirvam de ativos para chantagear inimigos políticos.

Ataques cibernéticos ou mandados de busca e apreensão: Para as ditaduras 2.0 é sempre importante manter as aparências, então nada melhor do que lançar mão de mandados de busca e apreensão. Eles são direcionados à pessoas conectadas à oposição e tiram proveito de ocasiões específicas para obter informações ilegalmente. Tudo é feito com aparência de uma operação policial regular, no entanto o que vai acontecer é o "fishing expedition" ou pesca probatória. Nessas operações os policiais são orientados a coletar o máximo possível de material, inclusive fora do escopo da investigação, de tal maneira que posteriormente, durante a fase de análise, seja possível encontrar prova ou evidência de algum crime. Uma prática condenável por atentar contra a privacidade, extrapolar no uso do poder de polícia e do monopólio do uso da força pelo Estado para perseguir indivíduos.

Entretanto, em alguns casos, as informações desejadas podem estar restritas a algum ambiente digital ou criptografadas. Em situações assim, as informações desejadas estão fora do escopo que possa ser alcançado pelo controle da infraestrutura ou obtido através de um mandado de busca e apreensão. A solução para os ditadores é utilizar os popularmente conhecidos "ataques hackers". Governos do mundo todo investem pesadamente em guerra eletrônica, para manter segura sua infraestrutura ou interferir em sistemas dos inimigos. Mas os regimes da ditadura 2.0 usam esses recursos contra a própria população. Perceba que, quase diariamente, casos de invasão de sistemas são noticiados. Bases de dados são roubadas, serviços têm sua operação suspensa e informações são manipuladas pelos atacantes. O que nunca é divulgado é o fato de que grande parte dessas ações criminosas são financiadas por governos ditatoriais.

Repressão Direta: Se você ainda acredita que intimidação por abertura de inquéritos policiais, prisão temporária e repressão policial violenta são coisas do passado e que as ditaduras 2.0 não lançam mão de algo tão óbvio, sinto muito informar, isso acontece o tempo inteiro. A diferença é que os motivos declarados são sempre cobertos e também recheados de boas intenções.

Assim, o regime persegue e desgasta a imagem do opositor político por qualquer motivo imbecil, mas sempre sob a narrativa de estar agindo pautado por princípios nobres. Conduziu um jetski em mar aberto? Isso pode render uma acusação por "importunação de baleia", afinal de contas o regime está comprometido com a preservação do ecossistema, não é mesmo? Jornalista criticou o governo? Inclui ele em um inquérito qualquer e diz que estava atacando a democracia. Empresário declarou apoio à oposição? Denunciou autoridades corruptas? Inclui logo esses extremistas em um inquérito qualquer e diz que estavam disseminando discurso de ódio, notícias falsas e conspirando para realizar um golpe de estado. Dessa maneira, a população é dissuadida de participar de atividades contra os interesses do governo. Isso tudo acontece sob o silêncio ou até mesmo os aplausos da imprensa marrom. Pouco a pouco, formadores de opinião, jornalistas, políticos, empresários e cidadãos comuns são perseguidos e afastados da vida pública, tudo em nome da democracia de papel.

Leis restritivas: A forma de legitimar a opressão e a perseguição ideológica ou política, sem chamar a atenção para o estado de exceção, é incluir nas leis do país itens que a justifique. Através de dispositivos legais mal intencionados ou interpretados de maneira conveniente, ditadores conseguem criminalizar a liberdade de expressão e até mesmo punir qualquer tipo de dissidência. Não importa como os opositores se manifestem ou se eles fazem as críticas usando redes sociais, sites ou aplicativos de mensagem, se eles puderem ser identificados serão enquadrados em alguma lei, de alguma maneira. Disfarçadas de avanços democráticos, leis são criadas ou modificadas para permitir medidas que deem suporte ao autoritarismo. Por meio dessa artimanha a ditadura 2.0 assume o controle do país, enquanto destrói a capacidade de percepção dos indivíduos sobre os limites legais da interferência do Estado em suas vidas.

Violência e intimidação: Semelhante ao que bestas e feras selvagens fazem, os regimes ditatoriais também marcam seus "territórios". Basicamente o "território" da ditadura 2.0 é delimitado pela "verdade oficial". Qualquer discurso ou indivíduo que ouse contrariar a narrativa oficial será reprimido com violência desproporcional. Não importando as intenções ou se ocorre no contexto de redes sociais, sites, jornais impressos e manifestações pacíficas.

A estratégia é deixar claro para toda a população que agir contra os interesses do governo ou contrariar a "verdade oficial" sempre será um péssimo negócio. Na idade média os inimigos eram esquartejados e os pedaços de seus corpos pendurados ao longo das vias públicas, para lembrar aos populares o destino de quem contrariasse os poderosos. Nesse sentido, as ditaduras 2.0 usam o banimento de perfis em redes sociais, bloqueio de recursos financeiros, proibição de utilizar determinadas plataformas ou de dar entrevistas, exclusão de postagens, limitação de alcance de acordo com o assunto, tornozeleira eletrônica, imprensa marrom para a disseminação de notícias falsas visando destruir a reputação ou, até mesmo, roubo e divulgação de dados pessoais comprometedores. Tudo com o objetivo de intimidar toda a sociedade e não apenas a pessoa ou a organização que é alvo das ações.

Manipulação da Informação: Nas redes sociais, aplicativos de mensagem, plataformas de mídia ou nos sites toda e qualquer dissidência é atacada por uma legião de contas criadas exclusivamente para desinformar a população e espalhar a propaganda do governo. A essa estratégia se juntam outras igualmente cruéis e antidemocráticas. Vamos conhecê-las em detalhes, para que você seja capaz de identificar, caso o regime tente usar algo parecido em suas redes:

Os chamados "trolls" atacam e ridicularizam qualquer pessoa ou organização que aponte erros, faça denuncias, critique ou expresse opinião contrária à ditadura 2.0. Tal estratégia empurra o comportamento médio da população para uma auto moderação cada vez maior, uma vez que a tendência natural da sociedade civilizada é evitar polêmicas e conflitos desnecessários. As pessoas vão se encolhendo, evitando abordar determinados assuntos em seus vídeos ou postagens para evitar o ataque dos "trolls" e também para manter a audiência. Ao agir dessa maneira, evitando determinados "assuntos tabu" a sociedade valida a estratégia de intimidação, que é usada, justamente, para manipular a informação que circula nas redes.

Entretanto, nem todas as pessoas se curvam à ditadura do politicamente correto ou à intimidação feita pelos "trolls". Nesses casos entra em cena o chamado "Fact-Checking" ou a checagem dos fatos. Usando a ideia legítima de verificar se determinada informação é verdadeira ou não, os governos ditatoriais desenvolveram uma poderosa arma para manipular a informação. Através de órgãos de "checagem", supostamente independentes, qualquer informação ou notícia que contrarie o regime será prontamente desacreditada, recebendo o selo de "Fake News"ou notícia falsa. Por meio desse método as críticas à ditadura 2.0 perdem alcance e divulgação nas redes. Os danos são ainda maiores, uma vez que as notícias ou informações rotuladas como "Fake News" também serão evitadas por agências de notícias nacionais e internacionais. Através desse método, mais uma vez, é assegurada a primazia da informação baseada na "verdade oficial" propagada pelo regime.

Se todas as estratégias acima falharem e caso a ditadura 2.0 já tenha logrado êxito no aparelhamento do Estado e de suas leis, um órgão estatal pode ser incumbido de perseguir judicialmente os que insistirem na dissidência. Usando uma lógica que parece saída da distopia 1984 de George Orwell, no qual um governo tirânico tinha um Ministério da Verdade com a função de determinar o que era ou não verdade, as ditaduras 2.0 criam órgãos estatais para, supostamente, combater a "desinformação". Sob o manto da legalidade e das intenções éticas, esses tentáculos da ditadura são criados e anunciados com galhardia. As notícias da imprensa marrom destacam a promessa de enfrentar a desinformação e ainda defender a frágil democracia.

Todo o processo fica ainda mais fácil com o avanço da tecnologia. Para, supostamente, combater a desinformação, os ditadores já podem utilizar inteligência artificial. Essa tecnologia permite detectar, rastrear e propor punições a cidadãos, de maneira automatizada, 24 horas por dia. Cabe ressaltar que a estratégia persecutória do "ministério da verdade" funciona muito bem em conjunto com o "Fact-Checking", punindo qualquer um que desafie a narrativa oficial e insista em propagar as notícias, postagens ou informações que já haviam sido rotuladas como "mentira", "desinformação"ou "notícia falsa".

Controle das Redes Sociais: As plataformas tecnológicas que oferecem serviços de comunicação por mensagens, postagem de conteúdo em texto ou vídeo são estratégicas para a disseminação e debate de ideias. Por conta disso, as ditaduras 2.0 fazem todo o possível para controlar as informações que circulam em serviços como o X, Youtube e Facebook, por exemplo. Vimos anteriormente, que através do controle da infraestrutura governos conseguem elevado nível de influência junto às empresas donas das principais plataformas de comunicação. O que não é obtido daquela forma pode ser através de leis regulatórias, influência financeira ou imposição com o uso de ameaças de retaliação judicial, com aplicação de pesadas multas, dificuldade burocrática para funcionamento em território nacional e até banimento.

Utilizando meios "criativos", autoridades da ditadura 2.0 censuram conteúdos e solicitam o fornecimento de dados pessoais dos usuários. Mas, atenção! O risco para os cidadãos é muito maior do que parece. Caso as plataformas colaborem com esses "governos democráticos", elas fornecerão dados que possibilitam análises para rastreamento das relações ou das interações entre os cidadãos que foram alcançados ou sensibilizados pelas mensagens contra o governo ditatorial, colocando em risco a normalidade da vida de milhões de pessoas.

Regimes autoritários odeiam a internet porque ela foi concebida para ser anárquica e assim conseguir elevado nível de resiliência a ataques. Juntando essa característica de design da internet com as novas tecnologias, que permitem acesso à informação de maneira descentralizada e distribuída, o cidadão obtém uma importante ferramenta na luta pela liberdade de expressão. O conhecimento do uso de ferramentas como as VPNs (redes privadas virtuais) ou de criptografia ponta a ponta permite que qualquer pessoa subverta todos os esforços governamentais citados no texto acima. Aplicadas corretamente, essas tecnologias asseguram comunicação livre do controle estatal, obtenção de notícias de fontes alternativas e capacidade de colaborar com a resistência à regimes autoritários. Elas, por exemplo, permitem acessar conteúdo livre das narrativas, propagandas ou restrições impostas pelo governo. Lembrando que utilizar ferramentas como a VPN e criticar o desempenho de um governo ou de autoridades públicas não é crime. Ao contrário do que regimes autoritários tentam fazer parecer. Além de não ser crime, é obrigação cidadã, em uma democracia, fiscalizar a atuação de funcionários públicos e a forma como o governo atua. Isso porque ambos são financiados com os impostos que a população paga ao gerar riqueza. Portanto, é muito importante para o futuro da democracia e do país que os indivíduos não se deixem silenciar.

DEMOCRACIA OCIDENTAL

Origens da democracia ocidental

Precisamos embarcar em uma breve viagem no tempo para entender a história da democracia ocidental. Isto importa? Sim. Importa muito. Se desejamos entender os fatos à nossa volta e desenvolver a capacidade de realizar mudanças, então, possuir "bagagem" vai ser cada dia mais importante. Então, para entrar no clima da viagem, imagine um mundo no qual as pessoas decidam juntas como a sociedade deve ser organizada e conduzida. Parece interessante, não é mesmo? Pois essa é a ideia principal quando falamos em democracia.

Para muitos estudiosos, a história da democracia ocidental pode ter sido iniciada na Grécia Antiga, isso há mais de 2.500 anos. Naquela época, as chamadas cidades-estado eram governadas por reis, quase sempre tiranos, que mandavam e desmandavam. Esses governantes exerciam o poder sem se importar com a opinião do povo. Até que um dia, um homem chamado Clístenes tornou possível que todos os cidadãos pudessem participar das decisões importantes. Claro, Clístenes não tirou essa ideia do próprio traseiro, ele possuía "bagagem". Conhecia os pensamentos de outras pessoas, entre as quais estava Sólon. Devido ao seu conhecimento e iniciativa, Clístenes foi um político que promoveu uma série de reformas em Atenas, culminando com implementação, na cidade-Estado grega das ideias de Sólon.

Assim nasceu a democracia ateniense, a primeira democracia da história! Naquela época, democracia significava "governo do povo". E como funcionava? Todos os cidadãos (homens adultos livres) se reuniam em uma assembleia para discutir e votar sobre leis, guerras, impostos e tudo que era importante para a cidade. Era um sistema inovador, mas não perfeito. As mulheres, os escravos e os estrangeiros não podiam participar da democracia. Além disso, Atenas era uma cidade pequena, com apenas alguns milhares de cidadãos. Seria difícil aplicar esse sistema em um país grande como o Brasil, por exemplo.

A democracia ateniense durou apenas alguns séculos, mas deixou um legado importante. Aquela ideia de que o povo deve ter poder inspirou outras sociedades ao longo da história. Depois da Grécia Antiga, a democracia teve altos e baixos. Na Idade Média, a Europa era dominada por reis e monarcas absolutos e foi somente no século XVIII que as ideias iluministas reacenderam o desejo por liberdade e igualdade. Podemos considerar que as revoluções Americana e Francesa foram marcos importantes na história da democracia ocidental. Pessoas comuns se rebelaram contra os monarcas e criaram novas repúblicas, onde o poder era exercido pelo povo através de seus representantes.

Hoje, a democracia é o sistema de governo mais popular do mundo. Mas, ainda existem muitos desafios. Em alguns países, a democracia é ameaçada por ditadores e precisa ser compensada com a participação ativa da população, investimentos em educação e o livre acesso à informação. Em outros, há muita desigualdade e as pessoas não têm voz nas decisões importantes. Cresce a quantidade de países nos quais a democracia vem sendo corroída de dentro para fora. Através de Golpes de Estado Híbridos, autoridades estão utilizando os argumentos e instrumentos inerentes ao Estado democrático, para subverter a normalidade e assumir o controle do país. Veremos mais sobre essas ameaças no próximo tópico, enquanto analisaremos a democracia como o processo que ela representa.

#

Definindo democracia

A etimologia da palavra "democracia", que tem origem no grego antigo, é a seguinte: "demos" - significando "povo" e "kratos" - significando "poder". Democracia pode ser entendida como um sistema de governo em que todo o poder é emanado pelo povo. Tradicionalmente a população exerce seu poder através de representantes eleitos. Assim para que haja democracia precisa ser possível eleger direta ou indiretamente representantes através de eleições livres, com periodicidade conhecida e dentro de processos transparentes. Quando a democracia é plena as pessoas têm seus direitos fundamentais garantidos por dispositivos legais. Geralmente, uma Constituição é o documento que consolida e descreve as garantias fundamentais como direito à propriedade privada, a liberdade de expressão, a liberdade de imprensa, o direito à privacidade, a liberdade de associação e o acesso à justiça.

Também precisa existir transparência nos atos governamentais para que haja democracia. Por último, e não menos importante, os mecanismos de freios e contrapesos também são fundamentais para manter o equilíbrio entre os Poderes Executivo, Legislativo e Judiciário, garantindo a independência e a harmonia institucional.

De acordo com a maneira com que o poder é exercido a democracia pode ser classificada de diferentes formas. Sob esse ponto de vista a democracia pode ser classificada como direta, semidireta ou representativa. Quando os cidadãos participam diretamente das decisões políticas, diz-se que a democracia é direta. Seria o caso das cidades-estados antigas que citamos anteriormente ou da forma que acontece nos sistemas que utilizam referendo. Na semidireta são combinados mecanismos da democracia direta com a representativa. Isso ocorre quando os eleitores possuem o poder para desencadear processos legislativos ou mesmo revogar mandatos de representantes. No caso da democracia representativa, representantes são eleitos para decidir em nome dos eleitores.

Na democracia todos os cidadãos têm oportunidades iguais e, independente de raça, gênero, religião, orientação sexual, origem étnica, nível de renda ou qualquer outra característica pessoal, devem ser tratados de maneira justa. Dessa forma os princípios de tolerância, promoção dos direitos humanos e de igualdade perante a lei estarão presentes, o que é essencial para que haja democracia. Por definição, o pleno exercício dos direitos democráticos inclui a liberdade para que ideias possam ser debatidas, o que pressupõe a liberdade de expressão e também a promoção da variedade de opiniões. Por meio da participação popular a democracia fornece ao Estado um fluxo constante de renovação, de maneira a sempre refletir o perfil de sua sociedade, que por sua vez é moldada por diversos intervenientes. Assim, pouco a pouco, mudanças ocorridas na sociedade são incorporadas à democracia.

De maneira resumida, quando observamos democracia através das práticas, princípios e valores no contexto de uma sociedade, fica óbvio que ela extrapola a definição de sistema de governo. Talvez fosse melhor definida como um processo que espelha, passo a passo, a evolução cultural para assegurar a sobrevivência do grupo em um ambiente de baixo nível de atrito e maximização do rendimento. Devido à sua dinâmica é fundamental que o tecido social que empresta valor à democracia tenha acesso aos meios para desenvolvimento cultural em todos os níveis, inclusive tecnológico e político. O conhecimento favorece escolhas acertadas e essas, por sua vez, impactam na qualidade da participação política, determinando sucessivos ciclos virtuosos para a sociedade e, consequentemente, para Estado Nação.

Todo esse contexto de beleza conceitual pode ser contaminado, caso os indivíduos por trás das instituições não atuem de maneira íntegra ou imparcial. Nesse cenário, com agentes usando os meios democráticos e o poder constituído para proveito próprio, ideológico ou de interesses externos, o circuito de confiança, benefícios mútuos e estabilidade é rompido. Eleições são manipuladas, o governo abandona o compromisso com a transparência, a parcialidade de autoridades desaparece e os direitos dos cidadãos são limitados, começando pela liberdade de expressão. Apesar de parecer terrível, o cenário acima é mais comum do que você imagina. Ele surge de maneira insidiosa, furtiva e se alastra disfarçado de tutela do Estado à própria democracia. Quando a situação atinge níveis intoleráveis e as pessoas começam a questionar: "Como chegamos a esse ponto?" Tem início a fase de regeneração ou reabilitação da democracia.

Observe que a democracia é um processo com base no ânimo de uma população. Por esse motivo é que somente quando o ânimo coletivo diz "basta!" é que tem início o ciclo de renovação democrática. Sendo assim, ditadores e usurpadores do poder fazem de tudo para limitar o acesso à informação, redes sociais, reuniões e a liberdade de expressão. Fazendo isso, eles conseguem atrasar a percepção popular quanto à chegado do ponto de saturação, diluindo o ânimo coletivo em iniciativas individuais, que serão perseguidas e silenciadas. No entanto, ditaduras de qualquer tipo, mesmo as disfarçadas de democracia, são sempre alcançadas pelo processo democrático de renovação. Isso pode acontecer em décadas ou séculos, com banhos de sangue ou diálogo, mas enquanto houver ânimo popular que espelhe, em sua maioria, os valores democráticos a reabilitação inevitavelmente ocorrerá.

#

Democracia participativa

De acordo com o que foi visto até o momento e visando ampliar a compreensão de alguns fenômenos políticos pelos quais o Brasil tem sido atingido, vamos analisar a participação popular no âmbito de uma democracia. Partiremos do momento singular do voto, pois ele é maior do que o instante de confirmação da escolha de um representante. O voto possui densidade, conteúdo, temporalidade e gera consequências. Através do voto, em democracias, indivíduos conduzem o governo até os objetivos coletivos almejados.

Cada indivíduo percorre um longo caminho até atingir a idade mínima para votar. Durante todo esse período ele esteve imerso nas dinâmicas sociais e desenvolveu sua própria forma de ver o mundo. Quanto mais conhecimento formal e acesso à informação ele tiver obtido, melhor será a sua capacidade de traduzir, através de escolhas políticas, seus anseios e também as necessidades da coletividade. Da mesma maneira, esse indivíduo vai desejar participar direta ou indiretamente dos processos que alteram as condições do seu país. A participação da população é fundamental para orientar decisões que afetam o destino da sociedade. Desde a criação de leis, passando por questões que envolvem segurança pública, cultura, economia e Relações Internacionais, tudo precisa refletir a vontade da maioria da sociedade. E tal paridade só é obtida através da consciência e engajamento de cada cidadão.

O exercício da democracia preconiza que seja assegurado o ambiente seguro e livre de interferências para que cada indivíduo possa através do voto manifestar suas escolhas. Esse momento desencadeia três compromissos. Da parte do cidadão, o compromisso de acompanhar ao longo de todo o mandato o desempenho e atuação do representante escolhido, garantindo que ele continue a espelhar as expectativas e promessas que o fizeram merecer o voto. Por sua vez, ao candidato cabe respeitar o compromisso assumido com seu eleitorado, mantendo o canal de comunicação aberto, para que no transcorrer do mandato seja possível reagir às novas situações surgidas ainda em consonância com a vontade popular. Por fim, o terceiro compromisso é assumido pelos indivíduos à frente das instituições de Estado, que têm a responsabilidade de conduzir o processo eleitoral de maneira transparente, livre, neutra e em respeito ao preconizado no ordenamento jurídico do país. Tal condução precisa ocorrer livre de partidarismo, ideologia, simpatia pessoal, improvisos ou exceções, sob pena de envenenar a própria democracia.

Existe um número crescente de indivíduos investindo tempo e dinheiro para convencer a população que o modelo atual de democracia é insustentável. Essa minoria abastarda ou com acesso ao poder através de Instituições de Estado acredita que a população é ignorante ou incapaz de realizar escolhas que conduzam a sociedade para a prosperidade. Por esse motivo, querem que a população abra mão ou aceite a relativização de alguns direitos fundamentais como o direito de ir e vir, o voto ou a liberdade de expressão. Em troca a minoria autodeclarada "iluminada" oferece um futuro de prosperidade, livre das consequências do populismo, da desinformação ou da miséria. Tal visão é frontalmente oposta aos princípios democráticos, um desrespeito à vontade da maioria, no entanto consegue ganhar espaço usando o subterfúgio de devorar o hospedeiro ainda vivo, de dentro para fora. Com ajuda de infiltrados em Instituições de Estado e dinheiro para modular a mídia, essa minoria quando não avança pelo convencimento, avança sob a narrativa de que suas ações são necessárias para proteger a própria democracia.

Quando a democracia é contaminada, devido a qualquer tipo de interferência no processo eleitoral, desvio de conduta de representantes de Instituições de Estado ou pela quebra do circuito de confiança entre eleitores e representantes eleitos, as consequências não demoram a aparecer. São muitos os remédios democráticos e os mecanismos de controle disponíveis para retomar o alinhamento entre os rumos do Estado e a vontade da maioria da população. Nas ocasiões em que a democracia está irremediavelmente aparelhada e corrompida, a história nos mostra que é quando se ergue o verdadeiro poder moderador. Quando o povo, consciente de seu compromisso com o futuro, se insurge contra o estado de coisas que ameaçam destruir princípios democráticos fundamentais como direito à vida, liberdade de expressão, igualdade, segurança e à propriedade, ele é absoluto, gigantesco e incontrolável. Razão pela qual todo o arcabouço desenvolvido pela consolidação da democracia ao longo do tempo, visa manter a população em um estado de contentamento e segurança. Por que a realidade anterior à democracia era de barbárie e descontrole.

#

Cidadania

Muitas pessoas são levadas a acreditar que a democracia é uma condição perene e que ao cidadão cabe pagar os impostos, votar e obedecer as leis. Feito isso, basta deixar o restante nas mãos do Estado, instituições ou autoridades. Tal crença é mais facilmente encontrada em países que não precisaram derramar sangue e combater déspotas para conquistar o direito de viver em uma democracia. Aqueles que o fizeram, sabem que democracia é uma condição transitória. É necessário um permanente estado de vigilância e participação de cada indivíduo para que as liberdades e direitos da população não voltem a ser limitados por algum regime ou ditador. Quando os indivíduos usufruem do status legal de pertencimento a um Estado, não apenas para aproveitar os direitos e prerrogativas, mas principalmente para exercitar a vigilância e, caso necessário, a luta contra opressores, eles estão exercitando a cidadania.

Os deveres, direitos e o compromisso permanente de participação social, são elementos fundamentais para a manutenção do estado de normalidade democrática. Diferente do que acontecia na Grécia antiga, quando só era considerada cidadã uma pequena parte da população, nas democracias modernas o exercício dos direitos políticos é universalizado e não um privilégio restrito a uma minoria. Se hoje todas as pessoas que nascem ou se naturalizam em um país recebem a condição de cidadãos é porque houve muita luta e conscientização, iniciadas até mesmo antes da consolidação do modelo dos Estados Nacionais.

Desde os primeiros avanços civilizatórios, passando pela Declaração dos direitos do homem e do cidadão, a cidadania foi sendo desenvolvida para que através da participação ativa na vida pública e privada, cada indivíduo assegurasse a plenitude dos direitos civis, sociais e políticos. E esse é o ponto fulcral, a cidadania não é uma garantia mantida pela bondade de governantes e cuidada, por autoridades iluminadas, através de instituições de Estado. Cidadania é uma condição que precisa ser assegurada por meio da participação intransigente de cada indivíduo da sociedade.

Governos autoritários, principalmente nas ditaduras 2.0, durante e mesmo após os Golpes de Estado Híbridos, disseminam a ideia de que liberdade de expressão, organização política ou manifestações contrárias ao regime são atos de "extremistas", ataques à democracia ou à suas instituições. Tudo para intimidar os indivíduos que, através do exercício da cidadania, perceberam nas práticas de autoridades e instituições graves ameaças às garantias individuais. Alimentando o processo, autoridades voltam a utilizar a máquina pública para perseguir todos aqueles que criticaram as ações anteriores. Esse processo segue em um espiral de uso desproporcional do poder do Estado sobre opositores. Paralelamente, ditaduras 2.0 criam a ilusão de participação em processos decisórios através de eleições, plebiscitos ou referendos, todos com resultados igualmente manipulados. Esses pseudos eventos cívicos são mantidos nas ditaduras 2.0 para que a população seja apaziguada, de tempos em tempos. Acreditando ainda ser capaz de influenciar a vida política do país, a massa é conservada na ilusão e, portanto, sob controle.

Garantindo o mínimo de seguridade social, saúde, educação e sensação de participação, os regimes surgidos de Golpes de Estado Híbridos obtém da população a contrapartida desejada: Obediência cega às leis, pagamento de todos os impostos e disposição para lutar ou morrer em nome da ditadura 2.0. Tudo sempre acreditando viver em uma democracia pujante. Enquanto isso, um pequeno grupo de "autoridades" exercita o verdadeiro poder, não em nome da maioria da população, não para o bem estar da sociedade, mas sim para obter vantagens pessoais e cumprir agendas moldadas para extrair o máximo da riqueza do país, antes que os cidadãos despertem do transe.

Você está lendo esse livro, então é sinal de que ou é um agente da repressão buscando provas para censurar ou, na melhor das hipóteses, já acordou. Agora você deixou para trás a ilusão de que está tudo bem e que a democracia de papel à sua volta é perene. Precisa então resgatar algo que seus antepassados distantes possuíam: A fé de que a democracia tem de ser defendida, diariamente, através da atuação de um cidadão comum, exatamente como você. Sei que isso é difícil, pois contraria décadas de doutrinação e programação preditiva. Essas estratégias foram usadas para fazer de cada indivíduo um servo gentil e produtivo. As décadas de doutrinação e programação preditiva cristalizaram o engano de que a democracia é sempre protegida pela atuação responsável de alguma autoridade do Estado, seja ela eleita ou não pelo voto popular. Resista ao impulso do conforto e segurança, faça a sua parte, exercite a cidadania.

LIBERDADE DE EXPRESSÃO

Pilar da Democracia

Imagine um país no qual as pessoas sofram restrições ao conversar sobre determinados temas e isso aconteça em qualquer meio alcançado pelas autoridades do Estado. Nesse cenário hipotético, as pessoas são proibidas de criticar os atos de algumas autoridades, de apontar erros ou falhas no sistema eleitoral, criticar o desempenho econômico e, principalmente, assumir posição política contrária ao governo. A população é classificada pelo governo da seguinte forma: Cidadãos de bem, para aqueles que aceitam ordeiramente todas a ações dos governantes e pagam impostos em dia. Extremistas, terroristas ou cidadãos de segunda classe, para todos aqueles que contrariam a opinião dos governantes e, por isso, atentam contra a democracia e suas instituições.

Ainda no tal país imaginário, os jornalistas que não aceitam viver de repasse da propaganda governamental e insistem em denunciar a incompetência Estatal ou investigar casos de corrupção no governo são perseguidos, silenciados ou precisam buscar asilo político em outro país. Os canais de comunicação são monitorados permanentemente por Órgãos de Estado, as empresas que administram as redes sociais são coagidas a colaborar com a censura através de pesadas multas, ameaça de prisão de seus funcionários ou acusação de estarem desrespeitando a Constituição e desacatando Ordem Judicial.

Dentro do contexto apresentado acima, você acredita

que seria possível o exercício pleno da democracia? Refiro-me àquela DEMOCRACIA e não à democracia pujante, a de papel. Eu não sei como seria possível considerar democracia um ambiente sem a liberdade de expressão. Apenas com muita má fé alguém, minimamente esclarecido sobre valores democráticos e dos direitos humanos, seria capaz de tentar convencer a toda uma população que tamanha abominação é uma democracia.

Discutir, com total liberdade, sobre qualquer assunto que considere pertinente, pode ser importante para contextualizar suas decisões ou lhe ajudar a compreender o mundo. A liberdade não contempla apenas elogios ou silêncio. Críticas, suspeitas ou denúncias fazem parte da liberdade de expressão. Caso alguém seja prejudicado e sinta-se ofendido, existe a lei previamente estabelecida para enquadrar crimes como calúnia e difamação. Então a liberdade de expressão não pode ser limitada para evitar "ataques", sob pena de criar um regime de censura prévia e verdade única. Convenhamos que jamais será legal ou democrático o Estado ou alguma autoridade cercear a liberdade de expressão dos cidadãos, minerando palavra por palavra, emojis, curtidas ou as hashtags utilizadas nas redes sociais, aplicativos de mensagem ou em qualquer outro meio.

Ditadores e regimes autoritários, sem a legitimidade do voto da maioria da população, odeiam a liberdade de expressão. Eles sabem que uma opinião pública bem informada, aliada a um jornalismo independente com capacidade crítica, não se curva às mentiras e ameaças por muito tempo. O desespero fica ainda maior numa sociedade cada dia mais conectada através das mais variadas tecnologias, muitas delas descentralizadas e distribuídas, dificultando o tão sonhado controle absoluto sobre o fluxo de informação e comunicação. A solução é criar um pseudo inimigo que divida espaço tanto com a mensagem quanto com o meio de transmissão da mensagem. Talvez, por isso tantas autoridades e governos estejam apelando ao mesmo tempo, em tantos lugares do planeta, para o mega imenso hiper problema das "Fake News".

Entenda que ao criminalizar o inimigo número 1 da "democracia moderna" a "Fake News" essas autoridades conseguem, de uma só vez, alcançar a fonte (a pessoa ou instituição que expressou a ideia), a mensagem, o canal usado para a comunicação e a audiência (pessoa, pessoas ou instituição dispostas a receber esse tipo de informação ou ideia). É ou não é uma estratégia fabulosa, caso a intenção seja limitar a liberdade de expressão? Mas espera aí, pode ficar ainda melhor: "Atenção! Tudo isso está sendo feito para a sua segurança e para proteger a democracia!"

#

Desafios do Século XXI

São tantos os discursos dizendo que a democratização do acesso à informação, através das redes sociais, aplicativos de mensagem ou plataformas de mídia digital, trouxe consigo grandes riscos que tais avanços até parecem representar um problema real. No entanto, o discurso de ódio, a fofoca ou as notícias falsas sempre existiram. Quem, nas décadas passadas, já não ligou a televisão no horário nobre para se atualizar com as principais notícias do dia e percebeu que a informação apresentada pelo âncora do telejornal estava incorreta, era tendenciosa, estava contaminada por interesses econômicos, políticos ou ideológicos? A velocidade de propagação também era grande. Milhões de pessoas eram influenciadas de uma só vez. Todas acreditando, ao mesmo tempo, na credibilidade jornalística da emissora e do apresentador impoluto, em ternos muito bem cortados. Então o que mudou? Penso que o termo chave seja "controle". Na mídia tradicional, que era unidimensional, o canal de comunicação que atingia as massas era somente de ida. Esse modelo é perfeito para o domínio da narrativa, uma verdadeira máquina de propaganda disponível para o Estado, ideologias, interesses econômicos ou para apologia ao crime, tudo ao alcance de quem pagar mais para obter fatias maiores da chamada "programação diária".

Nos modelos de comunicação e disseminação de informação atuais, as mensagem fluem nos dois sentidos, permitindo a troca instantânea de informações, opiniões ou experiências. Qualquer discurso de ódio, racismo, respostas automatizadas ou outros ruídos, comuns a esses ambientes de discursão, pode ser facilmente filtrado pelo usuário. Na média, as percepções são moldadas pelos melhores argumentos ou pelo peso de relatos verdadeiros. Esse tipo de comunicação privilegia a liberdade de expressão em detrimento do "controle", e tamanho poder nas mãos da sociedade significou um reforço à democracia participativa, sem precedentes na história da humanidade. Isso assusta os pequenos grupos que sempre controlaram as narrativas e, assim, mantiveram-se no poder por séculos. Eles tem como aliados os grupos econômicos por trás da chamada "velha mídia", a imprensa de aluguel, políticos e autoridades com algum nível de comprometimento moral.

A "velha mídia" e a imprensa de aluguel também sentem-se ameaçadas pelas tecnologias disruptivas e pela perda, cada vez maior, de relevância. E tal decadência é comprovada pelo encolhimento das receitas e oportunidades comerciais. Por sua vez, políticos e autoridades perceberam o imenso risco representado pelas ferramentas ou tecnologias que potencializam a liberdade de expressão. Atualmente, promessas não cumpridas, desvios de conduta, envolvimento com corrupção, crime organizado ou qualquer outro ato, que contrarie os interesses legítimos da sociedade ou atente contra a democracia, pode ser exposto em tempo real ao escrutínio popular. Pessoas que faziam o que queriam com o poder agora são confrontadas abertamente por qualquer cidadão com um celular e acesso à internet. Eu não sei quanto a você, mas ainda não conheci um caso sequer de ditador, corrupto ou mafioso que aprecie críticas ou denúncias sobre suas atividades.

Talvez, o que muitos chamem de o grande desafio do século XXI, o controle da disseminação de ódio na internet, das "Fake News" ou do "cyberbullying" seja na verdade uma operação de acobertamento. A democratização do acesso à informação jogou luz sobre esqueletos, corpos putrefatos e incontáveis verdades inconvenientes, de tal maneira que agora se tornou urgente uma operação de controle de danos. As pessoas que exercem o poder desejam ter de volta a privacidade e a liberdade, para atuarem nas sombras, longe do julgamento inconveniente dos milhões de "manés"que deveriam apenas obedecer, pagar os impostos e fingir que acreditam na democracia de papel vigente.

#

Censura

Em diversos momentos da história da humanidade a censura foi utilizada na tentativa de manutenção do poder. Regimes, assumidamente autoritários, censuram a população de maneira escancarada e, assim, atrasam a chegada de seu fim. Nos dias atuais, existe um número crescente de regimes que se autoproclamam democracias, mas atuam nas sombras para, através do engano, limitar a liberdade de expressão. Essas ditaduras disfarçadas de democracia silenciam os opositores, negam acesso à tecnologias e controlam o fluxo de informação, suas ações são apresentadas de maneira à parecer que tudo está sendo feito para o bem estar social ou para proteger a democracia. Sempre que possível, novas leis são criadas, pouco a pouco, devorando direitos, liberdades e garantias democráticas. No entanto, essas leis são anunciadas como importantes avanços e modernizações dos dispositivos legais, para combater "Fake News", discurso de ódio, desinformação ou para proteger o meio ambiente. De tal maneira que, cumprindo a "lei", as pessoas por trás das instituições de Estado conduzem vigilância, censura e perseguição.

Os meios de comunicação e os políticos não cansam de repetir que "as redes sociais e as novas tecnologias deram voz à pessoas comuns em todos os lugares do planeta". Pois é, acontece que as vozes de bilhões de pessoas, suas opiniões, queixas e denúncias são, na verdade, tratadas como uma espécie de efeito colateral indesejado e que, portanto, precisam ser silenciadas. O medo é uma ferramenta poderosa, mas, diferente da maneira como fazem os ditadores convencionais, os ditadores disfarçados de magistrados, políticos ou empresários o utilizam de maneira sutil e sempre em doses homeopáticas. O novo paradigma da ditadura 2.0 é censurar fazendo toda a sociedade crer na fantasia de que, ao atacar um direito inalienável de cada indivíduo, o Estado ou a Organização está protegendo a própria liberdade de expressão. Nesse contexto, pensamentos, opiniões e até mesmo crenças que ameacem o status quo são rotuladas como discurso de ódio, extremismo ou "Fake News" e, portanto, censurados.

Você pode estar se perguntando: "Mas como é possível, em pleno século XXI, criminalizar a opinião dos cidadãos, se a liberdade de expressão é um direito fundamental e, portanto, assegurado pela Constituição Federal de 1988 e pela Declaração dos Direitos Humanos?" A resposta é cruel pela verdade que contém. É possível por que você permite. Simples assim!

Vejamos o exemplo do Brasil, um país no qual o chamado "crime de opinião" e as "Fake News" não estão especificados como crime no ordenamento jurídico, pelo menos até maio de 2024. No Brasil somente pode-se considerar que uma pessoa cometeu um crime caso exista uma lei anterior ao ato do sujeito e essa lei precisa dispor expressamente que a conduta perpetrada é um crime. A essa característica é dado o nome de princípio da anterioridade penal. No Brasil, esse princípio está previsto tanto na legislação constitucional quanto na legislação infraconstitucional, como no caso do artigo 1º do Código Penal que dispõe: "Não há crime sem lei anterior que o defina. Não há pena sem prévia cominação legal". Na Constituição Federal de 1988 os constituintes estabeleceram no Artigo 5º, inciso XXXIX:

Art. 5º – Todos são iguais perante a lei, sem distinção de qualquer natureza, garantindo-se aos brasileiros e aos estrangeiros residentes no País a inviolabilidade do direito à vida, à liberdade, à igualdade, à segurança e à propriedade, nos termos seguintes:

[...]

XXXIX – não há crime sem lei anterior que o defina, nem pena sem prévia cominação legal;

Entretanto ao arrepio do texto constitucional o Brasil e o Mundo acompanham o desenrolar do "inquérito das Fake News" que está sendo conduzido justamente pelo Supremo Tribunal Federal (STF), que deveria ser o guardião da Constituição. Mas, como acima do STF não existe para quem recorrer e os recursos ou contestações apresentados à Corte são quase sempre "descartados", interpretados como afronta ou crime, o país virou refém do judiciário. Se isso não fosse verdade, como seria possível justificar o "inquérito das Fake News", aberto em março de 2019, por iniciativa própria, ou seja sem a provocação de qualquer outro Órgão de Estado? Um inquérito que excluiu a participação do Ministério Público nas investigações e é conduzido no próprio STF em regime de sigilo.

Para quem não sabe, o "inquérito das Fake News" se fundamenta no Artigo 43 do Regimento Interno do próprio STF. Este artigo deveria contemplar apenas fatos criminosos ocorridos nas dependências da Corte, mas através de uma interpretação criativa, passou a contemplar o universo on-line. Muitos juristas questionam, além de tudo o que ja foi citado, a extrapolação indevida e inconstitucional do Supremo ao assumir a função de investigação criminal que originariamente caberia à Polícia Judiciária ou ao Ministério Público em casos excepcionais. Mas, como sempre acontece com reféns, de nada adiantou protestar ou acusar os erros de tal procedimento, uma vez que o Poder da palavra final está nas mãos justamente do opressor. Dessa forma, o STF defende a legalidade do "inquérito das Fake News" e PONTO FINAL.

O exemplo supracitado é oportuno por demonstrar o quanto o aparato jurídico e autoridades pagas com recursos públicos, proveniente do sacrifício de milhares de cidadãos, podem limitar a liberdade de expressão, direitos fundamentais e atentar contra o sistema de freios e contrapesos entre os Poderes Executivo, Legislativo e Judiciário, usando como desculpa a proteção da própria democracia.

Enquanto for do interesse de quem detém o Poder, sob esse argumento será possível criminalizar opiniões e atos de qualquer pessoa ou instituição. Basta verificar o quanto difusos e subjetivos são os critérios para inclusão de pessoas ou organizações no "inquérito das Fake News". Qualquer um que critique as atitudes do STF ou de seus integrantes, será incluído. Se recusou a censurar os usuários e mentir em nome do STF, como fez o Twitter hoje X, pronto! X incluído com sucesso no inquérito. Cometeu o "crime do emoji", trocando mensagens simpáticas ao presidente Jair Bolsonaro durante período eleitoral? Pronto! Incluído no "inquérito das Fake News" com sucesso. Comprou esse livro aqui, mandou entregar em sua casa? Hum, não sei não hein?! Melhor ler embaixo da cama, não comentar sobre nada que contrarie os magnânimos divinos e depois queimar o livro, para que não haja provas materiais quando a polícia política bater à sua porta!

Assim é a censura, algo muito maior do que a proibição de determinados conteúdos. Censura é este "estado de insegurança" latente. Censura transforma conversas do WhatsApp , coraçãozinho, curtidas e até as hashtags do X em provas contra você. Opiniões e piadas sobre temas políticos em período eleitoral? Esquece! Algum lunático com poder nas mãos pode caracterizar isso como planejamento de golpe de Estado.

Entenda o seguinte: Existindo ou não "crime de opinião",

isso é irrelevante. Se você permite que a liberdade de expressão, que é uma garantia individual de todo cidadão brasileiro, seja relativizada só um "pouquinho", sinto informar que a censura é um membro que não possui ombros. Passou a cabecinha, lubrificada por gel de defesa da democracia, vai entrar tudo até chegar à garganta e finalmente sufocar você também.

#

Verdade oficial

Todo tirano e toda a ditadura se baseiam no sistema da "verdade oficial". Ou seja, qualquer coisa fora do que é afirmado pela autoridade suprema pode e será considerado um ataque às instituições, à democracia ou uma grave ameaça à Segurança Nacional. Para instrumentalizar o sistema de verdade única, as ditaduras criam órgãos que fiscalizam a verdade ou combatem a desinformação. Nos regimes autoritários, isso fica bastante fácil de ser feito, funciona mais ou menos assim: Criticou, fez alguma denúncia que comprometa a imagem do regime ou afirmou algo diferente do estabelecido como "verdade oficial", então o indivíduo precisa ser investigado, reeducado ou talvez neutralizado.

No mundo livre, a democracia sempre ficará em risco, quando autoridades insistirem em confundir críticas, opiniões políticas e ideológicas com a disseminação de informações falsas. O efeito dessa prática pode ser ainda mais perigoso, se o equilíbrio institucional já estiver fragilizado, exatamente da maneira que acontece em regiões governadas por regimes autoritários. Um exemplo de ditadura que atua dessa forma é a Venezuela, onde o governo do ditador Nicolás Maduro propôs uma "Lei contra o fascismo", visando punir opositores políticos. Isso coincidentemente após uma série de protestos contrários ao seu governo.

Enquanto no Brasil, onde a democracia é pujante, em março de 2024, o ministro Alexandre de Moraes do STF anunciou a criação do Centro Integrado de Enfrentamento à Desinformação e Defesa da Democracia (CIEDDE), que tem o objetivo declarado de preservar a democracia combater a desinformação. Lembra um pouco aquele órgão que ditaduras usam para assegurar o respeito à "verdade oficial", não é mesmo? Mas deve ser só impressão. O fato é que, analistas afirmam que esse novo órgão tem potencial para ser utilizado como um instrumento de controle social e censura. Ele representaria um avanço antidemocrático ao contrariar os princípios de liberdade de expressão e também desrespeitar a Constituição Brasileira que proíbe expressamente qualquer tipo de censura de natureza política, ideológica ou artística. Mas, aparentemente, esses críticos estão de mimimi sem qualquer embasamento jurídico. Então suas críticas foram devidamente encaminhadas para o setor do "foda-se", com o perdão da palavra. Afinal o que vale mesmo é a "verdade oficial".

O ESTADO

Valores

Por que começar o capítulo que vai tratar de Estado discorrendo sobre os valores? Pode ser que você tenha pensado algo parecido. Seja como for, deixe-me dizer no que acredito: Valores são fundamentais para a construção de um Estado forte e democrático. Eles servem como guia para as ações e decisões do governo. Os valores influenciam a forma como os cidadãos interagem com o Estado e com seus pares na sociedade. O caminho inverso também é verdadeiro, pois são os valores de cada indivíduo que inspiram o perfil da sociedade e, por fim, determinam o modelo de Estado através das representações políticas escolhidas. Valores também ajudam a criar um senso de identidade nacional e promovem a coesão social.

Os valores sociais não são meras abstrações, eles se materializam no dia a dia da sociedade, influenciando diretamente as decisões políticas, sociais e econômicas que moldam o nosso futuro. Ao elegermos representantes, por exemplo, levamos em consideração seus posicionamentos em relação aos valores que nos são caros. Ao defendermos políticas públicas, buscamos garantir que elas estejam alinhadas com os princípios que norteiam nossa visão de mundo. Ao consumirmos produtos e serviços, priorizamos empresas que se comprometem com práticas com as quais nos identificamos.

Alguns valores que são importantes para um Estado incluem a democracia, justiça, liberdade, igualdade e a responsabilidade social. Vamos dedicar alguns instantes para abordar cada um desses valores, de maneira que possamos progredir nos textos seguintes com a certeza de que possuímos o mesmo entendimento conceitual.

Relembrando, democracia é um valor fundamental para qualquer Estado, pois garante o direito dos cidadãos de participar do processo político e de elegerem seus representantes de forma livre e justa. A democracia também promove a transparência, a responsabilidade além da prestação de contas dos governantes à sociedade.

A justiça é outro valor crucial, pois garante a igualdade perante a lei e o respeito aos direitos humanos. Uma justiça eficiente e imparcial é essencial para a manutenção da paz social e da ordem pública. Ela se manifesta na busca incessante por um sistema legal que garanta os direitos de todos, independentemente de classe social, escolha política, gênero ou etnia.

Liberdade é um valor central para a dignidade humana e para o desenvolvimento pessoal. Ela inclui a liberdade de expressão, de culto, de imprensa e de associação, além da liberdade econômica e de empreender. A liberdade se consolida através do respeito à diversidade de ideias e opiniões. Sendo assim, para que a verdadeira liberdade exista é necessário haver um ambiente livre de censura e opressão, onde o diálogo e a tolerância predominem. A liberdade de expressão, por exemplo, deve ser resguardada não importando sob quais meios esteja sendo manifestada: Pessoalmente, redes sociais, mensagens eletrônicas ou grupos de conversa. Também não é admissível a relativização da liberdade de expressão, bem como as exceções criadas por governantes para censurar, sob o argumento de aumentar a segurança ou evitar influências negativas de determinados indivíduos sobre a população.

A igualdade é fundamental para garantir a justiça social e a inclusão de todos os cidadãos na sociedade. Ela contempla a igualdade de oportunidades, de acesso a serviços públicos e de participação política. Sob sua influência haverá respeito à diversidade cultural, étnica, religiosa, de gênero e recíproco.

Igualdade permite que haja harmonia social e respeito aos direitos humanos. Muitas vezes, a Esquerda distorce a interpretação desse valor para fomentar sectarismo ou segmentação forçada da sociedade em supostas minorias e, a partir daí, manipulá-las com fins políticos. A pluralidade de perspectivas deve, sim, contribuir para a riqueza cultural de um país democrático e jamais servir de alavanca para gerar pontos de tensão social com fins eleitorais.

Responsabilidade social é outro valor muito importante em uma democracia. Cada indivíduo, somado a todas as escolhas e ações de sua vida em sociedade, impacta no modelo de responsabilidade social inerente ao grupo no qual está inserido. O Estado democrático, por sua vez, reflete naturalmente aquelas escolhas da maioria dos indivíduos, promovendo políticas públicas para bem-estar social, proteção do meio ambiente e garantia de direitos sociais, como saúde, educação e seguridade social.

Em termos de país, valores sociais são fundamentais para a construção de um Estado democrático, justo e próspero. Atuando como uma espécie de bússola para a nação, os valores guiam ações e decisões do governo, promovem a coesão social, a identidade nacional, e são fundamentais para garantir os direitos e as liberdades dos cidadãos. A importância de haver uma referência, capaz de manter a direção desejada pela maioria da população, fica ainda maior, quando percebemos que navegamos por um mundo em que o caos e colapso social estão a poucos segundos de qualquer escolha inconsequente. Vivemos em um mundo em constante transformação, no qual as certezas se diluem facilmente em meio à fluidez da informação e da volatilidade das relações. Sendo assim, os valores sociais assumem o papel comparável ao de uma bússola. São os valores que irão guiar a sociedade rumo ao seu destino, mesmo através das turbulências e incertezas que marcam o cenário global.

Conceitos como justiça, igualdade, liberdade e solidariedade, orientados para a criação de um futuro próspero e pacífico, são muito mais do que meros princípios abstratos. Tais valores sociais são a força vital que une os indivíduos e moldam o tecido social, caracterizando o modelo de vida em comunidade. Crenças e normas compartilhadas, servem como base para a organização social, norteando o comportamento individual e coletivo. Perceba como é interessante a forte ligação de interdependência entre Estado e indivíduo, quando tratamos de valores. Enquanto por um lado, através dos valores, construímos um senso de identidade e pertencimento que consolida o Estado, por outro lado, reconhecendo-nos como parte de um todo maior e assumindo responsabilidades para com o bem-estar comum, consolidamos nossos próprios valores individuais.

#

Estado moderno

Uma das maneiras de entender o que é o chamado de "Estado moderno" é analisando suas origens, principais características e desafios, começando pela evolução histórica. Ao longo dos séculos o Estado moderno foi sofrendo aperfeiçoamentos até chegar ao modelo atual. Cada mudança foi resultado de um longo processo de transformação social, política e econômica. Conheça, agora, as principais fases do Estado Moderno:

Estado Absolutista (séculos XVI-XVIII): Caracterizado pela concentração de poder nas mãos do monarca absoluto, sem limites à sua autoridade. Teve início na Europa do século XVI com o fim da ordem feudal e a ascensão do absolutismo monárquico. Reis como Luís XIV da França concentraram cada vez mais poder em suas mãos. O fortalecimento da monarquia representou centralização da administração, criação de exércitos permanentes, além do estabelecimento de leis e impostos semelhantes para todos os territórios controlados.

Estado Liberal (séculos XVIII-XIX): Surgiu com as revoluções liberais e representou uma ruptura com o absolutismo, defendendo a liberdade individual, a divisão de poderes e a limitação do poder estatal.

Estado Social (século XX): Emergiu após a Segunda Guerra Mundial e se caracterizou pela intervenção do Estado na economia e na sociedade para, supostamente, garantir o bem-estar social e reduzir as desigualdades.

Estado Neoliberal (final do século XX-presente): A partir da década de 1980, ganhou força a defesa do Estado mínimo, com menor intervenção na economia e ênfase no livre mercado.

Como pudemos acompanhar, ao longo dos séculos, o Estado moderno passou por diversas adaptações e reformulações, sendo moldado de acordo com as diferentes conjunturas históricas e os desafios inerentes a cada época. As principais características do Estado moderno são:

Soberania - esta é a principal característica do Estado moderno. Ela se manifesta por meio da capacidade de projetar poder sobre um determinado território e seus habitantes. Essa característica é representada quando o Estado é o único detentor do poder legítimo de legislar e impor a lei em seu território, é o único com exército e o direito de usar a força para garantir a ordem interna e defender o país contra ameaças externas. Como consequência, o detentor do exercício da soberania será o representante do país junto à comunidade internacional, cabendo exclusiva legitimidade para negociar tratados e acordos com outros Estados.

Território - o Estado moderno possui um espaço territorial definido, reconhecido internacionalmente e demarcado por fronteiras. O controle do território é fundamental para o exercício da soberania e para a organização da vida social, política e econômica.

População - pois o Estado moderno é composto por indivíduos que se submetem à sua autoridade. A população é o elemento humano do Estado, sendo composta por cidadãos e não-cidadãos.

Governo - responsável por exercer o poder político e administrativo em um Estado moderno. Geralmente, o Governo é formado por um conjunto de instituições e órgãos que elaboram e implementam políticas públicas, visando o bem-estar da população, gerenciam os recursos públicos e também devem prestar serviços essenciais à população, como saúde, educação, segurança pública e infraestrutura.

E qual o futuro do Estado moderno? Prosseguindo a dinâmica da história, devemos esperar a continuidade das mudanças e aperfeiçoamentos. Trata-se do resultado de um processo permanente de evolução e não de uma verdade cristalizada. Desta maneira, o Estado moderno enfrenta diversos desafios no mundo do século XXI, exigindo aperfeiçoamentos constantes, para comportar as demandas de uma sociedade com ritmo de transformação muito acelerado. Alguns dos principais desafios são:

Globalização, pois intensificação do fluxo de pessoas, bens, serviços e capital exige um Estado capaz de regular a economia, gerenciar as migrações e proteger a cultura nacional, em um contexto global.

Globalismo e o risco à soberania, que ele representa, precisarão ser administrados. A promoção da integração global em diversos âmbitos, desde o econômico até o cultural parece um conceito muito sedutor para determinados setores da população, mas pode enfraquecer alguns dos pilares do Estado moderno. O argumento de que a interdependência entre países é benéfica para todos, promovendo paz, prosperidade e desenvolvimento é tão superficial quanto malicioso e, por esse motivo, seus impactos junto à opinião pública precisam ser mitigados através da informação.

Desigualdade social orgânica dos Estados modernos, mesmo os que possuem melhores Índices de Desenvolvimento Humano (IDH), está sendo aprofundada pelos fortes movimentos migratórios anômalos que estão se intensificando, tendo como alvo principalmente a América do Norte e a Europa. Administrar a disparidade de renda e oportunidades entre a população nativa sempre foi um grande desafio. A novidade é a necessidade de equilibrar o impacto gerado pela massiva chegada de estrangeiros, que entram ilegalmente nesses países. São milhares de imigrantes ilegais chegando todas as semanas, quase sempre sem qualificação profissional, com cultura diferente e falando outras línguas. A maioria dessas pessoas passam, automaticamente, à condição de moradores de rua caso não sejam imediatamente acolhidos e assistidos pelo Estado. Estabilizar esse desequilíbrio representa um grande desafio para um país na garantia da ordem interna, da justiça social e na promoção do desenvolvimento humano.

Responsabilidade ambiental é importante para que o Estado faça o melhor uso possível de seus recursos naturais, em proveito da sociedade, sem que ocorra forte degradação ambiental. O Estado moderno precisa do equilíbrio entre o incentivo ao desenvolvimento e a mitigação das consequências artificialmente geradas pelas narrativas alarmistas, que utilizam a bandeira das "Mudanças Climáticas"para interferir na soberania de outros países ou colher benefícios econômicos. Reagir ao risco do impacto econômico e social ocasionado pela ação da militância e do ativismo ambiental é uma necessidade cada vez maior. Regular atividades econômicas essenciais para que elas gerem riqueza, em benefício da população, enquanto promovem sustentabilidade é, sem dúvida um imenso desafio. Muitas soluções que permitem geração de riqueza têm surgido para viabilizar o uso inteligente dos recursos naturais com baixo impacto ambiental, quase sempre com apoio de políticas públicas adotadas pela Direita e conservadores, ao contrário do retrocesso pregado pela Esquerda e Globalistas.

Terrorismo é uma ameaça global permanente. Ela exige ação preventiva eficaz do Estado. Por outro lado é preciso atenção para que as políticas de segurança pública não ultrapassem os limites da privacidade e da liberdade individual. Ou seja o discurso de combate ao Terrorismo, defesa da democracia ou instituições não pode servir de desculpa para o desrespeito aos direitos humanos ou políticos. É muito comum o Estado abocanhar fatias dos direitos e liberdades da sociedade sob o pretexto de que "é para a sua segurança". Nos Estados Unidos a sociedade ainda sente o peso das medidas do decreto de 2001 chamado "USA Patriot Act" ou "Ato Patriota". Criado para facilitar a identificação de ações terroristas, após o 11 de setembro, esse instrumento permitiu ao Estado ignorar diversos direitos dos cidadãos para, supostamente, oferecer mais segurança à coletividade. Em 2024, apesar de diversas provisões do Ato Patriota já terem expirado, o Estado não abriu mão do poder conquistado em momento de forte comoção nacional. Pelo contrário, o governo americano continua a desrespeitar a privacidade dos indivíduos, mas agora com base no "Freedom Act" ou "Ato da Liberdade", uma espécie de puxadinho criado em 2015 para estender a vida útil do Ato Patriota. Os nomes são chamativos e reluzentes, no entanto os reais objetivos são obscuros.

Crise da democracia causada, em parte, devido à baixa participação popular. É inegável que isso seja, em grande parte, decorrente da percepção de que política e corrupção são indissociáveis. Mas a crise da democracia também é ocasionada pelo crescimento do populismo e do autoritarismo velado da Esquerda radical. A subversão do significado da própria palavra "Democracia" vem sendo feita, de maneira sistemática, pela Esquerda.

A ascensão do modelo de Golpe de Estado Híbrido e de ditaduras 2.0, muitas vezes utilizando-se de instituições importantes como o judiciário para formalizar suas ações, também colocam em risco a democracia. Tal cenário exigiria uma reação por meio do fortalecimento das instituições democráticas e da participação popular, mas, como vimos acima, não há mais interesse dos indivíduos em participar da vida política. As pessoas estão desencantadas, amedrontadas ou mesmerizadas e, ao não reagirem, facilitam o avanço da extrema Esquerda, de Golpes de Estado Híbridos e ditaduras 2.0. No decorrer do livro, abordaremos com mais profundidade essas e outras formas de ataque aos valores democráticos que estão sendo usados pela extrema Esquerda, Globalistas, Progressistas e Liberais.

Obter maior eficiência e transparência na gestão dos recursos públicos e em suas ações, é sem dúvida um grande desafio para o Estado moderno. Fazer jus à confiança dos cidadãos e eleitores gera engajamento capaz de fomentar o debate de ideias, que é saudável para a sociedade e também para o fortalecimento da democracia. Os orçamentos obscuros, cooptação e aparelhamento dos Órgãos de controle destroem a relação entre sociedade e governo. Quando existe ineficiência ou corrupção generalizada na administração pública, forma-se a percepção de que a riqueza gerada no país não retorna de maneira alguma para sua população e isso enfraquece a democracia.

Cooperação internacional, sem relativização da soberania, vai ser fundamental para enfrentar problemas de caráter global. Fazendo uso das melhores práticas na resolução de problemas comuns, os Estados podem aproveitar a sinergia para economizar esforços, custos e tempo. Até mesmo porque algumas questões exigem soluções combinadas e ações conjuntas para que os resultados obtidos sejam efetivos. Um exemplo é o combate aos crimes transnacionais. Todos os países precisam atuar na prevenção e repressão, com a mesma intensidade e tecnologias. Caso contrário, as fragilidades das exceções serão exploradas criando paraísos para a proliferação de futuras ameaças aos demais integrantes da comunidade internacional.

Equilíbrio da dinâmica entre mercado e Estado. É importante encontrar um equilíbrio entre a eficiência do mercado e a necessidade de utilizar, o mínimo possível, o Estado na promoção do bem-estar social e da justiça social. Avançando nessa direção, além de se fortalecer focando recursos apenas no que interessa, o Estado moderno dificultará a sedução de seus cidadãos pelas promessas utópicas do socialismo ou comunismo.

Assim, podemos concluir que o futuro do Estado moderno dependerá da sua capacidade de responder a esses desafios e de se adaptar às novas realidades. A construção de um Estado forte, democrático e eficiente é fundamental para garantir o bem-estar dos cidadãos e enfrentar as incertezas do mundo contemporâneo. Qualquer fortalecimento a ser obtido, em termos de Estado democrático, dependerá da participação ativa de uma sociedade que, além de engajada, precisará possuir valores democráticos arraigados e conhecimento. Somente dessa forma é possível perceber desvios de conduta, alteração do estado de normalidade ou, mesmo, como proceder. Conhecimento cria um padrão, modula expectativas e fortalece a maneira como cada cidadão permite que suas percepções sejam formadas. Então, convido você a conhecer mais sobre o Estado e tornar-se menos suscetível à manipulações.

#

Separação dos Poderes

A Teoria da Separação dos Poderes é um modelo para governar que se originou na Grécia Antiga, em especial nas obras de Aristóteles (384-322 a.C.). A essência desta teoria se baseia no princípio de que os três Poderes que formam o Estado, o poder legislativo, executivo e judiciário, devem atuar de forma separada, independente e harmônica, mantendo, no entanto, as características do poder de ser uno, indivisível e indelegável. Ou seja, separar os poderes do Estado, a fim de atribuir a cada um deles funções específicas.

Essa teoria foi sendo aperfeiçoada por diversos pensadores e pelo próprio emprego ao longo de séculos. Muitos cientistas políticos consideram a obra de Montesquieu fundamental para que a teoria da Separação dos Poderes tenha sido agregada ao constitucionalismo. Montesquieu contextualizou a importância da distinção dos três Poderes, Executivo, Legislativo e Judiciário, bem como suas limitações. Também deixou claro que o objetivo da separação é evitar concentração de poder nas mãos de uma única pessoa ou grupo, evitando abusos e excessos.

Cada poder tem autonomia para exercer sua função, mas é controlado pelos outros poderes. Isso serve, justamente, para evitar que haja algum abuso no exercício das atribuições, por parte de qualquer um dos Poderes. Portanto, a Teoria da Separação dos Poderes é fundamental para a construção, preservação e consolidação da República, da democracia nacional e da dignidade da pessoa humana. Quando falamos sobre o Estado Democrático de Direito estamos nos referindo, de forma intrínseca, à plena aplicação do modelo da Teoria da Separação dos Poderes. Isso assegura para a sociedade que haverá:

Limitação do poder estatal, porque a separação dos poderes naturalmente limita a amplitude da ação do Estado, mediante a desconcentração, divisão e racionalização das suas respectivas funções. Isso, conforme vimos anteriormente, evita a concentração de poder nas mãos de uma única pessoa ou grupo. Democracias são fortalecias ao garantirem que o poder não fique concentrado somente em determinado "órgão" ou "pessoa".

Garantia de alternância no exercício do poder, que advém da ausência de concentração de poder em um único lugar ou corrente ideológica. Isso impede que uma pessoa ou grupo realize ações, nas diferentes esferas de poder, visando interesses pessoais. De maneira semelhante, dificulta a permanência prolongada no poder, de qualquer um com interesse de aparelhar o sistema, para depois forçar mudança de regime. Por esse motivo é tão perigosa a invasão de prerrogativas de um Poder sobre os demais, como, por exemplo, pode ocorrer quando o judiciário extrapola sua atribuição constitucional e passa a legislar, atuar politicamente ou atacar integrantes do executivo e legislativo.

Proteção dos direitos fundamentais dos indivíduos é consequência da separação dos poderes. Ela visa garantir a efetividade dos direitos fundamentais dos indivíduos, tais quais a liberdade de expressão ou participação política. Caso haja edição de lei pelo poder Legislativo que viole a Constituição Federal ou ações do Executivo nesse sentido os indivíduos poderão recorrer ao poder Judiciário. Entretanto, a quem recorrer quando é o judiciário, por meio da Corte de controle constitucional, o perpetrador das violações aos direitos e garantias? Nas últimas décadas, muitas democracias ao redor do mundo estão sendo fragilizadas devido a atuação ideológica e política das suas Cortes Superiores. Isso pode significar um abandono evolutivo do modelo da Teoria da Separação dos Poderes. Ou, talvez, seja uma tentativa de tomada do poder através da subversão dos princípios democráticos, usando a narrativa de defesa da democracia como principal argumento.

A existência de freios e contrapesos entre os poderes Executivo, Legislativo e Judiciário é essencial para o bom funcionamento da democracia. Cada um desses poderes possui funções distintas previstas na Constituição, e a harmonia entre eles evita o abuso de poder e a tirania. Enquanto o poder Executivo administra e governa o Estado, o poder Legislativo elabora e aprova leis, o poder Judiciário aplica e interpreta as leis, julgando conflitos. Quando um desses poderes se sobrepõe excessivamente aos demais, desequilibrando o sistema, pode ocorrer uma ruptura democrática. Por isso, a harmonia entre eles é vital para a democracia, como observou Montesquieu em seu livro "O Espírito das Leis" (1748). Na obra ele definiu essa separação de poderes como sendo o pilar das sociedades livres.

Mais do que nunca, certas dinâmicas sociais e políticas do mundo moderno deixam clara a intenção de enfraquecer a democracia através de perturbação do equilíbrio entre os Poderes. Nesse cenário os mecanismos de controles recíprocos usados para permitir que um poder fiscalize o outro, garantindo efetividade na separação dos poderes, têm grande relevância. Com a precarização desses mecanismos a previsão de separação dos poderes pode se tornar numa previsão "morta" da Constituição, sem nenhuma efetividade prática. E, lamentavelmente, como veremos ao longo do livro, esses mecanismos estão sendo atacados, enfraquecidos ou de forma deliberada abandonados, de tal maneira que hoje a Separação de Poderes está sob forte ameaça também no Brasil.

Portanto, podemos concluir que, se o objetivo é obter uma democracia pujante, o modelo da Teoria da Separação dos Poderes é fundamental. Ele assegura a limitação do poder estatal, a alternância no exercício do poder, a proteção dos direitos fundamentais dos indivíduos e a existência de mecanismos de controles recíprocos. Regimes que se dizem democráticos, mas que agem como Ditaduras 2.0, subvertem a separação de Poderes para concentrar poder nas mãos de determinados grupos. Atuando dessa maneira, uma minoria assume o controle do país, passando a ignorar a vontade da maioria da população que é expressa por meio de eleições livres, transparentes e perfeitamente auditáveis.

#

Executivo

Vamos entender melhor o Poder Executivo com vistas ao sistema político vigente no Brasil. O chamado "Motor da Administração Pública" tradicionalmente é o responsável por impulsionar a máquina pública brasileira. Suas engrenagens complexas, compostas por diversos órgãos e funções, são responsáveis por dar vida às leis, administrar os recursos do Estado e conduzir o país no cenário internacional. Entender o Poder Executivo depende de explorar suas funções, estrutura, desafios e perspectivas para o futuro.

O Poder Executivo é um dos três poderes estatais no Brasil, juntamente com o Poder Legislativo e o Poder Judiciário. O Poder Executivo é responsável pela administração pública, pela implementação das leis e pela execução das políticas públicas. Ele é exercido pelo Presidente da República, pelos governadores nos estados e pelos prefeitos nos municípios.

No Brasil, o Poder Executivo, como vimos no tópico anterior, é regido pelo princípio da separação de poderes, o que significa que cada poder deve agir de forma independente e com autonomia relativa, garantindo um sistema de freios e contrapesos para evitar abusos de poder. O Poder Executivo também é regido pelo princípio de alinhamento ao Poder Judiciário, o que significa que todos os atos administrativos estão sujeitos ao controle judicial.

A Constituição Federal de 1988 estabelece os poderes e deveres do Poder Executivo. O Presidente da República é o chefe de Estado e de Governo, eleito por sufrágio universal e direto para um mandato de quatro anos, com a possibilidade de reeleição para um segundo mandato. O Presidente nomeia os ministros de Estado, que são responsáveis pelas pastas governamentais e pela implementação das políticas públicas. Os ministros, por sua vez, são auxiliados por Secretários Executivos, que atuam como seus principais assessores.

O Poder Executivo possui funções importantes como a regulamentação e fiscalização de atividades econômicas e defesa nacional. Vejamos alguns outros exemplos das funções do Executivo:

Administração Pública

Gestão das políticas públicas: O Poder Executivo coloca

em prática as leis e políticas públicas aprovadas pelo Poder Legislativo, transformando-as em ações que impactam a vida da população.

Administração dos recursos públicos: O Poder Executivo administra os recursos do Estado com responsabilidade, buscando o melhor uso possível para o bem da população.

Prestação de serviços públicos: O Poder Executivo garante o acesso da população a serviços essenciais como saúde, educação, segurança pública, infraestrutura e transporte, construindo um país mais justo e próspero.

Condução das Relações Internacionais

Relações exteriores: O Poder Executivo, por meio do Ministério das Relações Exteriores, representa o Brasil no exterior e constrói relações diplomáticas com outros países, promovendo a paz e a cooperação internacional.

Defesa nacional: O Poder Executivo garante a defesa do país contra ameaças externas, protegendo a soberania nacional e a integridade do território brasileiro.

Normatização e Implementação

Edição de decretos e regulamentos: O Poder Executivo complementa as leis e facilita sua aplicação, adaptando-as às necessidades específicas de cada caso.

Proposição de projetos de lei: Sim, o Presidente da República pode propor projetos de lei e emendas à Constituição Federal.

Adoção de medidas provisórias: Em casos de relevância ou de urgência essa medida é um recurso à disposição do chefe do Executivo. Assim, o Presidente também pode, provisoriamente, adotar medidas com força de lei.

Estrutura do Poder Executivo Brasileiro

Além da Presidência, Vice Presidência, dos Ministérios, o Poder Executivo brasileiro também possui órgãos subordinados, como autarquias, empresas públicas, fundações e conselhos. Esses órgãos têm autonomia administrativa e financeira para atuar em determinadas áreas específicas. A estrutura do Poder Executivo brasileiro também inclui o Gabinete Civil, que é o órgão de assessoramento direto do Presidente, e o Gabinete de Segurança Institucional, que é responsável pela segurança do Presidente e de outras autoridades.

No âmbito dos estados e municípios, a estrutura do Poder Executivo é semelhante, com os Governadores e Prefeitos como chefes do Executivo nas unidades federativas. Eles também nomeiam Secretários de Estado e Município, que auxiliam na administração e implementação de políticas públicas.

Em resumo, a estrutura do Poder Executivo brasileiro é composta por diversos órgãos e instituições, liderados pelo Presidente da República e auxiliado por Ministros de Estado, Secretários e outros órgãos subordinados. Esse sistema está presente em todas as esferas do governo brasileiro, desde a União até os municípios. O nível Federal, por exemplo, pode ser dividido e enumerado da seguinte maneira:

Presidente da República: Chefe de Estado e de Governo, eleito por voto direto para um mandato de quatro anos, liderando o país com visão estratégica e capacidade de articulação.

Ministros de Estado: Chefes de cada pasta do governo (Ministério da Saúde, Educação, Economia, etc.), nomeados pelo presidente e responsáveis por elaborar e executar políticas públicas específicas de cada área.

Secretarias e Órgãos Autônomos: Subdivisões de cada ministério, responsáveis por executar as políticas públicas em nível operacional.

Empresas Estatais: Empresas controladas pelo Estado, atuando em setores estratégicos como energia, petróleo e telecomunicações.

O Poder Executivo enfrenta vários desafios e obstáculos à sua eficiência, tanto no Brasil quanto em outros países. Alguns dos principais desafios incluem:

Falta de recursos financeiros: A limitação orçamentária pode dificultar a implementação de políticas públicas e a prestação de serviços essenciais à população.

Burocracia Excessiva: Processos lentos e complexos, dificultando a implementação de políticas públicas.

Corrupção e má gestão: Casos de corrupção e má gestão podem minar a confiança pública no Poder Executivo e prejudicar a eficiência da administração.

Instabilidade política e interferência do judiciário: esses são fatores que dificultam a governabilidade e a implementação de políticas públicas de longo prazo.

Ausência de Planejamento Estratégico: Políticas públicas implementadas sem planejamento de longo prazo, gerando ineficiência e desperdício de recursos.

Fragilidade na Gestão Fiscal: Dificuldade em controlar o gasto público e equilibrar as contas públicas, gerando dívida e limitando investimentos em áreas prioritárias.

Baixa qualificação e motivação dos funcionários públicos: A falta de qualificação, profissionalização e motivação dos funcionários públicos pode comprometer a qualidade da prestação de serviços.

Interferência política: A interferência política na gestão pública pode levar a decisões ineficientes e ao desperdício de recursos.

Conflitos de interesse: A influência de grupos de interesse e de lobistas pode distorcer as prioridades do Poder Executivo e prejudicar o interesse público.

Para enfrentar esses desafios, é necessário promover a transparência, a qualificação dos funcionários públicos e a participação da sociedade civil na formulação e monitoramento de políticas públicas. Além disso, medidas para reduzir a instabilidade política, como a reforma política e a mudança do sistema eleitoral, podem contribuir para a melhoria da eficiência do Poder Executivo. Outras medidas para o fortalecimento do Poder Executivo seriam:

Desburocratização
Simplificação de processos para agilizar a implementação de políticas públicas.

Investimento em tecnologia para tornar a administração pública mais eficiente.

Combate à Corrupção
Fortalecimento dos mecanismos de transparência e controle social do governo.
Punição rigorosa dos envolvidos em casos de corrupção.

Planejamento de Longo Prazo
Elaboração de políticas públicas baseadas em estudos técnicos e com visão de futuro.

Definição de metas e indicadores para mensurar a eficiência das políticas públicas.

Responsabilidade Fiscal
Adoção de medidas para controlar o gasto público e equilibrar as contas públicas.

Priorização de investimentos em áreas essenciais como saúde e educação.

Em resumo, o Poder Executivo no Brasil é um dos pilares

do sistema político nacional, com importantes funções na administração pública, na implementação das leis e na execução das políticas públicas. Como vimos, ele é regido por princípios constitucionais que garantem a separação de poderes e o controle judicial de suas ações, e está estruturado em diferentes níveis de governo, desde a União até os municípios. Um Poder Executivo eficiente, transparente e voltado para o interesse público é fundamental para o desenvolvimento do Brasil. Por meio de reformas para a desburocratização, combate à corrupção, planejamento de longo prazo e responsabilidade fiscal, o Poder Executivo poderá conduzir o país com maior eficácia, promovendo o bem-estar e a prosperidade da população brasileira.

#

Legislativo

O Poder Legislativo no Brasil é o órgão responsável pela criação, modificação e revogação das leis que regem o país, representando a vontade popular. Ele é exercido pelo Congresso Nacional, que é composto por duas casas: a Câmara dos Deputados e o Senado Federal. O Legislativo é um dos três Poderes da República Federativa do Brasil, ao lado do Poder Executivo e do Poder Judiciário.

A Câmara dos Deputados, em 2024, é composta por 513 membros, eleitos por voto direto e representativo, pelo sistema proporcional, para mandatos de quatro anos. Já o Senado Federal é composto por 81 senadores, eleitos por voto direto, para mandatos de oito anos. As principais funções do Poder Legislativo são a elaboração, a discussão e a votação das leis que regulamentam a vida social, econômica e política do país. Além disso, o Congresso Nacional também é responsável pela fiscalização dos atos do Poder Executivo, pela aprovação de empréstimos externos e de acordos internacionais, e pela confirmação da escolha de membros do Poder Judiciário e do Ministério

Público.

A Constituição Federal de 1988 garante a independência e a autonomia do Poder Legislativo em relação aos demais poderes. Ele é considerado uma das principais bases do sistema republicano de governo, juntamente com o Poder Executivo e o Poder Judiciário.

Conhecendo melhor algumas das funções do Poder Legislativo

A principal função do Poder Legislativo é elaborar leis, que são normas gerais e abstratas que regulam a vida em sociedade. As leis podem ser de diferentes tipos, como leis ordinárias, leis complementares, medidas provisórias e decretos legislativos. Outra função do Legislativo é fiscalizar o Poder Executivo, controlando a aplicação dos recursos públicos e o cumprimento das leis. Essa função é exercida por meio de diversos instrumentos, como:

Comissões parlamentares de inquérito (CPIs): As CPIs são instrumentos de investigação que podem ser criadas para apurar fatos de grave repercussão social ou política.

Requerimentos de informação: Os parlamentares podem solicitar informações ao Poder Executivo sobre qualquer assunto de interesse público.

Sindicância parlamentar: A sindicância parlamentar é um procedimento administrativo que visa apurar irregularidades na administração pública.

Controle externo do Tribunal de Contas da União (TCU).

Investigação de crimes de responsabilidade do presidente da República.

Ainda percorrendo algumas da principais funções do

Poder Legislativo, ele também participa da elaboração do orçamento do país e da fiscalização da execução financeira. Essa função é exercida pelo Congresso Nacional, que é composto pela Câmara dos Deputados e pelo Senado Federal. Para finalizar, vamos abordar a importante função de Controle Político. Cabe ao Poder Legislativo a função de controlar o Poder Executivo, podendo aprovar ou derrubar ministros de Estado, por exemplo.

O Poder Legislativo no Brasil também tem a função institucional de controle do Poder Judiciário, que é exercida por meio de diversas prerrogativas e mecanismos constitucionais. Essa função de controle é fundamental para garantir o equilíbrio entre os poderes e a preservação da democracia. Um dos principais mecanismos de controle do Poder Legislativo sobre o Judiciário é a aprovação da indicação de membros do Judiciário e do Ministério Público. A Constituição Federal determina que a escolha de ministros do Supremo Tribunal Federal, do Superior Tribunal de Justiça, do Tribunal Superior do Trabalho, do Tribunal Superior Eleitoral, dos membros do Conselho Nacional de Justiça e do Procurador-Geral da República deve ser aprovada pelo Senado Federal.

Outro mecanismo de controle é a fiscalização dos atos do Poder Judiciário. A Constituição Federal estabelece a obrigatoriedade de prestação de contas do Judiciário perante o Congresso Nacional. Além disso, os parlamentares podem solicitar informações e esclarecimentos sobre a atuação do Judiciário e do Ministério Público. O Poder Legislativo também exerce controle sobre o orçamento do Poder Judiciário. A Constituição Federal estabelece que a iniciativa para a definição dos recursos financeiros do Judiciário é do Executivo, mas o Congresso Nacional pode modificar a proposta e tem a última palavra sobre a aprovação do orçamento.

Por fim, o Poder Legislativo também pode exercer controle sobre o Judiciário por meio de processos de impeachment dos ministros do Supremo Tribunal Federal e do Superior Tribunal de Justiça. Esses processos são iniciados na Câmara dos Deputados e julgados pelo Senado Federal. Assim, fica bastante evidente que os constituintes desejavam que o Poder Legislativo desempenhasse um papel crucial no controle do Poder Judiciário. Dessa maneira, a Constituição Federal do Brasil oferece diversos mecanismos que visam garantir que o Poder Judiciário não interfira negativamente no equilíbrio entre os Poderes e também paute sua atuação na transparência e responsabilidade.

Para registro, em 2024, a composição político partidária do Poder Legislativo brasileiro quando da publicação desse livro era a seguinte:

Câmara dos Deputados

513 deputados, eleitos proporcionalmente à população de cada estado.

Distribuição dos deputados por partidos políticos:

PT: 53 deputados

PL: 43 deputados

PP: 42 deputados

PSDB: 32 deputados

PSD: 31 deputados

Republicanos: 30 deputados

MDB: 29 deputados

PDT: 22 deputados

PSB: 21 deputados

PTB: 18 deputados

Senado Federal

81 senadores, três por cada estado, eleitos por maioria de votos.

A renovação de um terço do Senado ocorre a cada quatro anos, esse modelo foi adotado visando permitir maior estabilidade e experiência política aos senadores.

Distribuição dos senadores por partidos políticos:

PSD: 14 senadores

União Brasil: 13 senadores

MDB: 12 senadores

PT: 9 senadores

PL: 8 senadores

PP: 8 senadores

PSDB: 7 senadores

PSB: 5 senadores

PDT: 4 senadores

Podemos: 4 senadores

Cidadania: 3 senadores

PSOL: 3 senadores

Rede: 2 senadores

PCdoB: 2 senadores

PT do B: 1 senador

PROS: 1 senador

O Poder Legislativo brasileiro também enfrenta diversos desafios, como baixa representatividade dos partidos políticos e a fragmentação do Congresso Nacional. Ambos dificultam a aprovação de leis importantes, abrem espaço para fisiologismo, minam a confiança da população nas instituições e deterioram a qualidade da democracia. A corrupção é outro problema grave que afeta o Poder Legislativo brasileiro, como ficou evidenciado por diversos escândalos ocorridos nos últimos anos. Na esteira da corrupção vem a falta de transparência nas decisões do Poder Legislativo, o que dificulta o acompanhamento por parte da sociedade civil e pode ser usado para facilitar a ocultação de desvios de conduta. Por último, mas não esgotando o assunto, podemos citar a influência indevida do poder econômico como mais um dos desafios a serem superados pelo Poder Legislativo em sua jornada de aperfeiçoamento. Poderosos grupos de interesse econômico exercem uma grande influência sobre o Poder Legislativo, o que pode levar à aprovação de leis que beneficiam grupos específicos, em detrimento do bem-estar da sociedade.

Semelhante ao Executivo, o Poder Legislativo também é um dos pilares da democracia brasileira. Fortalecer esse poder é fundamental para garantir a representatividade da vontade popular e a construção de um país mais justo e igualitário. O fortalecimento do Poder Legislativo brasileiro passa por implementar reformas políticas que promovam a representatividade e a transparência, combater a corrupção, punir os responsáveis por atos ilícitos, promover a participação da sociedade civil no processo legislativo e, por fim, mas não menos importante, fortalecer a autonomia do Poder Legislativo em relação ao Poder Judiciário.

#

Judiciário

O Poder Judiciário no Brasil é o ramo do governo responsável pela administração da justiça, com a obrigação de garantir o direito ao devido processo legal e a imparcialidade nos julgamentos. Ele é composto por juízes e tribunais em todas as esferas da federação, desde o nível municipal até o nacional. A Constituição Federal de 1988 assegura a independência e a autonomia do Poder Judiciário em relação aos demais poderes, garantindo a separação de poderes e o equilíbrio do sistema político brasileiro. Diferente do Poder Executivo e do Poder Legislativo, os representantes do Poder Judiciário não representam diretamente a vontade da maioria dos eleitores. Seus representantes são indicados por critérios políticos, nas mais altas esferas, ou concursados para a importante carreira que é a magistratura.

O Poder Judiciário no Brasil é composto por vários órgãos, cada um com suas atribuições e competências específicas. O Supremo Tribunal Federal (STF) é o mais alto tribunal do país e é responsável pelo cumprimento estrito do texto da Constituição Federal, cabendo-lhe a função de julgar as ações diretas de inconstitucionalidade e os recursos extraordinários. Além disso, o STF é o guardião da harmonia entre os entes federativos, solucionando conflitos de competência entre a União, os Estados, o Distrito Federal e os Municípios.

Outros tribunais importantes são o Superior Tribunal de Justiça (STJ), responsável pela uniformização da jurisprudência e pelo julgamento de recursos especiais e extraordinários em matéria federal, e o Tribunal Superior do Trabalho (TST), que atua como tribunal de última instância nas matérias trabalhistas. O Poder Judiciário também é composto por tribunais regionais federais e estaduais, que atuam como tribunais de segunda instância nas matérias de sua competência, e juízes federais, estaduais e municipais, que atuam como juízes de primeira instância. As decisões judiciais são tomadas de acordo com as leis e a jurisprudência brasileira, sendo o princípio da legalidade um dos valores mais importantes do sistema judicial brasileiro. A imparcialidade e a independência dos juízes são outros valores fundamentais do Poder Judiciário, garantindo a isonomia e a igualdade de todos os cidadãos perante a lei. Entre as funções essenciais do Poder Judiciário está a Função Jurisdicional que compreende a solução de conflitos de interesses entre pessoas físicas e jurídicas, públicas e privadas.

São exemplos dessa função:

Ação de divórcio: o Judiciário define os termos da divisão de bens, guarda dos filhos e pensão alimentícia, considerando as particularidades de cada caso.

Ação de cobrança de dívida: o Judiciário determina o pagamento da dívida, podendo penhorar bens do devedor caso ele não cumpra a decisão judicial.

Ação penal por crime de homicídio: o Judiciário determina a culpabilidade ou não do réu, aplicando a pena cabível em caso de condenação.

Outra função é a de Controle de Constitucionalidade que atende à necessidade de garantia da supremacia da Constituição Federal, passando pela anulação de leis e atos inconstitucionais. São exemplos dessa função:

Declaração de inconstitucionalidade da Lei da Ficha Limpa: o STF entendeu que a lei violava o princípio da presunção de inocência.

Declaração de inconstitucionalidade do orçamento do Distrito Federal: o STJ considerou que o orçamento não era compatível com a Lei de Responsabilidade Fiscal.

Através da importante função de Guardião dos Direitos Fundamentais, o Poder Judiciário tem a missão de proteção dos direitos e garantias individuais e coletivos previstos na Constituição Federal. São exemplos dessa função:

Concessão de hábeas corpus em caso de prisão ilegal: restabelecendo a liberdade de locomoção do indivíduo preso ilegalmente.

Concessão de liminar para garantir o acesso à saúde: garantindo o direito à saúde do indivíduo, mesmo que o Estado não esteja fornecendo o tratamento necessário.

Resumo da estrutura do Poder Judiciário Brasileiro

Tribunais Superiores

Supremo Tribunal Federal (STF): guardião da Constituição Federal, composto por 11 ministros, que julgam questões envolvendo autoridades com foro privilegiado, casos de relevância jurídica e política como a constitucionalidade de leis e atos do governo.

Superior Tribunal de Justiça (STJ): uniformização da jurisprudência infraconstitucional, composto por 33 ministros, que julgam recursos de decisões de tribunais regionais, principalmente em casos de direito civil, penal e processual.

Tribunais Regionais

Tribunais Regionais Federais (TRFs): são cinco regiões que julgam recursos de decisões de primeira instância da Justiça Federal em sua região.

Tribunais Regionais do Trabalho (TRTs): 24 regiões que julgam recursos de decisões de primeira instância da Justiça do Trabalho em sua região.

Tribunais Regionais Eleitorais (TREs): presentes nos 27 estados para julgar recursos de decisões de primeira instância da Justiça Eleitoral em seu estado.

Tribunais de Justiça Estaduais

Um tribunal em cada estado, julgam casos de direito civil, criminal, de família, entre outros, em segunda instância.

Juizados Especiais Cíveis e Criminais

Garantem o acesso à justiça para causas de menor valor, com procedimentos mais simples e rápidos.

Os principais desafios e obstáculos à eficiência do Poder Judiciário são a morosidade, que tanto causa como é causada pelo excesso de processos e a lentidão na tramitação dos casos. Faltam juízes e servidores suficientes para atender à demanda, agravando a morosidade e o acúmulo de processos. Com uma média de 70 milhões de processos em andamento, a lentidão gera insegurança jurídica e descrença na Justiça.

Os investimentos em tecnologia e modernização do sistema processual podem minorar a morosidade da justiça e seus impactos sociais negativos, sem que haja necessidade de realização de novos concursos públicos. Tais concursos viriam a onerar, ainda mais, os cofres públicos. São iniciativas no sentido de maior emprego de tecnologia, o processo judicial eletrônico para agilizar a tramitação dos processos e a adoção de Inteligência artificial para auxiliar a análise de processos e na tomada de decisões. Outro problema é a percepção popular de que o acesso à justiça é difícil ou para poucos privilegiados. Custas processuais e honorários advocatícios elevados, realmente, dificultam o acesso das classes menos favorecidas à Justiça.

A falta de atenção e investimentos na Defensoria Pública e em mecanismos de assistência judiciária gratuita aprofunda essa percepção negativa. Desafio comum à todos os Poderes, a corrupção também assola o Judiciário. Casos de corrupção envolvendo Cortes fragilizam a credibilidade e apontam para a necessidade, urgente, da adoção de mecanismos efetivos para controle e punição da corrupção no Judiciário, em todos os níveis.

Entendendo melhor a Corte mais falada do país, o Supremo Tribunal Federal (STF)

A Suprema Corte, aqui no Brasil chamada de Supremo Tribunal Federal (STF), também pode ser conhecida como

Corte de controle constitucional. Esse é o órgão judiciário cujas decisões são proferidas em última instância, ou seja, sem possibilidade de recurso ou apelação. Sendo o órgão máximo do Poder Judiciário no Brasil, o STF desempenha importantes funções institucionais, conforme foi claramente definido pela Constituição Federal. São várias funções importantes para a manutenção da equidade entre os cidadãos e entre os Poderes, paz social e segurança jurídica, incluindo:

Guardiã da Constituição: A função institucional fundamental de uma Suprema Corte é servir como guardiã da Constituição, apreciando casos que envolvam lesão ou ameaça a suas provisões. Assim o STF, como o guardião da Constituição Federal, tem a função e obrigação de assegurar o cumprimento de seus preceitos. Com vista ao texto constitucional ele pode declarar a inconstitucionalidade de leis e atos normativos do governo, garantindo a supremacia da Constituição.

Julgamento de questões de constitucionalidade: O STF julga questões de constitucionalidade independentemente de litígios concretos.

Controle de constitucionalidade: Uma das competências mais conhecidas e relevantes do Supremo Tribunal Federal é o controle concentrado de constitucionalidade. O STF pode analisar a constitucionalidade de leis ou atos normativos, através de ações diretas de inconstitucionalidade ou de representações, que podem ser propostas por partidos políticos, entidades de classe ou sindicais, além de cidadãos com interesse legítimo.

Julgamento de altas autoridades: Em alguns países, assim como no Brasil, a Suprema Corte tem a função de julgar altas autoridades. Dessa maneira, o STF é o único tribunal competente para julgar o presidente da República, membros do Congresso Nacional, ministros de Estado, outros titulares de órgãos públicos e demais autoridades com foro privilegiado, pelos crimes praticados no exercício das suas funções.

Uniformização da jurisprudência: O STF também possui a função de uniformizar a jurisprudência, garantindo a aplicação uniforme da lei em todo o território nacional.

Julgamento de recursos extraordinários e especiais: O STF é o tribunal de última instância para determinados tipos de recursos, como os recursos extraordinários (quando há divergência jurisprudencial entre tribunais) e os recursos especiais (em matéria constitucional).

Conflitos de competência: O STF é responsável por julgar conflitos de competência entre a União, os Estados, o Distrito Federal e os Municípios, definindo quem é o ente federativo competente para legislar ou atuar em determinadas situações.

Guarda das leis e da ordem pública: O STF pode ser acionado para garantir a observância das leis e da ordem pública em situações excepcionais, como a interrupção do funcionamento de serviços essenciais à população.

O STF também tem outras funções, como a organização e supervisão do Judiciário, a regulamentação da profissão de advogado e a aprovação de seu estatuto, a fiscalização da aplicação de recursos públicos pelo Tribunal de Contas da União e a análise de inquéritos e processos administrativos disciplinares contra magistrados.

Os integrantes do Supremo Tribunal Federal, como destacamos anteriormente, não representam a vontade popular direta, uma vez que os 11 ministros são escolhidos pelo Presidente da República e não através do sufrágio. Os ministros são indicados, por motivações pessoais, políticas ou ideológicas, dentre cidadãos com mais de 35 e menos de 65 anos de idade, com saber jurídico e reputação ilibada. Depois de escolhido pelo Presidente da República o futuro integrante do STF precisa passar pela formalidade de ter seu nome aprovado pelo Senado

Federal. A escolha dos membros das cortes supremas varia de país para país, dependendo de uma série de fatores, incluindo a estrutura política e a confiança na democracia. Vejamos alguns exemplos de como são feitas as escolhas para as Cortes Superiores em outras sociedades:

Alemanha: A Corte Constitucional da Alemanha é formada por 16 membros, divididos em duas turmas com oito integrantes cada. Os membros da Corte são eleitos para mandatos de doze anos, sem reeleição. Metade de cada turma é indicada pela câmara baixa do parlamento e a outra metade pela câmara alta.

Canadá: A Corte Suprema é composta por nove membros, indicados pelo Governador-geral para mandato vitalício.

Espanha: O Tribunal Constitucional é formado por doze membros, nomeados por decreto real. São indicados quatro juízes pelo Congresso, quatro pelo Senado, dois pelo governo e dois pelo Conselho Geral do Poder Judiciário.

Estados Unidos: A Suprema Corte tem nove juízes, nomeados pelo presidente após aprovação do Senado, com maioria simples.

França: Dos nove membros do Conselho Constitucional da França, três são indicados pelo presidente da República, três pelo presidente da Assembleia Nacional e três pelo presidente do Senado.

Atualmente os ministros do STF têm mandato vitalício, ou seja, permanecem no cargo até a aposentadoria compulsória, aos 75 anos de idade. Tal sistema é percebido como uma condição anômala, em termos de representatividade democrática, e que vem sendo motivo de questionamentos por parte da sociedade, acadêmicos e juristas. O mandato vitalício para membros de cortes supremas ou tribunais constitucionais é uma prática cada vez mais questionada, porque pode gerar falta de renovação e transparência na composição dessas cortes. A maioria dos países do mundo não possui mandato vitalício para os membros de suas Supremas Cortes ou Tribunais Constitucionais.

Em resumo, o Poder Judiciário no Brasil é o ramo do Estado responsável pela administração da justiça, composto por tribunais e juízes em todas as esferas da federação. Seus valores fundamentais são a legalidade, a imparcialidade e a independência, garantindo a todos os cidadãos o direito ao processo legal e ao julgamento justo e igualitário. Um Poder Judiciário célere, apolítico, acessível e íntegro é fundamental para a manutenção do Estado Democrático de Direito no Brasil. Por meio de investimentos em tecnologia, reformas processuais, ampliação do acesso à Justiça, combate à decisões políticas e à corrupção, o Judiciário brasileiro poderá desempenhar com maior eficiência e lisura o seu papel.

#

Da Política e dos autos

O embate entre diferentes pontos de vista faz parte da dinâmica democrática e vem se acentuando no Brasil. No entanto, é saudável que o debate político não se degenere em polarização excessiva, ódio ou violência. Por isso, é de vital importância cultivar na sociedade a capacidade de ouvir ideias diferentes, possuir empatia, buscar por pontos em comum e estar aberta para, através das vias democráticas, obter representatividade pautada na vontade da maioria.

Quando diferentes grupos conseguem dialogar pacificamente, soluções criativas podem emergir mais facilmente. Instituições como o Congresso Nacional, fóruns da sociedade civil e a própria mídia devem fomentar essa cultura do diálogo pluralista e respeitoso. A população também tem papel crucial em cobrar de líderes políticos e demais autoridades uma postura ética e propositiva. Já o Poder Judiciário precisa atuar com cautela e autocontenção, para não invadir a esfera própria da política. E é sobre isso que trataremos ao longo desse tópico. Magistrados e tribunais sempre devem se ater à aplicação imparcial das leis e à Constituição, não às suas preferências pessoais.

Quando o Judiciário extrapola seu papel e interfere em assuntos de competência dos outros Poderes, gera-se insegurança jurídica e potencial subversão democrática. A judicialização excessiva da política fragiliza a separação dos Poderes prevista na Constituição. Ao longo da história, vários episódios ilustram os riscos do protagonismo judicial em temas políticos. Na década de 1930, a Suprema Corte americana impediu tentativas do presidente Roosevelt de estabelecer leis trabalhistas progressistas. Já no Brasil da década de 60, o Judiciário bania partidos de Esquerda e cassava mandatos de opositores, sob pretexto de combater o comunismo.

Mais recentemente, decisões polêmicas do STF, como a anulação de condenações da Lava Jato, cassação de mandatos, anulação de perdão presidencial, condenação em lote de manifestantes de Direita sem o respeito ao devido processo legal e à individualização das penas, abertura "de ofício" de inquéritos sem objeto definido ou mesmo prazo de encerramento, participação de Ministros do STF em atos políticos com discurso exaltando a capacidade e o êxito ao interferir na vida política do país, ingerência em atos e prerrogativas exclusivas do Chefe do Poder Executivo, prisão de integrantes do Poder Legislativo em violação ao preconizado na Constituição, aplicação de censura prévia, tentativa de liberação do aborto, inquérito das "Fake News", descriminalização das drogas ou a criminalização da homofobia por votação apertada, provocaram fortes reações negativas em grande parte da sociedade. Isso demonstra o risco do Tribunal assumir um viés político-ideológico em suas decisões.

O Poder Judiciário deve se abster de questões políticas, para garantir a imparcialidade e a independência do sistema judicial, além de preservar a separação de poderes entre os três ramos do governo: Executivo, Legislativo e Judiciário. Como citamos várias vezes e voltaremos a repetir outras tantas, essa separação de poderes é fundamental para garantir o equilíbrio do sistema político e evitar abusos de poder.

Quando o Judiciário se abstém de questões políticas ele garante a isonomia, que é a igualdade de todos os cidadãos perante a lei. Por outro lado se o Judiciário se envolve em questões políticas, automaticamente, ele se torna uma ferramenta para o avanço de interesses políticos específicos, o que compromete a imparcialidade e a independência dos juízes, corrompendo a democracia. Existe uma necessidade permanente de garantir a estabilidade do sistema jurídico e da ordem social. Em países democráticos isso é fruto do respeito à Constituição, enquanto nas ditaduras é obtido pelo emprego da força repressiva do Estado. Caso o Poder Judiciário se envolva em questões políticas, pode gerar instabilidade e insegurança jurídica. Depois de contaminar o sistema, todas as decisões judiciais podem passar a ser vistas como fruto de disputas políticas e não como o resultado de uma análise imparcial e técnica da lei e dos fatos.

Atualmente a percepção de imparcialidade e independência do Poder Judiciário desabou, junto à opinião pública brasileira. Uma pesquisa realizada pelo Instituto de Pesquisa Econômica Aplicada (IPEA) em 2021, indicou que apenas 32% dos brasileiros acreditam que a justiça funciona bem no país. A pesquisa também mostrou que a maioria dos entrevistados (58%) considera a justiça brasileira lenta e burocrática, e que quase metade (47%) acredita que ela é parcial e favorece os ricos e poderosos. Outra pesquisa, realizada pelo Datafolha em 2022, mostrou que 67% dos brasileiros acreditam que o Poder Judiciário deve ser reformado, e que aproximadamente metade (51%) considera a justiça brasileira injusta e desigual.

O STF tem recebido acusações de atuação política e gerado controvérsias cada vez maiores, mas não reconhece nenhuma das questões como sendo legítimas. Mesmo quando confrontados com os fatos, como aconteceu com as gravíssimas denúncias apresentadas pelo jornalista Michael Shellenberger, através dos "Twitter Files Brasil", a postura de manter-se dono da narrativa oficial é mantida. Nenhum questionamento é aceito, pelo contrário são entendidos como ataques à democracia e seus autores passam a ser sumariamente investigados. Os Ministros da mais alta Corte do país tem defendido que suas decisões são baseadas na lei e na Constituição Federal, visando garantir o Estado de Direito e a harmonia entre os Poderes. Ainda assim, o debate sobre o papel do Judiciário na política brasileira continua a ser uma questão relevante e controvertida.

Ninguém questiona que a atuação do Poder Judiciário, e em especial do Supremo Tribunal Federal, é essencial para garantir a proteção dos direitos e liberdades dos cidadãos, bem como para manter o equilíbrio entre os poderes e a ordem constitucional. No entanto, é senso comum que o Judiciário deve se manter fiel ao seu papel constitucional, não se envolvendo em disputas políticas ou ideológicas. Somente assim, poderá evitar a politização do tribunal e recuperar a confiança da sociedade na instituição. Nesse sentido, é fundamental que o Judiciário brasileiro atue com transparência, imparcialidade e independência, respeitando os limites de sua atuação estabelecidos pela Constituição e mantendo um diálogo franco e aberto com a sociedade e com os demais Poderes da República.

Portanto, o STF e qualquer outra Corte constitucional devem se limitar a analisar aspectos jurídicos das leis e atos do governo que lhe são submetidos, não questões de mérito político ou social. Caso contrário, além de extrapolar suas funções, o Judiciário pode interferir indevidamente na vontade da maioria da população, desestabilizar a democracia além de perder credibilidade e ser percebido como parcial.

O diálogo político e a contenção do Judiciário são muito

importantes para a saúde da democracia. Os princípios democráticos se fortalecem quando há diálogo respeitoso e produtivo entre as diversas correntes políticas de uma sociedade. Ao mesmo tempo, é essencial que o Judiciário atue com imparcialidade e moderação, evitando interferir indevidamente em temas propriamente políticos, restringindo-se a aplicar a lei nos casos concretos e resguardar o que ordena a Constituição Federal. O Poder Judiciário brasileiro tem um papel essencial na defesa da legalidade, da ordem constitucional e dos direitos e garantias fundamentais dos cidadãos e sempre terá. A sociedade, porém, deve poder continuar a exigir transparência, adequação de processos administrativos, probidade e imparcialidade dos tribunais e juízes, bem como respeito à separação de poderes e à ordem constitucional, sem correr o risco de censura, perseguição judicial ou qualquer outro tipo de retaliação.

Em uma democracia saudável, o indispensável equilíbrio entre os Poderes e o debate político plural dependem da Justiça respeitar sua missão legal, sem interferências inapropriadas, seja na liberdade de expressão ou na atividade política. Cabe ao Legislativo discutir e ao Executivo administrar, dentro de suas atribuições e limites. Essa separação clara de funções é o que preserva as liberdades do cidadão. Portanto, é fundamental que tanto líderes políticos quanto magistrados trabalhem com ética, probidade e respeito às suas respectivas esferas institucionais. Quando cada um atua com responsabilidade dentro de seu papel, a democracia se fortalece com diálogo e Justiça.

#

Líder popular e populista

Um líder populista e um líder popular podem parecer semelhantes no início, mas suas características e métodos de governança são distintos. Um líder popular é alguém que ascende ao poder com o apoio de uma ampla base de eleitores e geralmente é visto como alguém que representa os interesses do povo.

Esse tipo de líder, geralmente, tem uma alta taxa de aprovação pela população e é conhecido por sua habilidade de se comunicar diretamente com as massas. Líderes populares podem ser carismáticos e têm uma visão de governo que se concentra em atender às necessidades e desejos de seus eleitores. Muitas vezes, eles dão grande ênfase em pautas como a melhoria das condições de vida, o desenvolvimento econômico e a inclusão social. Líderes populares, em geral, respeitam as instituições democráticas e as regras do jogo político.

Por outro lado, um líder populista, apesar de também procurar o apoio das massas, caracteriza sua liderança pelo discurso de confronto e uma retórica que, frequentemente, coloca os interesses do líder acima dos interesses do país e de sua população. Este tipo de líder pode manipular as emoções populares, promover a polarização e criar um clima de "nós contra eles" para consolidar-se no poder. O populismo é frequentemente associado a uma forte presença de líderes que se apresentam como anti-establishment, desafiando as elites e as instituições tradicionais. Eles podem prometer rupturas radicais e mudanças rápidas, muitas vezes sem levar em conta as consequências de longo prazo para a economia, a sociedade e as instituições democráticas.

Além disso, enquanto um líder popular pode tentar buscar um equilíbrio racional entre os interesses do povo, as leis e tradições democráticas, um líder populista tende a desprezar ou até mesmo atacar as instituições que questionam sua autoridade ou que se opõem à suas políticas. Esse tipo de comportamento do líder populista pode levar a uma erosão da democracia e a um enfraquecimento dos mecanismos de freios e contrapesos entre os três Poderes da República. Um líder populista tende a dividir a sociedade entre "o povo" e "a elite". Ele promove a ideia de que é o único capaz de representar os interesses do povo. Já um líder popular pode ter amplo apoio das ruas, mas geralmente não promove uma visão maniqueísta de mundo, evitando dividir a sociedade em dois grupos antagônicos.

Outra diferença crucial é que um líder popular geralmente se esforça para construir consenso e trabalhar com o Congresso para implementar suas políticas. Por sua vez, um líder populista pode tentar governar por decreto ou através de um número reduzido de aliados leais, marginalizando ou excluindo vozes dissidentes. Na maioria das vezes, um líder populista promove políticas econômicas protecionistas e nacionalistas, ao passo de que um líder popular pode, mais facilmente, adotar uma visão econômica diversificada e incluir tanto elementos do protecionismo quanto do liberalismo econômico. O líder populista tende a desenvolver uma relação de confronto com a mídia tradicional, acusando-a de ser manipuladora e parcial. Por outro lado um líder popular pode ter uma relação mais positiva com a mídia ou, pelo menos, não adotar uma postura anti-mídia como estratégia política.

Por fim, a liderança popular tende a ser mais preocupada com a governança eficiente e a entrega de resultados palpáveis para a população, enquanto a liderança populista pode se concentrar mais na manutenção de uma imagem de força e na execução de uma agenda que destaque sua posição pessoal. Muitas vezes, a imagem de liderança do populista é construída ao custo de uma governança instável ou imprevisível.

No entanto, cabe ressaltar que todas as caracterizações citadas até o momento servem apenas para a descrição de um estereótipo. Elas perdem rapidamente validade quando confrontadas com cenários realistas. Então, se você durante a leitura ficou tentando enquadrar algum político em todas as características de popular ou populista, sinto informar que o resultado será impreciso. Primeiro porque nós humanos não somos lineares. Ninguém é totalmente bom ou totalmente mau. Segundo motivo é que os modelos foram criados agrupando características percebidas em líderes ao longo da história e relacionando-as com os desdobramentos de suas atuações. É preciso considerar que fora das definições acadêmicas, os ambientes não são estéreis em termos de emoção, ruído na comunicação, ideologia, ativismo político, atuação partidária, crime organizado e interesses econômicos. Órgãos de imprensa podem não atuar de maneira neutra e ética. Eles possuem seus próprios interesses e estão contaminados com ideologias. Por isso, os discursos dos líderes são picotados, re-empacotados e difundidos como notícia, provavelmente confirmando alguma narrativa que não a original. No mundo real, o líder Popular que não for de Esquerda pode jogar dentro das quatro linhas o quanto quiser, mas sempre será acusado e perseguido como sendo um extremista de Direita. Fora da transparência das definições acadêmicas, o jogo político é pesado e muitas vezes sujo. Autoridades e instituições de Estado são aparelhadas e usadas, em nome da democracia, para perseguir e destruir a reputação de líderes, que não aceitem fazer parte de esquemas corruptos e conspirar contra o país e a sociedade.

#

Impeachment

O impeachment é um processo previsto na Constituição Federal brasileira para a destituição de autoridades políticas, como o Presidente da República, governadores e prefeitos, por crimes de responsabilidade. A Constituição define os crimes de responsabilidade como: "ato do Presidente da República que atente contra a Constituição Federal e, especialmente, contra"os seguintes princípios fundamentais:

Existência da União;

Integridade territorial;

Soberania nacional;

Liberdade;

Segurança interna;

Separação dos Poderes;

Sistema representativo;

Direito de voto;

Regime presidencialista;

Independência do judiciário;

Autonomia do Ministério Público;

Exercício dos direitos sociais e individuais.

Segundo regulamentado pela Lei dos Crimes de Responsabilidade (Lei nº 1.079/50), o processo de impeachment pode resultar na destituição de um ocupante de cargo governamental. No caso de ter como alvo um Presidente da República, o processo é iniciado por requerimento de um terço dos membros da Câmara dos Deputados e, se aceito pela Câmara, o Presidente fica afastado do cargo por até 180 dias, enquanto o Senado Federal julga o processo. Para a condenação e destituição definitiva, são necessários dois terços dos votos do Senado.

Além disso, o impeachment também pode resultar na perda ou na suspensão dos direitos políticos por oito anos e a inelegibilidade por oito anos. A Constituição brasileira estabelece que "o julgamento do Presidente da República será feito pelo Senado Federal e presidido pelo Presidente do Supremo Tribunal Federal", e que "a condenação importará a perda do cargo, com inabilitação para o exercício de função pública, ou de mandato eletivo, pelo prazo de oito anos, sem prejuízo da pena aplicável no âmbito penal ou civil" (art. 86, §4).

No Brasil, o processo de impeachment não é aplicável apenas para chefes do Poder Executivo em seus diferentes níveis dentro da União. Ele pode ser aplicado para as seguintes autoridades:

Presidente da República;

Governador de Estado;

Prefeito Municipal;

Ministro de Estado;

Chefe de Governo do Distrito Federal;

Comandantes das Forças Armadas;

Ministro do Supremo Tribunal Federal;

Procurador-Geral da República;

Impeachment no Brasil

O Brasil já vivenciou dois processos de impeachment. Vamos relembrar esses eventos, pois alguns argumentos usados antes, durante e depois deles, por diferentes atores políticos e setores da sociedade, serão úteis em análises futuras ao longo do livro.

1992: Fernando Collor de Mello (Presidente da República) - Renunciou antes do julgamento pelo Senado.

O processo de impeachment de Fernando Collor de Mello, em 1992, foi um evento histórico na política brasileira. Ele foi o primeiro presidente a sofrer impeachment no Brasil desde a redemocratização do país, em 1985. O processo começou em setembro de 1992 e foi concluído em dezembro do mesmo ano, resultando na sua destituição do cargo e na perda de seus direitos políticos.

A crise política que resultou no impeachment de Collor começou com denúncias de corrupção envolvendo seu governo. O esquema, que ficou conhecido como "o caso PC Farias", foi revelado pelo irmão do presidente, Pedro Collor de Mello, e envolveu o uso de recursos públicos para beneficiar empresas privadas e organizações não governamentais. Em setembro de 1992, o então deputado federal Fernando Henrique Cardoso, líder do Partido da Social Democracia Brasileira (PSDB), apresentou um requerimento de impeachment contra o então Presidente Collor. O requerimento foi aprovado pela Câmara dos Deputados em outubro do mesmo ano, com mais de dois terços dos votos, o que significou a suspensão automática do presidente por um período de 180 dias.

Durante o período de suspensão, o vice-presidente Itamar Franco assumiu o cargo de presidente interino. O Senado Federal foi responsável por julgar o processo de impeachment. Após vários dias de depoimentos e debate, em 29 de dezembro de 1992, o Senado votou pela condenação de Collor, com 76 votos favoráveis e 3 contrários. Como resultado, Collor, que já havia renunciado antes do julgamento, teve seus direitos políticos cassados por um período de oito anos.

O processo de impeachment de Collor marcou uma ruptura significativa na história política brasileira, demonstrando a capacidade das instituições democráticas do país de responder a crises e a abusos de poder. O processo também foi um teste para a estabilidade política do Brasil, já que o país ainda se recuperava do período sob regime militar que durou de 1964 a 1985. Apesar da controvérsia e da polarização política que o impeachment causou, o processo foi realizado de acordo com a Constituição Federal e em respeito ao devido processo legal. Ele também serviu como um exemplo para outros países democráticos, mostrando que é possível destituir um chefe de Estado por meios constitucionais e democráticos.

Anos depois, Fernando Collor de Mello foi absolvido das acusações que em 1992 levaram ao seu impeachment. Em 1994, o Supremo Tribunal Federal (STF) o absolveu da acusação de corrupção passiva por falta de provas. A absolvição na ação penal, entretanto, não o livrou da suspensão dos direitos políticos por oito anos, a contar da data do que seria o término do seu mandato presidencial, em 1994. Além disso, o STF também absolveu Fernando Collor de Mello, em 2014, das acusações de falsidade ideológica, peculato e corrupção passiva, referentes à época em que ele era presidente da República, entre 1990 e 1992.

2016: Dilma Rousseff (Presidente da República) - Cassada pelo Senado.

O processo de impeachment de Dilma Rousseff, em 2016, resultou na segunda destituição de um presidente na história do Brasil, desde a redemocratização em 1985. O processo começou em dezembro de 2015 com forte apoio popular e foi concluído em agosto de 2016, ocasionando a destituição de Dilma do cargo e na sucessão pelo vice-presidente Michel Temer.

As acusações eram de que Dilma Rousseff teria violado a lei orçamentária ao manipular as contas públicas para ocultar o tamanho do déficit do governo durante a sua campanha de reeleição em 2014. A oposição a Dilma argumentou que isso constituía um "crime de responsabilidade" e, portanto, era motivo suficiente para o impeachment. Assim, em abril de 2016, a Câmara dos Deputados votou a favor do impeachment de Dilma, com mais de dois terços dos deputados votando pelo afastamento da presidente. Em maio, o Senado Federal votou para suspender Dilma Rousseff do cargo por 180 dias, enquanto o processo de impeachment era julgado. Em 31 de agosto, após seis dias de sessão e mais de 60 horas de trabalho, o Senado Federal decidiu na quarta-feira, por 61 votos a 20, condenar Dilma Rousseff pelo crime de responsabilidade e retirar seu mandato de presidente da República. Dilma Rousseff foi responsabilizada pela edição de três decretos de créditos suplementar, sem autorização legislativa, e por atrasos no repasse de subvenções do Plano Safra ao Banco do Brasil, em desacordo a leis orçamentárias e fiscais.

Cabe ressaltar a estranha exceção aberta na época do impeachment de Dilma Roussef que, de forma diversa do previsto no artigo 86, parágrafo 4 da Constituição Federal do Brasil, teve as votações repartidas. A previsão constitucional era que deveria ocorrer uma única votação para o impedimento e a perda de direitos políticos, o que tornaria Dilma Roussef inabilitada para o exercício de qualquer função pública. No entanto, o presidente do Supremo Tribunal Federal (STF), Ricardo Lewandowski, que presidiu a sessão de julgamento, estranhamente atendeu a pedido de destaque apresentado pela bancada do Partido dos Trabalhadores (PT), o que levou à realização de duas votações. Nessa segunda votação, Dilma Rousseff obteve a manutenção de seus direitos políticos.

O impeachment de Dilma Rousseff ocorreu em meio à grandes manifestações populares contra a corrupção, em apoio à operação Lava Jato e apoio à destituição de Dilma do poder. A opinião pública brasileira espelhava o cansaço com a corrupção sistêmica e a má administração, depois de três mandatos consecutivos do PT. Por outro lado, militantes de Esquerda e políticos da base do governo argumentavam que o impeachment era um Golpe de Estado orquestrado pela oposição para derrubar um governo democraticamente eleito.

Para entender melhor a pertinência ou não das acusações de que ocorreu um Golpe de Estado em 2016, através da queda de Dilma Rousseff, é necessário saber o que é um Golpe de Estado. Quais são suas características e consequências para a sociedade?

#

Golpe de Estado

A primeira lição quando o assunto é Golpe de Estado deveria ser: Essa é uma solução imediatista, que corrompe o tecido social e que não resultou em prosperidade, liberdade de expressão, estabilidade e democracia em nenhum lugar do mundo. Nada justifica matar o paciente sob a promessa de depois curá-lo. Os golpes de Estado são eventos políticos, extremos e antidemocráticos, que têm consequências graves e duradouras para a sociedade, a economia e para a governança de um país. Essas consequências podem atingir a essência política, econômica e social do Estado de diferentes formas, vejamos as mais comuns:

Consequências Políticas

Um golpe de Estado, geralmente, resulta na interrupção do processo democrático, na suspensão das liberdades civis e políticas, e no fechamento do espaço político. Os militares ou outros grupos autoritários assumem o poder e governam por meio de decretos e medidas autoritárias, sem a participação popular. Isso leva à erosão da confiança nas instituições democráticas, na deslegitimação do Estado de Direito e no aumento da repressão e da violência política.

Consequências Econômicas

Os golpes de Estado também têm consequências econômicas negativas, como a queda dos investimentos estrangeiros, a redução do crescimento econômico, o aumento do desemprego e a desvalorização da moeda nacional. Os investidores estrangeiros tendem a evitar países instáveis ou autoritários, o que reduz o acesso a capital externo e à tecnologias de ponta. Além disso, a corrupção ou as políticas econômicas adotadas por governos autoritários, como o protecionismo e a intervenção estatal na economia, podem levar a uma menor competitividade e eficiência econômica.

Consequências Sociais

Por fim, os golpes de Estado têm impactos negativos significativos para a sociedade civil, incluindo o aumento da pobreza e da desigualdade social, violações dos direitos humanos e a perda de oportunidades de desenvolvimento humano. Os regimes autoritários tendem a restringir as liberdades de expressão, associação ou imprensa, promovendo a violência e a perseguição política contra dissidentes e minorias. Além disso, a corrupção, o nepotismo e o clientelismo são comuns em regimes autoritários.

Golpe de Estado na Constituição Federal do Brasil

De acordo com a Constituição Federal Brasileira, todos são iguais perante a lei, sem distinção de qualquer natureza, garantindo-se aos brasileiros e aos estrangeiros residentes no País a inviolabilidade do direito à vida, à liberdade, à igualdade, à segurança e à propriedade. É importante destacar que a Constituição também estabelece certas proteções para os políticos, como a imunidade parlamentar, que protege os membros do Congresso Nacional de serem processados por opiniões, palavras e votos. Isso não significa que eles estão acima da lei, mas sim que têm certas proteções para garantir que possam desempenhar suas funções sem medo de represálias políticas.

Em um país democrático como o Brasil, a Constituição Federal se ergue como guardiã da ordem e do Estado Democrático de Direito. No entanto, a sombra do Golpe de Estado, um atentado à ordem constitucional, paira como uma ameaça constante à estabilidade do país. Vamos analisar o que configura um Golpe de Estado, suas características e como a Constituição Federal brasileira o define e combate.

De forma abrangente, Golpe de Estado é definido pela Constituição Federal do Brasil como a destituição ilegal, seja por meio da força das armas ou de uma ação política e jurídica ilegal, de um governo legitimamente constituído. A Constituição estabelece que tais atos são considerados crimes contra o Estado e a sua ordem política e social. São características essenciais de um Golpe de Estado a ruptura com as normas e princípios fundamentais da Constituição Federal: A ausência de base legal para a tomada do poder, configurando-se como um ato antidemocrático e ilegítimo; Emprego de violência física ou intimidação para subjugar a população e as instituições legalmente constituídas; Assunção do poder por um grupo minoritário, geralmente militares ou líderes autoritários, que centralizam o poder político e suprimem as liberdades individuais e coletivas; E por fim, a suspensão ou abolição dos mecanismos democráticos de participação popular, como eleições livres e pluripartidárias.

A Constituição Federal de 1988, em seu artigo 34, inciso IV, define como crime inafiançável e imprescritível a tentativa de Golpe de Estado. Essa tipificação demonstra o compromisso do Estado brasileiro com a preservação da ordem democrática e a punição de seus subversores. De acordo a Constituição, podemos citar os seguintes elementos como capazes de caracterizar um Golpe de Estado:

Deposição do governo legítimo: Intentar destituir o governo eleito pelo voto popular, violando a vontade da maioria e o princípio da soberania popular.

Suspensão dos direitos políticos: Suprimir direitos fundamentais como o direito de livre expressão, de associação e de voto, restringindo as liberdades individuais e coletivas.

Impedir o livre exercício dos poderes constitucionais: Obstruir o funcionamento dos Poderes Legislativo, Executivo ou Judiciário, impedindo o cumprimento de suas funções constitucionais.

Tentar subverter as instituições democráticas: Atentar contra a ordem constitucional e os princípios básicos do Estado democrático de direito, como a separação de poderes, o pluralismo político e a alternância de poder.

A defesa da ordem constitucional e a prevenção de Golpes de Estado são responsabilidades de todos os cidadãos brasileiros. Através do conhecimento cada indivíduo passa a atuar de maneira consciente e eficaz no processo democrático. O livro que você está lendo é uma iniciativa nesse sentido, pois investe na educação para a cidadania e em conscientizar a população sobre a importância da democracia e dos valores republicanos. Ao terminar a leitura, concordando ou não com alguns pontos de vista, o fato é que você será um cidadão ainda mais preparado, com mais senso crítico e melhor capacidade de participação na realidade política do país.

O fortalecimento das Instituições Democráticas também conta para a prevenção de Golpes de Estado, investindo na consolidação da democracia, promovendo a participação popular e o controle social. A democracia é um regime político que precisa ser constantemente defendido e aprimorado através da participação ativa da maioria dos cidadãos e não por alguma autoridade ou órgão. O medo, alienação, desinteresse ou desânimo podem piorar a situação do país, pois os inimigos da democracia querem que os indivíduos hajam exatamente assim. Futebol e shows musicais são ótimas diversões, mas não acrescentam nada de melhor para o mundo à sua volta nos próximos dias, meses ou anos.

Enquanto os indivíduos são mesmerizados e impregnados com gatilhos sutis de consumo ou submissão ideológica, anunciantes lucram, jogadores e clubes lucram, gravadoras e artistas lucram, grandes grupos de comunicação lucram, redes sociais lucram e até autoridades corruptas ou interessadas em corromper a democracia saem ganhando. Por favor, entenda que a sua atenção é a mercadoria mais valiosa que existe. Sua atenção é a única forma de caracterizar participação ativa nos assuntos da sociedade. E a participação da sociedade civil é fundamental para garantir a preservação da ordem constitucional e o respeito aos princípios democráticos.

A consolidação de um novo tipo de Golpe de Estado

Golpe de Estado "Híbrido" ou "Suave"

É importante ressaltar que os Golpes de Estado nem sempre se manifestam de forma explícita e violenta. Na atualidade, estudiosos apontam para a existência de Golpes de Estado "híbridos" ou "suaves", que utilizam mecanismos aparentemente legais para minar a democracia de forma gradual e sutil. São características de um Golpe de Estado "Híbrido" ou "Suave":

Abuso de Poder Judicial: Utilização seletiva do Judiciário para perseguir opositores políticos e minar a legitimidade de eleições.

Enfraquecimento do Legislativo: Manobras políticas para obstruir o funcionamento do Poder Legislativo e impedir o debate democrático.

Reforma constitucional: Erguer o poder constituinte para, dessa maneira, atacar a democracia, ao substituir o atual texto constitucional por outro que não representa o caráter cultural ou a vontade da maioria da população.

Controle da Mídia: Domínio dos meios de comunicação para manipular a opinião pública e deslegitimar a oposição.

Regulação das redes sociais: Tentativas de controle da informação descentralizada e distribuída, para impedir a liberdade de expressão e a comunicação livre entre os indivíduos da sociedade, destruindo a oposição e o debate de ideias.

Erosão dos Direitos Humanos: Restrição gradual de direitos fundamentais, sob o pretexto de proteger a democracia, combater o crime ou a corrupção.

É um imenso desafio identificar e outro maior ainda o de combater Golpes "Híbridos". A sutileza desses Golpes torna sua identificação e combate mais complexos. Uma vez que cada ação é anunciada como sendo a solução para um problema, sempre urgente, que ameaça a "democracia", qualquer um que se oponha recebe automaticamente o rótulo de facista, inimigo da democracia ou conspirador. Dessa maneira, com avanços sucessivos, medidas antidemocráticas vão sendo adotadas, paradoxalmente, enfraquecendo a própria democracia e servindo de argumento para perseguir qualquer oposição ou movimento de resistência. Portanto, é necessário estar atento a processos graduais de erosão da democracia e mobilizar a sociedade civil para a defesa da Constituição. A sociedade civil desempenha um papel fundamental na prevenção e combate de qualquer tipo de Golpe de Estado. A participação cidadã, a vigilância constante sobre as ações do governo e a mobilização em defesa da democracia são armas poderosas contra a subversão da ordem constitucional.

Os Golpes que não existiram e o que eles podem nos ensinar

Golpe de Estado que destituiu Dilma Rousseff:

O fim melancólico e antecipado do governo da ex-presidente Dilma Rousseff, até os dias atuais, é citado pela Esquerda como fruto de um Golpe de Estado. Em 2024, passada quase uma década desde o impeachment e novamente com o país sob o governo do PT, o Tribunal Regional Federal da 1ª Região (TRF-1) arquivou uma ação de improbidade administrativa contra a ex-presidente Dilma Rousseff. Isso serviu de argumento para reforçar a narrativa do PT de que o impeachment teria sido um "golpe". Mas o fato é que a decisão do TRF não aborda inocência, como a Esquerda tenta fazer parecer. O que o tribunal decidiu foi que Dilma e o ex-ministro da Fazenda Guido Mantega não poderiam ser julgados novamente pelo mesmo fato, pois já haviam sido responsabilizados anteriormente.

Apesar disso, o PT e os extremistas da Esquerda se esforçam para reescrever, mais uma vez, a história. Chegando ao ponto de pedir formalmente ao Congresso Nacional a anulação simbólica do impeachment, a devolução do mandato à Dilma e que todas as decisões aplicadas à ex-presidente, relativas ao crime de responsabilidade, sejam consideradas nulas de pleno direito. A proposta, absurda, cabe ressaltar, foi defendida por Lula, sob alegação de que as "pedaladas fiscais" nunca existiram.

É importante lembrar que o impeachment é um processo político-jurídico, e no caso de Dilma, o pedido foi protocolado em 2015 com apoio da maioria da população brasileira, tendo sido aprovado em 2016. As acusações contra o governo Dilma incluíam prejuízos com a corrupção na Petrobras, a abertura de créditos suplementares para o Orçamento sem aprovação do Congresso, e manobras contábeis para maquiar gastos federais, as chamadas "pedaladas fiscais".

Segundo especialistas em Direito Público e como o Tribunal de Contas da União (TCU) concluiu em 2015, a ex-presidente Dilma Rousseff violou a Lei de Responsabilidade Fiscal. Assim a condenação foi um ato jurídico embasado no texto constitucional vigente e que transcorreu em cenário de normalidade institucional, tendo sido avalizada pelo Congresso e pelo Supremo Tribunal Federal (STF). Qualquer teoria da conspiração associando o impeachment de Dilma a "golpe", como a defendida pelo PT, implicaria na fantasia de que todas as instituições de Estado envolvidas no processo de impeachment participaram do suposto "golpe". Além de desconsiderar que o processo atendeu à vontade expressa pela maioria dos cidadãos, que por definição são os verdadeiros donos do poder emanado ao Estado democrático.

Em resumo, impeachment de Dilma é um excelente exemplo de "Golpe da Estado" que nunca existiu, mas que serve de narrativa para o PT e a extrema Esquerda reescrever a história de maneira a atender seus interesses de manutenção do poder. O regime da "mentira instaurada", como diria a filósofa política Hannah Arendt, ganha corpo quando a maior parte da imprensa tradicional e as grandes corporações de mídia atuam alinhadas à ideologia de Esquerda e lucram convertendo "Fake News" em verdades do bem.

O Golpe de Estado pensado de Jair Bolsonaro:

Segundo acusações sustentadas por Ministros da Suprema Corte, o PT e ativistas de extrema Esquerda, algumas ações do último semestre do governo do Presidente Jair Bolsonaro poderiam caracterizar uma tentativa de Golpe de Estado. No Brasil ao longo de 2022 e 2023, segundo entendimento dos acusadores, teria ocorrido uma série de eventos que poderiam representar pensamentos ou poderiam culminar em uma tentativa de subversão da ordem constitucional e democrática. No entanto, cabe ressaltar que na verdade, não culminaram. Sob a lógica do que poderia ter sido mas não foi, o Presidente Jair Bolsonaro, alguns de seus Ministros de Estado, simpatizantes e assessores foram acusados de planejar e executar uma série de ações destinadas a desestabilizar o próximo governo e supostamente impedir a posse.

As tais supostas ações ou pensamentos antidemocráticos incluiriam: Reuniões ministeriais para discutir, sob a luz da Constituição Federal, a adoção de medidas como a de Garantia da Lei e da Ordem para o caso de caos durante o processo eleitoral; O financiamento ilegal de manifestações antidemocráticas; Uso de discurso de ódio; "Fake News"; E até a suposta tentativa de usar as Forças Armadas para executar o ataque à democracia. As investigações sobre o suposto Golpe de Estado pensado, que nunca aconteceu, ainda estão em andamento. Tudo sob o mais absoluto sigilo. Contrariando as narrativas, o fato concreto é que a posse do novo presidente ocorreu normalmente e o país prosseguiu em regime de normalidade político-administrativa, apesar da insatisfação popular com o resultado do pleito eleitoral. No entanto, a narrativa de golpe permaneceu e foi sendo transmutada para atingir sucessivos interesses pessoais, político partidários ou ideológicos.

Na Constituição Federal do Brasil, não existe menção direta à "tentativa de Golpe de Estado" ou "Golpe de Estado tentado ou planejado", pois se o verbo, a ação, não ocorreu então nada aconteceu. Mas existem também as leis ordinárias, que são a forma mais comum de legislação e têm o poder de regular quase todas as matérias, exceto aquelas reservadas a leis complementares ou à Constituição. Essas leis podem ser usadas para enquadrar políticos, desde que isso seja feito com estrito respeito aos princípios constitucionais. O que significa que elas devem ser aplicadas de maneira justa e equitativa, respeitando os direitos e proteções asseverados na Constituição. Além disso, qualquer acusação de corrupção ou má conduta deveria ser investigada de maneira completa e transparente, para garantir que a justiça seja feita. A legitimidade do uso de leis ordinárias para enquadrar políticos depende de um equilíbrio delicado entre a manutenção da ordem legal e a proteção dos direitos constitucionais, gerando uma área nebulosa que facilmente pode ser usada para atender interesses diferentes do bem estar social, ordem pública ou fortalecimento da democracia.

Ao buscarmos nas leis ordinárias menção às ameaças ao Estado Democrático, encontramos, por exemplo, a Lei nº 1.802, de 5 de janeiro de 1953, que tipifica os crimes contra a ordem política e social, estabelece no seu artigo 2º: "Tentar destituir, por meio de violência ou de ameaça de violência, o Presidente ou o Vice-Presidente da República, ou qualquer outro membro do Governo". Assim essa lei ordinária poderia, em tese, abranger ações de um Presidente da República que constituiriam uma tentativa de Golpe de Estado, na medida em que os autores tenham utilizado ou ameaçado usar a violência para depor o presidente ou outros membros do Governo. Além disso, outros crimes previstos na legislação brasileira, como rebelião, insurreição, conspiração e associação criminosa, podem também ser aplicados aos autores de uma tentativa de golpe de Estado, dependendo das circunstâncias e dos elementos específicos do caso. No entanto, nenhuma das leis abrange os pensamentos ou intenções futuras, pois isso ainda é impossível fora do campo da ficção científica ou do achismo.

Para muitos analistas e para a maioria da população brasileira, a percepção é a de que a narrativa de "Golpe" está sendo alimentada para viabilizar uma caçada aos opositores e desafetos políticos. As iniciativas nesse sentido parecem exemplos perfeitos do chamado Golpe de Estado "Híbrido", que foi aplicado, dia-a-dia, desde o momento da posse do Presidente Jair Bolsonaro. O processo de desgaste incluiu, entre outras estratégias, o desgaste da imagem do Presidente com "Fake News" diárias, durante quatro anos, associando sua imagem a de um ditador "Genocida", desgaste da imagem do Brasil em âmbito internacional com amplo apoio da imprensa e de representantes do próprio corpo diplomático. Por fim, o Golpe de Estado "Híbrido" teria passado pela contaminação do processo eleitoral, culminando na colocação no poder de um mandatário sem legitimidade popular.

Seja como for, a acusação de Golpe de Estado pensado contra Jair Bolsonaro, apesar da sua fragilidade factual e de sua evidente intensão política, tem servido de base para as prisões, alegadamente arbitrárias, que passaram a acontecer no Brasil. Diversos Deputados, jornalistas, empresários, ex-Ministros e cidadãos brasileiros apoiadores do Presidente Jair Bolsonaro foram presos por suposto envolvimento no golpe que nunca aconteceu. Muitos buscaram asilo político em democracias plenas como nos Estados Unidos da América, para fugir à perseguição e manter os direitos de liberdade de expressão e livre pensamento. Outros tantos foram presos ou investigados por possuir ligação ou, supostamente, participarem de uma manifestação que culminou em lamentável baderna e criminosa depredação de patrimônio público, incluindo depredação das dependências do Supremo Tribunal Federal. Isso porque essa manifestação passou, também, a ser encarada como parte de um suposto Golpe de Estado. Mais à frente, abordaremos essa manifestação popular em profundidade, para entender suas causas, implicações e uso político.

A tese de "Golpe de Estado pensado", contaminada na origem por forte alinhamento político, em grande parte deixa evidente a intenção de servir de plataforma para enfraquecer ou tentar enfraquecer o movimento político e social legítimo, expontâneo, chamado de "Bolsonarismo". Também mostra uma curiosa coincidência de uso pelo PT e extremistas de Esquerda da acusação de Golpe de Estado, para obter benefícios políticos, legitimar atos ilícitos ou assumir falsamente a narrativa de defensores da democracia. Outra coincidência é o alinhamento da imprensa tradicional e das grandes corporações de mídia com a ideologia de Esquerda, para a construção de suas narrativas. São empresas que lucram enquanto manipulam a percepção da realidade por meio de "Fake News" ou endossam a "verdade oficial". Quanto a essa questão, especificamente, causa estranheza a diferença de abordagem e interpretação dos órgãos de fiscalização e de algumas autoridades que atuam com exercício ambíguo. As leis são aplicadas de maneira diferente, dependendo se a manchete caluniosa ou mentirosa afeta interesses da Direita ou se afeta a Esquerda.

Como vimos até aqui, a simples intenção ou pensamento em um golpe, sem que tenham ocorrido ações concretas nesse sentido, não se configura, segundo os dispositivos constitucionais, como efetivamente um Golpe de Estado ou como crime de responsabilidade passível de impeachment. Por conta disso, pode surgir o desejo ou a necessidade, em algumas autoridades, de fazer valer suas opiniões aplicando soluções exóticas ou criando novas interpretações da Constituição. Considerando o escopo Político elevado, bem como o nível de poder em questão, apelar para legislação ordinária, por ela poder prever crimes relacionados ao planejamento de ações contra a democracia é um exemplo de abordagem perigosa para a saúde da democracia e muito comum em ditaduras 2.0.

A última lição ou palavra sobre Golpe de Estado poderia, muito bem, ser: NÃO! Seja qual for a desculpa, seja qual for a intenção ou emergência, seja qual for a liderança carismática e popular, acredite: As soluções democráticas são melhores. Elas contém séculos de amadurecimento civilizatório e você não vai gostar de viver em um mundo sem liberdade de expressão, sem a garantia de direitos básicos ou mesmo sem a sensação de equilíbrio e normalidade que a democracia oferece. Eu já estive, a trabalho, em países que passaram por rupturas democráticas, Golpes de Estado e Guerras Civis. Além de toda a miséria, degradação e violência que testemunhei, a principal lição foi: A promoção de ódio, polarização ou violência para, através da força, tomar o poder é semelhante à retirada de um "gênio" da lâmpada mágica. Ele pode até cumprir parte de seu desejo, mas vai ser muito, muito difícil colocar o tal "gênio" de volta na lâmpada mágica.

Países e suas populações, depois de abandonarem as amarras e garantias democráticas, em pouco tempo retornam para o ambiente de selvageria e caos, sendo muito difícil restabelecer a lei e a ordem. Portanto, Golpe de Estado é algo muito sério e pode ser extremamente prejudicial para o país quando tal assunto é banalizado, transformado em narrativa política para atacar opositores ou manter-se artificialmente no poder.

#

Levantes populares

O Estado também comporta cenários nos quais as mudanças estruturais são impostas pela expressão direta da vontade popular. Vamos explicar a diferença entre levante popular e o Golpe de Estado. Faremos isso sob a perspectiva da Constituição Brasileira, de forma a aproveitar o conhecimento adquirido pela leitura dos tópicos anteriores para entender fenômenos sociais que se manifestam em diversos países, entre os quais o Brasil.

A Constituição Federal de 1988 estabelece os parâmetros legais que, definem a diferença crucial entre Golpe de Estado e levantes populares, no Brasil. Os constituintes, sabiamente, dispuseram os conceitos e diferentes abordagens para cada um dos casos. Talvez, ao fazer isso, eles desejassem não apenas garantir a proteção do Estado Democrático de Direito. Pode ser que a Constituição, ao deixar clara a diferença entre Golpe de Estado e levantes populares, também vise garantir que o Estado represente, continuamente, a vontade da maioria, sem que sua proteção seja usada como desculpa para repressão. Como cientista político e escritor, estudando as relações de poder e seus impactos na sociedade, ressalto a importância de sempre analisar essa distinção à luz da Carta Magna.

Em consonância com o visto anteriormente, sabemos que o Golpe de Estado ocorre quando um grupo conspira para tomar o poder e controlar o governo por meios inconstitucionais e ilegítimos. Isso inclui o uso ou ameaça de violência contra autoridades constituídas. Golpes de Estado são antidemocráticos por definição. Isso porque subvertem a vontade popular e violam o processo eleitoral estabelecido. Eles também ferem o Artigo primeiro da Constituição que afirma que "Todo poder emana do povo, que o exerce por meio de representantes eleitos".

Por outro lado, os levantes populares ocorrem quando um grande número de cidadãos se mobiliza pacificamente para protestar contra políticas governamentais ou exigir mudanças. Embora possam ser disruptivos, esses movimentos são amparados constitucionalmente pelo Artigo quinto, que garante liberdade de expressão, reunião e manifestação. Os levantes populares também se diferenciam por serem geralmente, espontâneos e horizontais, sem liderança centralizada. Quando os levantes possuem uma liderança capaz de representar os seus principais anseios, tal liderança não dispõe de instrumentos diretos para projetar poder. Por exemplo, a liderança que representa os interesses da maioria não ocupa cargo no Governo ou é um militar da ativa das Forças Armadas.

Levantes podem se tornar massivos, quando uma causa comum une pessoas de diferentes segmentos da sociedade civil. Diferentemente dos Golpes de Estado, os levantes populares não buscam derrubar governos, mas pressionar por demandas ou denunciar graves injustiças. A queda de governos ou regimes pode sim ocorrer, no entanto, será uma consequência de enfraquecimento político que, em última análise, espelha a perda de representatividade popular.

No Brasil, vários levantes populares ocorreram ao longo dos últimos cem anos. Foram momentos nos quais a população, por diferentes motivos, decidiu assumir o controle de seu destino e partir para a ação. A participação maciça dos cidadãos, unidos por um objetivo comum, tem o poder de moldar o país e seu cenário político. Aqui estão alguns dos mais relevantes momentos que podem ser interpretados como levantes populares no contexto político:

Revolta da Vacina de 1904: Também conhecida como a "Revolta da Chibata", foi um levante popular contra a obrigatoriedade da vacinação contra a varíola no Rio de Janeiro. A revolta foi liderada por populares e intelectuais libertários, resultando em confrontos violentos com as forças policiais e militares.

Revolta da Armada entre 1893 e 1894: Foi um levante de marinheiros e oficiais da Marinha brasileira contra o governo do Marechal Floriano Peixoto, exigindo melhores condições de trabalho e o fim da ditadura militar. A revolta terminou com a derrota dos rebeldes e o fortalecimento da ditadura.

Revolta Paulista de 1932: Também conhecida como a "Revolução Constitucionalista", foi um levante armado da população e do governo do estado de São Paulo contra o governo federal, em defesa de uma nova Constituição e maior autonomia estadual. A revolta terminou com a derrota dos rebeldes, mas acelerou a redemocratização do país.

Greve Geral de 1917: Foi uma greve nacional organizada por sindicatos e organizações anarquistas, exigindo melhores condições de trabalho e a abolição do trabalho forçado. A greve terminou devido à repressão do governo, com a prisão e deportação de líderes sindicais.

Movimento estudantil de 1968: Foi um levante estudantil contra o regime militar brasileiro. O movimento pleiteava o retorno da democracia e a liberdade de expressão. Ele foi reprimido pelo governo militar, mas marcou o início da resistência organizada e das guerrilhas armadas de orientação comunista.

Portanto, sob a ótica de nossa Constituição Cidadã, Golpes de Estado representam a ruptura da ordem democrática, enquanto levantes são legítimas manifestações populares amparadas por direitos fundamentais. Caracterizar levantes populares como Golpe de Estado, ataque ao estado democrático de direito ou terrorismo é típico de regimes de exceção ou ditaduras. A distinção, comandada pela Constituição Federal do Brasil, entre os conceitos de Golpe de Estado e Levante Popular é essencial e deve ser compreendida e respeitada por todos os cientistas políticos, jornalistas, autoridades e cidadãos que estejam realmente comprometidos com a democracia brasileira.

REGIME DE EXCEÇÃO

O que é Regime de Exceção

O regime de exceção, como o próprio nome deixa claro, se refere a situações em que as normas regulares de governança são suspensas em resposta a uma crise ou emergência. Existe também o caso desse abandono do Estado Democrático de Direito advir da arbitrariedade de um regime de força ou autocrático e não de uma real emergência. Em se tratando do primeiro caso, a medida excepcional e temporária pode ser invocada por um governo diante de situações que extrapolam a normalidade, exigindo a suspensão temporária de direitos e garantias constitucionais para restaurar o controle com mínimos danos.

Trata-se, portanto, de mecanismo que foi instituído exclusivamente para lidar com circunstâncias extraordinárias, como guerras, rebeliões, desastres naturais ou crises econômicas severas, e que quando aplicado pode garantir a ordem pública e a segurança nacional. Suas origens históricas remontam à década de 1920, quando o conceito de Regime de Exceção foi introduzido pelo filósofo e jurista alemão Carl Schmitt. Ele descreveu o Regime de Exceção como uma situação em que o soberano tem a capacidade de transcender o estado de direito em nome do bem público. Isso é semelhante a um estado de emergência, mas difere na medida em que o Regime de Exceção é uma resposta a um descontrole institucional que resulta na suspensão de direitos.

Muito antes de Carl Schmitt tratar do assunto, já pairava sobre os detentores do poder a ideia de que um Estado pode precisar lidar com problemas imprevistos e críticos. O que não havia era uma definição clara, aos moldes da introduzida pelo filósofo e jurista alemão, capaz de estabelecer limites para o seu emprego. Por exemplo, o conceito republicano romano da ditadura permitia que uma única pessoa tomasse medidas extraordinárias, sob rígidos controles. Pensadores renascentistas como Maquiavel e Jean Bodin também discutiram o problema. No entanto, enquanto a monarquia implica elementos de irresponsabilidade e poderes extralegais, as constituições republicanas modernas tentam remover esses fatores, levantando a questão de como lidar com tais emergências dentro de limites legais.

Nos dias atuais e em países democráticos o regime de exceção é geralmente regulado por leis específicas, que definem os poderes excepcionais do governo, bem como os direitos e garantias que podem ser suspensos. As medidas adotadas durante o regime de exceção devem ser proporcionais à gravidade da situação e devem ser revogadas assim que a crise for superada. Precisamos lembrar que, mesmo em tempos de crise, a sombra do regime de exceção se projeta sobre a sociedade como uma nuvem de tempestade, obscurecendo as conquistas democráticas e os direitos arduamente conquistados.

Dessa forma, apesar de sua natureza excepcional e importância para ajudar o Estado a gerir corretamente situações caóticas, o regime de exceção tem sido criticado por sua potencial vulnerabilidade a abusos de poder, uso político e facilitação à violações de direitos humanos. Alguns críticos argumentam que o regime de exceção pode ser usado como uma ferramenta para suprimir a dissidência política e consolidar o poder autoritário. Quando isso acontece, caminhamos para aquele segundo caso citado lá no primeiro parágrafo desse tópico. Ou seja, o abandono do Estado Democrático de Direito seria fruto da arbitrariedade de um regime de força ou autocrático e não da adoção de ferramentas constitucionais para enfrentar uma emergência real. Em geral, nesses casos as medidas adotadas, independentemente das justificativas pomposas e mentirosas, têm como objetivo suprimir dissidência política para consolidação de poder. Portanto, é importante que o regime de exceção seja usado com moderação e seja sujeito a fortes mecanismos de controle e responsabilidade.

No Brasil, o Regime de Exceção foi instituído pela Constituição de 1988, podendo assumir várias formas, incluindo o estado de defesa e o estado de sítio. Resumidamente, o "estado de defesa" pode ser decretado para garantir a ordem pública ou a paz social, em locais restritos e determinados, quando ameaçadas por grave e iminente instabilidade institucional ou calamidades naturais de grandes proporções. Por outro lado o "estado de sítio" é uma medida extrema que pode ser decretada em casos de comoção grave de repercussão nacional, ineficácia de estado de defesa decretado anteriormente, declaração de estado de guerra, ou resposta a agressão armada estrangeira.

Uma curiosidade da legislação brasileira é a de que o Regime de Exceção também pode ser instaurado numa vara ou câmara para agilizar os processos acumulados. Também atendendo às necessidades específicas da gestão de Poder que não o Executivo. Neste caso, alguns processos são distribuídos para outros juízos que não os titulares daquela vara ou câmara.

Regime de Exceção na Constituição Federal Brasileira

A Constituição Federal de 1988, em seu artigo 48, prevê a possibilidade de decretação de estado de defesa, estado de sítio e intervenção federal, como formas de regime de exceção. No entanto, a Carta Magna estabelece limites rigorosos para a sua aplicação, como a necessidade de aprovação do Congresso Nacional e a observância dos princípios da proporcionalidade, da temporalidade e da publicidade. Infelizmente, os cuidados dos constituintes expressos através dos dispositivos de controle, nem sempre são rigorosamente cumpridos. Os detalhes das formas de regime de exceção são os seguintes:

Estado de Defesa

Decretado em caso de grave perturbação da ordem pública, que não configure guerra interna, o estado de defesa permite a suspensão de alguns direitos, como a liberdade de reunião e a inviolabilidade do domicílio, geralmente por um período de 30 dias, prorrogáveis por igual período.

Estado de Sítio

Medida extrema, reservada para casos de guerra interna ou iminente perigo público. O estado de sítio autoriza a suspensão de diversos direitos, como a liberdade de locomoção e a liberdade de imprensa, por um período máximo de 30 dias, prorrogáveis por igual período, mediante autorização do Congresso Nacional.

Intervenção Federal

Mecanismo excepcional que permite ao Governo Federal intervir em um estado ou município para garantir a ordem pública ou o cumprimento da Constituição Federal, podendo ser total ou parcial, com duração limitada.

Agora que você já entendeu o que é o Regime de Exceção e como ele foi disposto na Constituição Federal do Brasil, vamos ampliar o horizonte de análise. Para tanto, observaremos além do óbvio, que é o emprego para o qual o Regime de Exceção foi previsto pelos constituintes. Fazendo isso, descobriremos que depois das colinas ensolaradas e pacíficas das boas intenções, existe um vale sombrio onde imperam ameaças à Democracia e aos Direitos Humanos. E é sobre essas ameaças que estenderemos a análise, buscando lançar luz sobre uma temática atual e crucial para a defesa da democracia.

Recentemente, devido aos esforços de combate à pandemia de COVID-19, os brasileiros experimentaram as consequências da ampliação de poder dos representantes do Estado, em seus diferentes níveis de atuação. Cada um de nós vivenciou e experimentou esses momentos difíceis e angustiantes de maneiras diferentes. Muitos, infelizmente, perderam pessoas próximas e ou enfrentaram os sintomas da doença. Mas todos perceberam o quanto a relativização das Liberdades, mesmo sob o pretexto de solucionar uma crise, pode mudar a forma como conhecemos e conquistamos a vida sob uma democracia.

O regime de exceção traz a suspensão temporária, mas nem sempre gradual, de alguns direitos e garantias fundamentais previstos na Constituição Federal e que são muito caros para todos nós. Na rotina apressada da normalidade, nem sempre percebemos o quanto cada milímetro desses direitos e garantias fundamentais são importantes. Mas quando, em nome da segurança nacional, da ordem pública ou de uma crise sanitária, retroagimos séculos em termos de liberdades e direitos, a alma dói e a ameaça fica evidente. Por esse motivo, precisamos atuar no sentido de que qualquer suspensão dos direitos e garantias fundamentais, embora alegadamente excepcional, deva ser sempre limitada, proporcional e justificada pela ameaça que a motiva, jamais se tornando a regra.

Quando estamos sob um Regime de Exceção, o impensável pode ocorrer. Pessoas podem ser espancadas e presas simplesmente por estar passeando em um parque municipal, estar surfando ou comemorando o aniversário de uma filha de seis anos. Empresários, sob ameaça de prisão e multa, podem ser proibidos de abrir as portas de seus negócios, para obter o sustento da família. Governadores assumem a capacidade de determinar o que pode ou não ser exibido para venda em supermercados. Prefeitos podem determinar quais são os integrantes da família com permissão para comprar alimentos e sob quais condições. Pagadores de impostos podem até mesmo ter o acesso aos serviços essenciais negados caso não se submetam a procedimentos médicos experimentais. Tratamentos esses que podem trazer graves consequências para a saúde deles. Vejamos algumas das características do Regime de Exceção que ocasionam tais distorções, principalmente quando governantes despreparados ou autoridades mal intencionadas fazem péssimo uso do PODER:

Suspensão de Direitos Fundamentais: Ocorre, de acordo com deliberação de autoridades, a limitação ou suspensão de direitos como a liberdade de locomoção, de reunião, de expressão e de associação, entre outros. Tudo isso, é claro, em nome de um interesse público maior. O problema é que o tal interesse público maior nem sempre é transparente ou consensual.

Concentração de Poder: É inerente ao Regime de Exceção um acúmulo de poderes nas mãos do Executivo, geralmente com a militarização do país, restringindo a participação popular, fragilizando o sistema de freios e contrapesos, fundamental para uma democracia saudável. No Brasil, durante e também após a pandemia, foi observado um fenômeno incomum e perigoso caracterizado pela concentração de poder no Judiciário, através da atuação do Supremo Tribunal Federal fora de qualquer precedente na história da República.

Restrição da Liberdade de Imprensa: Ergue-se a censura e controle da mídia, para limitar a circulação de informações e críticas ao governo ou, supostamente, evitar a desinformação, criando um ambiente de opacidade e silenciando vozes dissidentes.

Exceções à Legalidade: Possibilidade do emprego de medidas que violem a legislação ordinária, em nome da necessidade de enfrentar a situação excepcional. Abrindo, assim, espaço para o arbítrio e a violação de direitos. Os riscos ficam ainda mais acentuados quando as exceções à legalidade vão além da legislação ordinária, avançando também sobre o terreno constitucional. Em termos de Constituição, os brasileiros viram as "exceções" surgirem justamente da boca daquelas autoridades que deveriam combate-las.

Temporalidade: Devido aos riscos à democracia que representa, o regime de exceção deve ter um caráter temporário. Precisa existir uma data bem definida para o fim da suspensão dos direitos e o retorno à normalidade democrática ou para, pelo menos, fazer uma reavaliação da necessidade de sua extensão. Historicamente, esse princípio nem sempre é respeitado, quando existem intenções ideológicas, políticas ou de disputa de poder, além da solução da alegada emergência, propriamente dita.

Essas características que acabamos de citar trazem implicações e perigos para qualquer sociedade exposta a um Regime de Exceção. A ameaça à democracia é indissociável no contexto de exceção, devido à concentração de poder, restrição de liberdades e erosão do Estado Democrático de Direito. O ambiente torna-se propício para violações de direitos humanos. Tortura, prisões arbitrárias, desaparecimentos forçados e censura são práticas recorrentes em regimes de exceção, gerando traumas e feridas sociais profundas. Nesse cenário sombrio, a cultura do medo rapidamente se instala. A repressão e o ambiente de insegurança silenciam a crítica e a oposição, dificultando o debate público e a construção de uma sociedade plural. Por fim, o legado maldito de desconfiança é introjetado nos indivíduos. Os abusos cometidos durante regimes de exceção marcam a memória social e geram desconfiança nas instituições, dificultando a sua reconstrução e o futuro fortalecimento da democracia.

Os principais argumentos utilizados para justificar regimes de exceção podem ser a necessidade de garantir a segurança nacional, proteger a democracia ou a ordem pública. São aparentemente argumentos fortes, no entanto é fundamental encontrar um equilíbrio entre segurança e a liberdade. Medidas excepcionais devem ser sempre temporárias, livres de ideologia, livres de interesses comerciais, proporcionais à ameaça e aplicadas em estrito respeito aos dispositivos constitucionais que as regulam. Somente dessa forma, as medidas excepcionais asseguram, na linha do tempo, a preservação de direitos fundamentais.

Apesar das dificuldades e dos riscos, a sociedade civil tem um papel fundamental na vigilância contra abusos de poder e na defesa da Constituição Federal. Somente a mobilização popular, a atuação da imprensa livre, o uso da comunicação descentralizada e distribuída e o permanente controle do equilíbrio entre os Poderes da União podem impedir a deriva autoritária e garantir o retorno à normalidade democrática, quando a emergência for afastada.

Em resumo, o Regime de Exceção é um mecanismo de governo que permite a suspensão temporária das normas regulares de governança, em resposta a uma crise ou emergência. Embora possa ser necessário em certas circunstâncias, e por isso foi previsto na Constituição, é importante que seja usado com cautela para evitar abusos de poder e garantir a proteção dos direitos fundamentais. O abuso de poder, típico de tiranias, pode ser usado pouco a pouco para criar um regime de exceção que permita, por exemplo, a perseguição a opositores com aparente legitimidade. Essa é uma ameaça à democracia e aos direitos humanos que pode se desenvolver sob o manto da legalidade e da proteção à própria democracia.

Assim, a sociedade aplaude enquanto, dia após dia, a verdadeira democracia vai cedendo espaço para uma "ditadura 2.0". A vigilância constante, a participação social e a defesa intransigente da Constituição Federal são os antídotos contra a tentação autoritária que pode surgir em qualquer lugar, inclusive vindo de representantes do Executivo, Legislativo e do Judiciário. A democracia é um patrimônio extremamente valioso, cada centímetro dela foi conquistado com muita luta e perseverança de nossos antepassados. Portanto, é um dever de todos os cidadãos zelar por sua preservação, atuar de maneira corajosa e intransigente contra qualquer ameaça que vise a sua fragilização, venha de onde vier.

#

GLO - Operação de Garantia da Lei e da Ordem

Antes de mais nada, precisamos deixar claro que a GLO, ou Operação de Garantia da Lei e da Ordem, não é um regime de exceção em si, mas sim uma medida excepcional prevista no artigo 142 da Constituição Federal Brasileira. Ela permite que o Presidente da República convoque as Forças Armadas para atuar em situações de grave perturbação da ordem pública, quando as forças tradicionais de segurança pública, como as Polícias Militar e Civil, se mostrarem insuficientes para conter o problema.

Entre as principais características que diferenciam um Regime de Exceção da GLO estão:

Suspensão de direitos e garantias fundamentais

Regime de Exceção - Sim

GLO - Não

Concentração de poder

Regime de Exceção - Sim

GLO - Não

Limitação da liberdade de imprensa

Regime de Exceção - Sim

GLO - Não

Entre as situações que podem justificar a decretação da GLO

estão:

Revoltas populares: quando há um grande número de pessoas se manifestando de forma violenta, colocando em risco a ordem pública e a segurança da população.

Motins: quando há um levante de um grupo de pessoas contra a autoridade, geralmente com o objetivo de tomar o poder.

Terrorismo: quando há atos violentos com o objetivo de causar terror na população e atingir objetivos políticos.

Grandes eventos: em ocasiões de grandes eventos, como Copa do Mundo ou Olimpíadas, as Forças Armadas podem ser acionadas para auxiliar na segurança pública.

A GLO é decretada pelo Presidente da República, após consulta ao Conselho da República e ao Congresso Nacional. O decreto deve definir o tempo de duração da operação, a área de atuação das Forças Armadas e as medidas que serão tomadas para restabelecer a ordem pública. Nesse contexto, as Forças Armadas atuam em conjunto com as Polícias Militar e Civil, sob o comando do Ministério da Defesa.

As ações das Forças Armadas devem ser sempre subsidiárias, ou seja, devem complementar o trabalho das forças tradicionais de segurança pública. Tanto setores da sociedade quanto do meio político têm fortes ressalvas à adoção da GLO, tornando seu emprego sempre polêmico. Ela é uma medida que pode representar uma militarização da sociedade e uma ameaça à democracia. Por outro lado, apesar de ser temporária, costuma apresentar resultados rápidos sendo eficaz para garantir a segurança da população em situações de grave perturbação da ordem pública.

Dessa maneira, embora a GLO possa ser vista como uma medida excepcional, que se aproxima de um regime de exceção, ela se diferencia por não suspender direitos e garantias fundamentais, não concentrar poder e não limitar a liberdade de imprensa. A GLO é uma ferramenta que pode ser utilizada para garantir a segurança da população em situações específicas, mas deve ser sempre utilizada com cautela e dentro dos limites da Constituição Federal.

#

Perseguição ideológica

Perseguição ideológica é um conceito que se refere à prática de discriminar, marginalizar ou perseguir indivíduos ou grupos com base em suas crenças e ideologias políticas, religiosas ou culturais. Se você acompanha as notícias do Brasil, já deve ter conectado o conceito com centenas de lamentáveis ocorrências, relatadas em tempos recentes, pela mídia como se fossem absolutamente normais. Mas não são! Essa perseguição pode assumir várias formas, incluindo, porém não se limitando a, restrições legais, violência física, assédio moral, censura ou exclusão social.

A perseguição ideológica é frequentemente exercida por aqueles que estão no poder, para suprimir dissidências, opositores políticos, jornalistas, escritores ou as próprias opiniões contrárias. Países nos quais a perseguição ideológica acontece, já estão fora do pressuposto para caracterizar uma Democracia plena. Isso porque, se a perseguição ideológica está em andamento, fica evidenciada a falta de liberdade de expressão e diversidade de pensamento, que são fundamentais em uma sociedade para a caracterização de um Regime democrático.

Todas as formas de perseguição ideológica são violações dos direitos humanos e são inaceitáveis em uma sociedade livre e democrática. A liberdade de pensamento e expressão deve ser protegida e respeitada em todos os momentos. Vamos conhecer as formas mais comuns de perseguição ideológica, enquanto apresentamos alguns exemplos baseados em fatos reais ocorridos no Brasil, durante a última década, de maneira a aproximar o conceito da suposta prática:

Restrições Legais

Podem envolver a criação ou a reinterpretação de leis que proíbam certas ideologias, correntes políticas ou punam a expressão de certas crenças. Por exemplo, leis de blasfêmia ou leis que criminalizam a dissidência política.

Em algum momento, em dissonância com a vontade popular, uma minoria decidiu eliminar do cenário político brasileiro a Direita, começando pelo que chamam de "Bolsonarismo". Com esse objetivo em mente, algumas autoridades, pagas com dinheiro público, se uniram a partidos de extrema Esquerda para fazer parecer que "combater o Bolsonarismo" é uma questão de 'interesse nacional', que se coloca acima de qualquer preceito legal. Por conta disso, acompanhamos todos os dias eventos anômalos ao que deveria ser uma democracia, tais como:

Até 2024, o Supremo Tribunal Federal (STF) tomou 123 medidas que afetaram diretamente o Presidente Jair Bolsonaro. Essas medidas incluem decisões judiciais em processos nos quais Bolsonaro era parte ou tinha algum interesse direto.

Múltiplos pedidos de informação com prazos curtos, congestionando o exercício administrativo e até dificultando as atividades do Poder Executivo. Mesmo em momentos de crise sanitária foi criado ainda mais caos e dificuldade para o trabalho do Executivo. Observe na listagem abaixo os prazos curtos, os motivos aparentemente ideológicos ou políticos e a saturação de exigências que, visivelmente, invadem as atribuições exclusivas do Poder executivo e, pouco a pouco, parecem desejar submete-lo ao judiciário:

1) 28 de fevereiro de 2018 - ministra Carmen Lúcia deu prazo de 60 dias para que o Congresso Nacional aprove lei que regulamente a atividade de empresas de transporte por aplicativo;

2) 21 de junho de 2018 - ministro Edson Fachin deu prazo de 10 dias para que a Procuradoria-Geral da República se manifeste sobre o pedido de habeas corpus preventivo do ex-presidente Lula;

3) 12 de dezembro de 2018 - ministro Dias Toffoli deu prazo de 60 dias para que o governo federal apresente plano de ações para reduzir a violência contra a mulher;

4) 14 de fevereiro de 2019 - ministro Alexandre de Moraes deu prazo de 10 dias para que o governo federal apresente informações sobre o uso de munição letal pelas Forças Armadas em operações de segurança pública;

5) 26 de março de 2019 - ministro Ricardo Lewandowski deu prazo de 60 dias para que o Conselho Nacional de Justiça (CNJ) apresente medidas para reduzir o déficit de juízes e servidores no Judiciário.

6) 10 de maio de 2019 - ministra Rosa Weber deu cinco dias para Bolsonaro explicar o decreto que facilitou o porte de armas;

7) 27 de novembro de 2019 - ministra Cármen Lúcia deu cinco dias de prazo para Bolsonaro explicar o Programa Verde Amarelo, que buscava incentivar o emprego de jovens entre 18 e 29 anos com a flexibilização dos custos de contratação ao empregador;

8) 17 de dezembro de 2019 - ministro Luiz Fux deu prazo de 60 dias para que o Congresso Nacional aprove lei que regulamente a atividade de jogos de azar no Brasil;

9) 21 de março de 2020 - STF deu 30 dias para Bolsonaro responder quanto investiu no SUS;

10) 01 de abril de 2020 - ministro Alexandre de Moraes deu prazo de 48 horas para Bolsonaro informar as medidas adotadas contra a covid-19;

11) 22 de abril de 2020 - ministro Alexandre de Moraes deu prazo de cinco dias para Bolsonaro explicar quais medidas tem tomado para divulgar melhor os dados sobre a covid-19;

12) 02 de maio de 2020 - ministro Barroso suspendeu por dez dias a expulsão de diplomatas venezuelanos determinada por Bolsonaro;

13) 05 de maio de 2020 - ministro Alexandre de Moraes deu dez dias para Bolsonaro explicar o decreto que reconduziu Alexandre Ramagem para a chefia da Agência Brasileira de Inteligência (Abin);

14) 06 de maio de 2020 - ministro Celso de Mello deu prazo de 72 horas para o governo federal enviar o vídeo de uma gravação da reunião ministerial na qual Bolsonaro teria manifestado abertamente a intenção de interferir na Polícia Federal;

15) 22 de junho de 2020 - ministro Gilmar Mendes deu 48 horas para o governo federal se manifestar quanto a atitude do Ministro da Educação;

16) 02 de julho de 2020 - ministro Barroso deu 48 horas para o governo federal se manifestar sobre as medidas contra a covid-19 entre índios;

17) 03 de agosto de 2020 - ministro Fachin deu cinco dias para a Câmara explicar o apoio de Bolsonaro à seguidores que tiveram seus perfis em redes sociais bloqueados depois de uma decisão do ministro Alexandre de Moraes;

18) 04 de agosto de 2020 - ministra Cármen Lúcia deu 48 horas para o Ministério da Justiça prestar informações sobre um relatório sigiloso com informações a respeito de quase 600 servidores públicos, supostamente ligados a movimentos antifascistas;

19) 03 de setembro de 2020 - ministra Cármen Lúcia deu cinco dias para Bolsonaro e o ministro da Defesa explicarem a presença das Forças Armadas na Amazônia;

20) 10 de novembro de 2020 - STF deu 48 horas para a Anvisa explicar a suspensão dos estudos da CoronaVac;

21) 19 de novembro de 2020 - ministro Fachin deu prazo de cinco dias para o governo federal explicar critérios para a seleção de reitores em universidades federais;

22) 21 de novembro de 2020 - ministro Barroso estendeu o prazo para Bolsonaro apresentar um plano de barreiras para isolar indígenas da sociedade e evitar contaminação por covid-19;

23) 13 de dezembro de 2020 - ministro Lewandowski deu prazo de 48 horas para o ministro Pazuello responder sobre a data de início da vacinação;

24) 14 de dezembro de 2020 - ministra Cármen Lúcia deu 24 horas para a Abin e o GSI explicarem a produção de supostos relatórios feitos para orientar a defesa do senador Flávio Bolsonaro na investigação das "rachadinhas";

25) 07 de janeiro de 2021 - ministro Ricardo Lewandowski deu cinco dias para Eduardo Pazuello, então ministro da Saúde, informar se havia falta de seringas para a vacinação no Brasil;

26) 20 de janeiro de 2021 - ministra Cármen Lúcia deu 48 horas para o governo federal dar esclarecimentos sobre a produção de relatórios contra jornalistas e congressistas;

27) 28 de janeiro de 2021 - ministra Cármen Lúcia determinou que o presidente Bolsonaro e o então presidente do Senado, Davi Alcolumbre, prestassem esclarecimentos em cinco dias sobre a privatização dos Correios;

28) 08 de fevereiro de 2021 - ministro Lewandowski deu um prazo para o governo federal fixar grupos de prioridade na

vacinação;

29) 23 de fevereiro de 2021 - ministra Rosa Weber deu prazo de cinco dias para o governo federal explicar os novos decretos sobre armas;

30) 24 de fevereiro de 2021 - STF deu prazo de 30 dias para o governo federal apresentar um plano de proteção a quilombolas;

31) 09 de março de 2021 - ministro Lewandowski deu prazo de cinco dias para o governo federal se manifestar sobre o repasse de verbas aos Estados para a aquisição de vacinas;

32) 12 de março de 2021 - STF deu prazo de 48 horas para o governo Bolsonaro explicar por que não repassou R$ 245 milhões a UTIs em São Paulo, conforme foi determinado em liminar pela ministra Rosa Weber;

33) 25 de março de 2021 - plenário do STF confirmou a decisão do ministro Lewandowski de dar prazo de cinco dias para o governo federal fixar prioridades de vacinação;

34) 13 de abril de 2021 - ministro Marco Aurélio deu o prazo de 15 dias para o presidente Bolsonaro explicar críticas feitas a prefeitos e governadores. Em discurso, o presidente afirmou que estavam "esticando a corda";

35) 15 de abril de 2021 - ministra Cármen Lúcia deu prazo de cinco dias para Arthur Lira explicar a não abertura de impeachment contra Bolsonaro;

36) 21 de abril de 2021 - ministro Lewandowski deu prazo de cinco dias para Bolsonaro e Marcelo Queiroga, ministro da Educação, prestarem esclarecimentos sobre a validade das vacinas contra a covid-19;

37) 22 de abril de 2021 - ministro Alexandre de Moraes deu prazo de cinco dias para Bolsonaro explicar as ações do governo federal durante a pandemia;

38) 24 de abril de 2021 - ministro Marco Aurélio deu prazo de

cinco dias para Bolsonaro explicar supostas omissões do governo federal durante a pandemia;

39)10 de maio de 2021 - STF deu 48 horas para a Anvisa explicar quais documentos faltavam para a análise da vacina Sputnik V;

40) 01 de junho de 2021 - STF deu prazo de cinco dias para Bolsonaro explicar aglomeração e não uso de máscara em ação movida pelo PSDB;

41) 01 de junho de 2021 - ministro Lewandowski deu cinco dias para Bolsonaro explicar os motivos que levaram à realização da Copa América no Brasil;

42) 02 de junho de 2021 - STF deu prazo de cinco dias para Bolsonaro responder uma declaração a respeito de Eduardo Leite;

43) 17 de junho de 2021 - ministra Rosa Weber deu prazo de cinco dias para o Congresso e Bolsonaro se manifestarem sobre o suposto "orçamento secreto";

44) 20 de junho de 2021 - ministra Cármen Lúcia deu cinco dias para o ministro da Defesa, Walter Braga Netto, dar informações sobre o sigilo imposto ao processo administrativo aberto pelo Exército contra o general Eduardo Pazuello, pela participação em um ato em apoio ao presidente Jair Bolsonaro;

45) 24 de junho de 2021 - ministro Gilmar Mendes deu dez dias para Bolsonaro explicar as declarações sobre fraudes nas eleições;

46) 30 de junho de 2021 - ministro Fachin deu 15 dias para o governo Bolsonaro expandir a vacinação em quilombolas;

47) 02 de agosto de 2021 - STF deu dez dias para Bolsonaro explicar o bloqueio a jornalistas no Twitter;

48) 16 de agosto de 2021 - ministra Cármen Lúcia deu 24 horas para a PGR se manifestar sobre uma petição contra

Bolsonaro, apresentada ao STF pelo PDT, que acusava o Presidente de ter colocado a vida dos brasileiros em risco ao indicar a cloroquina como forma de tratamento à covid-19;

49) 30 de junho de 2022 - ministro Dias Toffoli deu prazo até 15 de agosto para o estado do Rio de Janeiro regularizar as certidões de seguridade social exigidas;

50) 03 de maio de 2022 - ministra Rosa Weber deu prazo de 60 dias para que o governo federal apresente plano de ações para reduzir a desigualdade racial no Brasil;

51) 08 de julho de 2022 - ministro Gilmar Mendes deu prazo de 90 dias para que o governo federal apresente plano de ações para reduzir a fila de espera por cirurgias eletivas;

52) 08 de fevereiro de 2023 - ministra Cármen Lúcia deu prazo de 10 dias para que a AGU apresente informações sobre a minuta golpista;

53) 23 de maio de 2023 - ministro Luís Roberto Barroso deu prazo de 60 dias para que o governo federal apresente plano de combate à violência contra a mulher;

54) 15 de junho de 2023 - ministro Alexandre de Moraes deu prazo de 60 dias para o governo federal apresentar plano de combate à desinformação;

55) 22 de junho de 2023 - ministro Edson Fachin deu prazo de 60 dias para que o Congresso Nacional aprove lei que regulamente a atividade de motoboys;

56) 28 de julho de 2023 - ministro Ricardo Lewandowski: Deu prazo de 120 dias para que o Conselho Nacional de Justiça (CNJ) apresente medidas para reduzir o déficit de juízes e servidores no Judiciário;

57) 03 de dezembro de 2023 - Alexandre de Moraes: Determinou que a União e o Distrito Federal apresentem medidas para garantir a segurança do presidente Lula.

Cancelamento do ato legítimo de perdão presidencial - o ordenamento jurídico brasileiro deixa claro que o perdão presidencial é uma prerrogativa legal , exclusiva, do Presidente da República, conforme asseverou o Ministro Alexandre de Moraes: "O ato de clemência é privativo do presidente da República. Podemos gostar ou não gostar, mas o ato não desrespeita a separação de Poderes. Não é uma ingerência ilícita na política criminal." Sendo assim, por que deixou de ser quando concedido pelo Presidente Jair Bolsonaro em benefício de um deputado de Direita?

No Brasil, um passaporte pode ser cancelado por ordem judicial em algumas situações muito específicas como por exemplo: Se a pessoa estiver implicada em um processo judicial que proíba a saída do país. Outra situação admissível seria no caso de haver uma ordem de prisão para o indivíduo, em nível internacional, federal ou estadual. No entanto, apesar de possível é importante ressaltar que essas situações são exceções e, em geral, os cidadãos brasileiros têm o direito de possuir um passaporte e viajar para o exterior. Casos reais e recentes como os envolvendo os jornalistas Rodrigo Constantino e Paulo Figueiredo demonstram os riscos à garantias constitucionais representados pelo uso indevido do Poder Estatal. Os dois jornalistas tiveram os passaportes apreendidos e as contas bancárias bloqueadas, sem possibilidade de defesa, aparentemente por contrariar, através de suas ideias e opiniões, pessoas poderosas e correntes ideológicas de Esquerda.

Inquéritos contra Bolsonaro - em mais de uma ocasião o procurador-geral da República, Augusto Aras, pediu o arquivamento de inquéritos, por não identificar crimes na conduta de Bolsonaro. Apesar desses pedidos de arquivamento, o ministro Alexandre de Moraes manteve os inquérito em andamento. Entre os anos de 2018 e 2024, o Presidente Jair Messias Bolsonaro foi alvo de diversos inquéritos. No Supremo Tribunal Federal (STF), foram abertos seis inquéritos contra ele. Além disso, Bolsonaro também foi alvo de 16 ações no Tribunal Superior Eleitoral (TSE). Portanto, no total, foram abertos 22 processos contra ele apenas entre 2018 e 2024.

Denúncias contra manifestantes - a então vice-procuradora-geral da República, Lindôra Araújo, criticou decisões do ministro Alexandre de Moraes, do STF, no âmbito das prisões contra os ex-funcionários do ex-presidente Jair Bolsonaro. Ela acusou, na ocasião, Moraes de autorizar procedimentos ilegais, decretar prisões sem fundamento e realizar a chamada "pesca probatória".

Investigação da ONG Transparência Internacional - o ministro Dias Toffoli decidiu desprezar um parecer da Procuradoria-Geral da República (PGR), ao determinar que fossem enviados à Justiça documentos do acordo bilionário de leniência da empresa J&F a fim de investigar a atuação da ONG Transparência Internacional.

Inquérito das Fake News - a decisão de manter o inquérito em andamento, apesar do pedido de arquivamento feito pela Procuradoria-Geral da República (PGR), foi criticada por alguns juristas que a consideraram uma violação ao princípio do juiz natural e ao sistema acusatório brasileiro. Por outro lado, há juristas que defendem a legalidade da abertura de inquéritos de ofício pelo STF, argumentando que a Corte tem autonomia para investigar crimes que atentem contra a sua própria honra e segurança, desde que sem avançar em objetivos políticos. Ocorre que o STF vem utilizado o artigo 43 do seu Regimento Interno para fundamentar a abertura de inquéritos de ofício. Essa prática tem sido questionada por ser incompatível com o sistema acusatório adotado pela Constituição Federal de 1988.

Nesse sentido, cabe ressaltar, que o Presidente Jair Bolsonaro protocolou uma ação no Supremo Tribunal Federal (STF) para suspender tal artigo do regimento interno da própria Corte, que permite abrir investigações de ofício sem passar pela Procuradoria-Geral da República (PGR). No entanto, a ação não trouxe mudança. Uma vez que a apreciação de tais solicitações ocorre, justamente, onde supostamente ocorre o desvio de conduta. E não havendo nenhuma Corte ou órgão acima do STF, para o qual se possa recorrer, fica instaurado o suposto regime de Poder absoluto e inquestionável.

Violência Física

Isso pode variar desde ataques individuais até violência em massa, como genocídios ou limpezas étnicas, direcionados a grupos com determinadas crenças ou ideologias. Em uma sociedade civilizada a violência e as ameaças são inaceitáveis, independentemente das crenças políticas de uma pessoa. No entanto, muitos seguidores da extrema Esquerda e alguns políticos têm incitado a violência e a perseguição à integrantes da Direita ou conservadores, ao invés de promoverem o diálogo e o respeito mútuo em todas as discussões políticas. A consequência desse discurso de ódio irresponsável não poderia ser outra além de violência. Vejamos exemplos extraídos de algumas notícias recentes que mencionam violência física contra conservadores, simpatizantes de Direita e bolsonaristas:

No Diário do Poder

"Deputado federal Filipe Barros (PL-PR) denunciou à Policia Federal, no sábado dia 10 de setembro de 2022, um grupo de skinheads petistas, que, gritando palavras de ordem em favor do ex-presidente Lula e do PT e contra o presidente Jair Bolsonaro, agrediram a socos e pontapés o próprio parlamentar, familiares e amigos, que realizavam distribuição de panfletos nas imediações do Estádio do Café, em Londrina. Entre os agredidos estão ao menos dois idosos, pai e tio do parlamentar, além de outras pessoas, que, com as mãos ocupadas por folhetos e santinho, foram surpreendidos com os atos de violência física."

Na Gazeta do Povo

"Notícia sobre uma estudante conservadora da Universidade Federal do Estado do Rio de Janeiro (UNIRIO) que foi alvo de bullying, injúrias, difamação e ameaças, incluindo ameaças de violência física."

"Reportagem sobre manifestações pró e contra Bolsonaro, onde menciona casos de violência dos dois lados."

Na Revista Oeste

"Notícia sobre uma estudante de ciências sociais da Universidade Federal de Pelotas (UFPel) que foi perseguida e ameaçada de morte após ser descoberta como simpatizante de direita."

"Notícia sobre um jornalista que foi preso em flagrante por incitar violência contra Bolsonaro."

"Notícia sobre um simpatizante da Esquerda que prometeu "executar crianças, filhos de bolsonaristas, para purificar a raça"."

No Estado de Minas

"O advogado bolsonarista Erick Carvalho alegou ter sido agredido por militantes petistas durante uma manifestação contra o ex-presidente Luís Inácio Lula da Silva (PT), no Expominas, na região Oeste da capital mineira, na tarde de segunda-feira, dia 09 de maio de 2022."

Na Veja

"Petista mata bolsonarista durante discussão em SC. Polícia ainda investiga se assassinato a facada ocorreu por desavença política ou por outra motivação."

Na BBC Brasil

"Um apoiador do ex-presidente Luiz Inácio Lula da Silva (PT) confessou ter matado um apoiador do presidente Jair Bolso-

naro (PL) em Itanhaém, litoral de São Paulo, após uma discussão política. O caso foi confirmado pela Polícia Civil paulista à BBC News Brasil."

"Em setembro de 2022, um apoiador de Bolsonaro, Hildor Henker, foi esfaqueado por um apoiador do PT em uma briga em uma bar em Rio do Sul, no interior de Santa Catarina."

Assédio Moral

O assédio moral, também conhecido como "mobbing" ou "bullying moral", é uma forma de assédio psicológico que envolve a exposição repetida e prolongada a comportamentos hostis ou abusivos em ambientes como o local de trabalho ou a escola. Ele visa prejudicar a saúde mental e o bem-estar do indivíduo, por meio de ações como ofensas, ameaças, humilhações, isolamento social, retaliações, manipulação psicológica, entre outras. Essas práticas são direcionadas a indivíduos por causa de suas crenças, aparência, comportamento ou ideologias.

As vítimas de assédio moral podem sofrer consequências graves, como ansiedade, depressão, estresse pós-traumático, dificuldades de concentração e até desejo suicida. Portanto, é importante que as organizações e as instituições tenham políticas e procedimentos claros para prevenir e combater o assédio moral, bem como para oferecer suporte às vítimas. Jamais governantes, autoridades e qualquer outro indivíduo devem incentivar o assédio moral ou banalizar suas ocorrências por questões de conveniência política ou ideológica. Vamos relembrar algumas das ocasiões em que a imprensa livre relatou a história de brasileiros que sofreram assédio moral por suas posições políticas:

Na Gazeta do Povo

"Denúncias de assédio no governo federal crescem mais de 50% na gestão Lula - Mesmo sem findar o ano, o governo do presi-

dente Luiz Inácio Lula da Silva (PT) já bateu o recorde histórico no número de denúncias de assédio sexual e moral recebidas por um governo no período de um ano. Do dia 1º de janeiro até a última sexta-feira (25/8/2023), foram recebidas 4.162 denúncias e reclamações de assédio sexual e moral em órgãos do governo federal, de acordo com um levantamento feito pelo Metrópoles com dados da Controladoria Geral da União (CGU)."

"Em um caso mais recente, um empresário bolsonarista foi alvo de um ataque cibernético que resultou na divulgação de suas informações pessoais na internet. O empresário, que preferiu não ser identificado, disse que o ataque foi motivado por suas opiniões políticas e seu apoio ao ex-presidente Jair Bolsonaro."

Na Revista Oeste

"Um homem de 58 anos foi demitido de um hospital no Paraná após ser acusado de "propagar ideais antidemocráticos" por ter defendido o presidente Bolsonaro em uma conversa particular."

"Uma jovem de 18 anos foi agredida por colegas de escola em Minas Gerais após defender Bolsonaro em uma discussão sobre política."

"Um funcionário público do Rio de Janeiro foi suspenso de suas funções por 15 dias por ter feito críticas à esquerda e ao comunismo em uma rede social."

"Um professor universitário foi ameaçado de morte por ter criticado o "kit gay" em sala de aula em Santa Catarina."

"Uma estudante de São Paulo foi impedida de participar de uma palestra na universidade por ter manifestado apoio a Bolsonaro."

"Parlamentares de oposição reagiram ao pedido da Procuradoria-Geral da República (PGR) para que as plataformas de redes sociais enviem "uma lista completa com os nomes e dados de identificação dos seguidores do ex-presidente" Jair Bolsonaro."

O que todos esses casos ilustram e têm em comum é a intolerância política e a perseguição ideológica contra bolsonaristas, conservadores ou pessoas da Direita política. E tal assédio está ocorrendo em diferentes esferas da sociedade brasileira, talvez por descaso ou incentivo daqueles que deveriam combate-lo. Não podemos cometer hoje, em pleno século vinte um, os mesmos erros que levaram milhares de pessoas inocentes à perseguição e morte em campos de concentração. Não existe eleitor de segunda categoria ou cidadão de segunda categoria, não existe ser humano de segunda categoria, todos devem ser iguais sob o julgo do Estado.

Censura

A censura pode envolver a supressão de livros, postagens em redes sociais, filmes, discursos ou outras formas de expressão que promovam certas ideias, denúncias, fatos ou ideologias. Nos últimos cinco anos, a censura no Brasil tem assumido proporções que já caracterizaria, sob a luz da literatura especializada, uma ditadura em exercício, principalmente em relação à liberdade de expressão e ao controle da imprensa. Aqui estão alguns exemplos:

Inquérito das Fake News - Em 2019, o STF (Supremo Tribunal Federal) iniciou um inquérito para investigar a disseminação de notícias falsas e ataques a instituições democráticas. A medida foi criticada por restringir a liberdade de expressão e por ter um viés político que permite, com base em critérios difusos, perseguir qualquer um com opinião contrária às ações do governo Lula, da Corte ou de seus Integrantes.

Lei de Segurança Nacional - A lei, criada durante a ditadura militar, foi usada nos últimos anos para processar e condenar jornalistas, manifestantes e ativistas que criticavam o governo, decisões do Judiciário ou o presidente Lula.

Censura a livros - A liberdade de expressão e o acesso ao conhecimento são valores fundamentais em uma democracia. A censura de livros e ideias é uma violação a esses valores e pode limitar o debate público e o desenvolvimento intelectual. Além disso, a censura pode ser uma forma de discriminação contra minorias ou grupos marginalizados, ao negar-lhes a oportunidade de expressar suas ideias e experiências. Portanto, é crucial garantir a liberdade de expressão e a pluralidade de ideias, mesmo quando essas ideias sejam controversas ou impopulares. Vejamos alguns exemplos recentes de censura de livros no Brasil:

"O Mínimo que Você Precisa Saber para Não Ser um Idiota" de Olavo de Carvalho: O livro foi retirado da lista de indicações para o Programa Nacional de Bibliotecas da Rede Federal de Educação Profissional, Ciência e Tecnologia (RFEPCT) em 2018, gerando controvérsia.

"A Era dos Mitos: Como os Acadêmicos e os Artistas Infantilizaram o Brasil" de Leandro Narloch e José Narloch: O livro foi alvo de críticas e pedidos de censura por supostamente difamar artistas e intelectuais brasileiros.

"Escola Sem Partido" de Miguel Nagib e Antonio Bedinelli: O livro defende a neutralidade política nas escolas e foi alvo de críticas e tentativas de censura por supostamente atacar o ensino de valores progressistas.

"Livro Negro do Comunismo" de Alexandre Dugin: O livro foi banido do Mercado Livre, plataforma de venda de livros usados, em 2020 por supostamente defender o nazismo e o fascismo.

Remoção de conteúdo online - A remoção de conteúdo online, também conhecida como "tirar do ar", pode representar um risco significativo para o que deve ser uma democracia plena. Especialmente quando essa prática é usada de maneira arbitrária ou sem transparência, baseada em critérios subjetivos ou sob influência de correntes ideológicas e políticas. Aqui estão alguns dos riscos que essa prática pode representar:

Censura e limitação da liberdade de expressão: A remoção de conteúdo online pode ser usada como uma forma de censura, privando as pessoas de acesso a informações e opiniões divergentes. Isso pode limitar o debate público e a pluralidade de ideias, que são essenciais em uma democracia.

Falta de transparência e responsabilidade: A decisão de remover conteúdo online é frequentemente tomada por autoridades Estatais, mas também pode ser deliberada por empresas privadas, como plataformas de mídia social, sem explicações claras ou mecanismos de recurso. Tal prática pode levar a uma falta de transparência, abuso de poder econômico e percepção de ausência de comprometimento com a responsabilização. Além de abrir espaço para abusos e arbitrariedades, devido à facilidade, rapidez e imensa amplitude alcançada através de uma única ação.

Risco do chamado "efeito Streisand": A remoção de conteúdo online pode, ironicamente, atrair mais atenção para aquele conteúdo, criando um "efeito Streisand". Isso pode acontecer quando as pessoas se interessam pelo conteúdo justamente por ele ter sido removido e o procuram em outros lugares, ou quando a notícia da remoção viraliza e gera mais interesse e curiosidade do que o próprio conteúdo original.

Danos ao desenvolvimento tecnológico e inovação: A remoção de conteúdo online pode também afetar negativamente o desenvolvimento tecnológico e a inovação, ao criar insegurança jurídica e mercadológica para as empresas de tecnologia e startups. Elas podem se ver obrigadas a investir recursos para combater a remoção de conteúdo ao invés de investir em novos produtos e serviços. Também acaba por afastar empresas que não aceitem compactuar com medidas antidemocráticas para poder continuar a operar no Brasil.

O STF decidiu estabelecer o alcance da responsabilidade dos provedores de serviços de internet, como redes sociais, pelos conteúdos de terceiros, abrindo caminho para a remoção de conteúdo sem necessidade de ordem judicial. Durante a corrida eleitoral, a percepção da sociedade foi a de que as redes sociais viraram alguma coisa parecida com puxadinhos do Judiciário, para o exercício da censura. Abaixo, vamos citar apenas alguns exemplos recentes de Remoção de conteúdo on-line ocorridos no Brasil por ordem de autoridades ou mesmo devido à orientação ideológica de determinadas plataformas de vídeo, notícias ou de rede social. Mas como foi revelado pelo jornalista Michael Shellenberger no chamado "Twitter Files Brasil", o alcance e a desfarçatez são incalculáveis assim como o número de vítimas.

1) 2018, o Facebook removeu conteúdo considerado difamatório contra o candidato à presidência Fernando Haddad, a pedido do TSE;

2) 2018, a Justiça Eleitoral determinou a remoção de vídeos de campanha política da internet que continham conteúdo falso ou difamatório;

3) 2019, o Facebook removeu conteúdo que violava a privacidade de uma mulher que acusou o ex-presidente Lula de ser o pai de um filho que ela teria tido fora do casamento, a pedido da Justiça Eleitoral;

4) 2019, o YouTube, a pedido da Justiça Eleitoral, removeu

um vídeo de um apresentador de televisão brasileiro porque que ele denunciava algumas atividades de um deputado federal;

5) 2020, o Terça Livre foi excluído do YouTube, Facebook e Instagram por ordem do STF (Supremo Tribunal Federal) após ser acusado de divulgar conteúdo falso ou ofensivo. Além disso, o fundador do Terça Livre, Allan dos Santos, passou a ser investigado pela Polícia Federal por supostamente atentar contra o estado democrático de direito;

6) 2020, o Twitter removeu conteúdo postado pelo presidente Jair Bolsonaro. A plataforma alegou que a postagem violava suas regras contra desinformação sobre a pandemia de Covid-19;

7) 2021, a Justiça Eleitoral determinou a retirada de conteúdo falso ou difamatório de grupos do Telegram, relacionados ao processo eleitoral do Rio de Janeiro;

8) 2021, o YouTube, a pedido da Justiça Eleitoral, removeu um vídeo postado por um deputado federal brasileiro. O vídeo foi censurado pelo TSE porque o deputado fazia acusações contra um candidato a prefeito de São Paulo;

9) 2022, o TSE determinou a remoção imediata de conteúdo falso ou descontextualizado das plataformas digitais durante o processo eleitoral, como parte da estratégia de combate à desinformação;

10) 2022, em outubro, portanto logo antes do segundo turno das eleições, o jornalista Rodrigo Constantino sofreu "shadowban" do Instagram, ou seja a plataforma aplicou uma restrição temporária visando diminuir o alcance de suas postagens;

11) 2022, Censura Prévia - As grandes redes sociais que atuam no país como X, Telegram, Tik Tok, Google e Meta, en-

traram com um recurso no Supremo Tribunal Federal (STF) questionando as decisões do ministro Alexandre de Moraes, sugerindo que podem ser entendidas como "censura prévia";

12) 2023, em 12 de janeiro, sem que houvesse um pedido judicial, a plataforma de vídeos YouTube decidiu desmonetizar o canal da Revista Oeste, sob alegação de que o veículo havia violado as suas diretrizes. Estranhamente, nenhum detalhe sobre quais conteúdos provocaram tal decisão foi informado, apesar das diversas solicitações nesse sentido;

13) 2023, ameaça de suspensão do Telegram: O ministro Alexandre de Moraes, do Supremo Tribunal Federal (STF), definiu cinco pontos principais em uma decisão na qual, basicamente, ameaçava suspender o Telegram no Brasil. O magistrado agiu depois que o aplicativo enviou aos usuários uma mensagem informativa sobre o Projeto de Lei (PL) 2630/2020.

Exclusão Social

Isso pode envolver a exclusão de indivíduos de certas atividades sociais ou oportunidades, com base em suas crenças ou ideologias. Vejamos alguns exemplos:

Ataques contra o presidente Bolsonaro: Em 2020, a revista Crusoé cancelou uma reportagem sobre o presidente Bolsonaro após receber ameaças de boicote de anunciantes e de leitores contrários ao governo federal. Isso gerou críticas de censura e restrição à liberdade de imprensa.

Proibição de palestrantes conservadores: Em 2018, o evento Campus Party Brasil, que reúne empresas e profissionais de tecnologia, retirou do programa um palestrante conservador após receber pressão de grupos de Esquerda. Isso gerou acusações de censura e de "cancelamento" de ideias contrárias às da Esquerda.

Em 2024, os advogados de Bolsonaro pediram que Moraes devolvesse o passaporte do ex-presidente, argumentando que não haveria motivo para impedir um líder político de se encontrar com líderes de outros países. Mas apesar de não estar condenado, o Presidente Bolsonaro foi coibido de ir a eventos internacionais para os quais foi convidado.

Durante o período de exceção que o Brasil atravessa enquanto esse livro é escrito, Bolsonaro foi convidado para participar de um evento conservador nos Estados Unidos, que contaria com a presença do ex-presidente dos EUA, Donald Trump. No entanto, devido à retenção de seu passaporte, Bolsonaro não pôde comparecer ao evento. Além disso, o Presidente Jair Bolsonaro foi convidado por autoridades de Israel para visitar os locais onde ocorreram ataques do Hamas e encontrar familiares de reféns no conflito na Faixa de Gaza. Ele também recebeu convites internacionais para visitar campos de concentração na Polônia e para participar de encontros no Bahrein. Em outra ocasião, o Presidente Bolsonaro foi convidado a participar de uma reunião de cúpula, cujo objetivo era reunir líderes da Direita mundial em Lisboa, Portugal, evento organizado pelo partido Chega. No entanto, devido à retenção de seu passaporte, Bolsonaro não pôde comparecer a nenhum desses eventos, numa espécie de mordaça diplomática e política imposta sem nenhuma condenação judicial que justifique.

Concluindo, vimos que a perseguição ideológica é universalmente considerada uma violação dos direitos humanos, pois infringe o direito à liberdade de pensamento, consciência e expressão. Portanto, é fundamental que a sociedade se esforce para proteger a liberdade ideológica e garantir que todos os indivíduos possam expressar livremente suas crenças e opiniões, sem medo de perseguição.

Também vimos indícios de que o Brasil está sofrendo uma rápida deterioração da democracia, devido ao que alguns chamam de polarização excessiva do ambiente político. E o mais lamentável é perceber que as autoridades que deveriam buscar o equilíbrio e isenção, assumiram lado na polarização. Não importa quem está certo, quem cheira mal ou faz mais barulho, em uma democracia precisa haver espaço para a representatividade da vontade popular e ela deve ser respeitada como tal. Caso contrário, assumimos a realidade de pseudo democracia, igualmente ao que acontece na Venezuela ou na Rússia. Onde a realização de eleições e o endosso de autoridades, totalmente comprometidas com a causa dos regimes autoritários, servem de "selo" de país democrático. É para esse triste fim que o Brasil caminha?

#

Inquisição democrática

Na segunda semana de fevereiro de 2024, o Presidente Jair Bolsonaro e seu círculo político foram alvo de ações da Polícia Federal. Foram duas incursões, tendo Bolsonaro como alvo, em apenas uma semana. Os agentes da Polícia Federal foram até a residência de veraneio de Bolsonaro em Angra dos Reis, onde apreenderam o celular de um assessor do PL e tentaram recolher o passaporte do Presidente Jair Bolsonaro. O que não faz sentido algum, uma vez que não ha lógica em levar o passaporte para uma casa de praia. Portanto, o documento só foi recolhido horas depois na sede do partido, em Brasília.

Talvez o objetivo real da operação fosse obter repercussão na mídia e, por esse motivo, a lógica não seria tão importante assim. A operação que teve como ápice midiático a casa de praia do Presidente Jair Bolsonaro, também resultou na prisão de quatro pessoas e na execução de 33 mandados de busca e apreensão, em dez Estados. Entre os alvos estavam altos militares e Valdemar Costa Neto, presidente do PL, que foi preso por posse ilegal de arma e uma pepita de ouro.

As ações mencionadas são parte de uma série de operações que tiveram como alvo membros do Partido Liberal (PL) e ex-assessores do Presidente Jair Bolsonaro. Essas operações representam um cerco político sem precedentes na história recente do Brasil, desde a redemocratização do país no final do século XX. Elas são caracterizadas por uma série de investigações secretas, totalizando pelo menos nove inquéritos em andamento. Esses inquéritos estão sob a liderança do ministro do Supremo Tribunal Federal, Alexandre de Moraes, que tem a responsabilidade de supervisionar e conduzir as investigações. O que é particularmente notável sobre essas acusações é que a natureza exata delas permanece desconhecida. Isso significa que nem mesmo os advogados dos indivíduos sob investigação têm conhecimento completo das acusações que seus clientes enfrentam. Isso adiciona um elemento de incerteza e tensão ao processo, atingindo o status de tortura.

Aparentemente, na tentativa de obter provas ou um testemunho capaz de implicar o Presidente Jair Bolsonaro e assim deter o avanço do movimento conservador e da Direita política no Brasil, o regime das exceções está realizando uma verdadeira caçada. Com sucessivas investidas para perseguir desafetos políticos, Instituições importantes para o país estão sendo maculadas pelas ações de alguns poucos homens e mulheres.

A democracia verdadeira sangra a cada nova declaração de incitação ao ódio feita por representantes da extrema Esquerda brasileira, a cada novo uso enviesado das leis para silenciar dissidências, a cada vez que órgãos de polícia acatam ordens absurdas, a cada vez que outras Instituições de Estado se apequenam na covardia da conivência silenciosa apenas assistindo ao desmanche da democracia e, por fim, a cada instante que os cidadãos cruzam os braços e olham para o lado. Talvez, as pessoas ajam assim por estarem amedrontadas ou acreditarem que tudo isso faz parte de uma realidade distante e que não as atingirá diretamente. Uma crença equivocada, destruída no trágico e inevitável dia em que a polícia política e ideológica bater à sua porta. Na ocasião, esse pagador de impostos perceberá, tarde demais, a importância de exercitar sua cidadania.

Até o momento em que este livro está sendo escrito, diversas pessoas próximas do Presidente Jair Bolsonaro já foram presas, talvez na tentativa de forçar alguma denúncias contra ele. Mas a lista de vítimas é muito, muito maior, pois também precisa contemplar jornalistas, escritores, pais e mães, idosos, formadores de opinião ou seja pessoas como você que estão sendo perseguidas, muitas vezes, apenas por exercer o direito democrático de liberdade de expressão. A lista de vítimas de algum tipo de abuso de poder do atual Regime brasileiro é longa e cresce a cada dia, eis alguns exemplos:

Ailton Gonçalves Barros, ex-comandante da Polícia Militar do Distrito Federal.

Allan dos Santos, jornalista.

Almirante Almir Garnier Santos, ex-comandante da Marinha.

Anderson Torres, ex-ministro da Justiça.

Bernardo Küster, Jornalista.

Coronel Bernardo Romão Correia Neto.

Coronel Marcelo Câmara, assessor especial no gabinete da Presidência da República.

Daniel Lúcio, ex-deputado federal pelo Rio de Janeiro.

Deputada Bia Kicis (PL-DF).

Deputada Carla Zambelli (PL-SP).

Deputado Alexandre Ramagem, ex-chefe da Abin.

Deputado Carlos Jordy, líder da oposição na Câmara.

Deputado Daniel Silveira (PTN-RJ).

Deputado Eduardo Bolsonaro (PL-SP).

Deputado estadual Douglas Garcia (PSL-SP) .

Deputado Filipe Barros (PL-PR).

Deputado Geraldo Junio (PL-MG).

Edgard Corona, empresário Edgard Corona, presidente da rede de academias Smart Fit.

Ernesto Araújo, ex-ministro das Relações Exteriores.

Filipe Martins, ex-assessor da Presidência da República.

General Estevam Theophilo Gaspar.

General Augusto Heleno, ex-ministro do GSI (Gabinete de Segurança Institucional).

General Paulo Sérgio Nogueira, ex-comandante do Exército.

General Ridauto Lúcio Fernandes.

General Walter Braga Netto, ex-ministro-chefe da Casa Civil, ex-ministro da Defesa, candidato a Vice Presidente.

George Washington de Oliveira Sousa, empresário.

José Acácio Serere Ximenes, Empresário.

Luciano Hang, empresário fundador da Havan.

Luiz Phillipe de Orleans e Bragança (PL-RJ).

Major Rafael Martins.

Otávio Fakhoury, Empresário, dono da Datagro.

Paulo Renato de Oliveira Figueiredo Filho, Economista.

Presidente Jair Bolsonaro.

Roberto Jefferson, ex-deputado federal e presidente nacional do PTB.

Rodrigo Constantino, escritor.

Sérgio Moro, ex-ministro da Justiça e ex-juiz da Lava Jato.

Silvinei Vasques, foi chefe da Polícia Rodoviária Federal.

Tenente-coronel Mauro Cid, ex-ajudante de ordens durante a presidência de Jair Bolsonaro.

Valdemar Costa Neto, presidente do PL .

Vereador Carlos Bolsonaro (PL-RJ).

Winston Lima.

Somam-se a essa lista muitos daqueles presos por envolvimento no episódio conhecido como "8 de Janeiro", uma vez que a maioria não participou diretamente ou indiretamente nos crimes de depredação de patrimônio público, dano qualificado ou deterioração de patrimônio tombado e, muito menos, em Golpe algum. Por mais absurdo e inacreditável que possa parecer, em 2024 ainda não é possível descobrir com precisão aceitável o número total de presos devido a acusações de envolvimento com o 8 de Janeiro.

Acredite, segundo noticiado pela imprensa, não existe como obter os dados centralizados das prisões feitas ao longo das investigações conduzidas pelo STF. Também não há autoridade que se disponha a falar sobre todos os casos em detalhes. Assim, só se pode afirmar que foram mais de dois mil detidos. Pois, ao dado da prisão de 1.927 cidadãos em 9 de janeiro de 2023, é necessário somar as prisões ocorridas nos dias subsequentes e daqueles que até hoje continuam sendo presos ou vítimas de outras formas de tortura e abuso de poder.

Vítima fatal do regime das exceções

Cleriston Pereira da Cunha, 46 anos, em 20 de novembro de 2023 teve seus últimos instantes de vida numa penitenciária. Morreu sem saber se havia previsão de quando ele seria julgado em definitivo. Apesar da PGR considerar que com o fim da fase de instrução, após as audiências das testemunhas e do próprio réu, ele já poderia ser solto, o relator do caso, ministro Alexandre de Moraes, não chegou a analisar o pedido de soltura. O Brasil voltou a estar na lista de países com presos políticos e morte de preso político sem o devido julgamento. Uma estatística que macula qualquer "verdade oficial" sobre democracia pujante.

Vítima de Tortura física, aleijado do regime das exceções

Oswaldo Eustáquio, jornalista. Está sendo investigado no inquérito do Supremo Tribunal Federal que apura supostos atos antidemocráticos contra a própria Corte. Estava na prisão em 18 de dezembro de 2020, quando sofreu uma lesão na coluna que o deixou paraplégico. Em 27 de janeiro de 2021, após a grave lesão e a repercussão negativa na opinião pública, o ministro Alexandre de Moraes, do STF, autorizou Eustáquio a cumprir prisão domiciliar. De acordo com o jornalista ele foi exposto a pelo menos uma sessão de tortura na prisão.

Erros sem desculpas

No dia 29 de janeiro de 2024, a Procuradoria-Geral da República (PGR) enviou um documento ao escritório do ministro Alexandre de Moraes, do Supremo Tribunal Federal (STF), alertando sobre um erro: informações incorretas foram utilizadas para justificar a detenção de um indivíduo chamado Jorge Luiz dos Santos, de 59 anos, em decorrência dos protestos de 8 de janeiro. A defesa de Jorge Luiz vem buscando sua liberdade condicional há meses, mas o pedido foi recusado porque Moraes se baseou em dados de um homônimo com histórico criminal.

Amigos e parentes, ainda confiantes de que o país está sob uma democracia plena e pujante, penduraram uma faixa em frente ao Supremo com a frase "preso do 8/1 erro homônimo" na tentativa de chamar a atenção de Moraes. A família continua esperando que ele ou alguma alma bondosa reavalie a decisão. Jorge Luiz é um pastor que viajou de Conselheiro Lafaiete para Brasília no ano passado e não voltou para casa desde então. Ele não possui antecedentes criminais. De acordo com um relatório médico, ele já deveria ter sido liberado da prisão da Papuda, no Distrito Federal, para realizar uma cirurgia de emergência. No entanto, a Procuradoria-Geral e o escritório de Moraes usaram dados de outro Jorge Luiz dos Santos, um nome bastante comum, para mantê-lo preso. Segundo o Tribunal Regional Federal da 1ª Região (TRF-1), o homônimo, que tem outro RG e CPF, é dez anos mais jovem e responde por crimes de estelionato e receptação.

Não estava presente, mas tinha a intenção

Em meio a um contexto de medidas excepcionais e inquisitórias, outro caso que suscitou questionamentos foi a condenação de Eduardo Zeferino Englert, um homem de 42 anos, a 17 anos de prisão. As acusações incluíram associação criminosa armada, abolição violenta do estado democrático de direito, golpe de Estado, dano qualificado contra o patrimônio da União e deterioração de patrimônio tombado. Críticos argumentam que as sentenças de todos os julgados apresentam semelhanças notáveis e que o uso da acusação de associação armada é questionável, já que não foram encontradas armas em posse dos detidos, que foram transportados em ônibus para um ginásio da Polícia Federal.

Apesar da defesa de Eduardo ter apresentado evidências de que ele não esteve presente no Quartel-General do Exército em Brasília nos dias anteriores às manifestações, e a perícia da Polícia Federal ter confirmado essa informação através do rastreamento de seu celular, o ministro Alexandre de Moraes decidiu manter a condenação e a pena de 17 anos. A justificativa foi de que Eduardo teria apoiado intenções criminosas que visavam destruir as instituições democráticas e depor o governo legitimamente eleito. Essa decisão e outros casos semelhantes têm provocado preocupações em relação às medidas excepcionais adotadas contra cidadãos brasileiros. Principalmente porque tais medidas atentam contra os direitos fundamentais dos cidadãos, como a presunção de inocência e o devido processo legal, sob a alegação de proteger a democracia.

Preso em troca de um prato de comida

Geraldo Filipe Silva, morador de rua, foi libertado depois de ficar injustamente encarcerado durante por absurdos 11 meses. Mas apesar da absolvição, que por si só poderia evidenciar o grave erro cometido pelas autoridades responsáveis, ensejando alguma reparação para a vítima ou pelo menos um pedido público de desculpas, o cidadão brasileiro foi mais uma vez desrespeitado pois permaneceu sujeito à restrições que incluíam o uso de tornozeleira eletrônica. Aparentemente, o crime, ou melhor o erro do morador de rua foi juntar-se ao demais brasileiros acampados em áreas públicas para poder obter refeições quentes. Isso porque, é claro, as autoridades da "Inquisição" não cometem erros. A culpa pela prisão arbitrária é do próprio cidadão, pois ele decidiu se imiscuir com uma parte da população brasileira que aparentemente não deveria existir. Cidadãos que, as ações de algumas autoridades levam a crer, são de segunda categoria e portanto não gozam dos mesmos direitos e garantias assegurados pela Constituição Federal de 1988.

Vários empresários foram alvo de medidas restritivas, incluindo a suspensão de suas contas em redes sociais e a interceptação de seus telefones, devido ao uso do aplicativo WhatsApp para trocar mensagens favoráveis ao Presidente Jair Bolsonaro, antes das eleições. Fontes próximas ao Tribunal Superior Eleitoral (TSE) afirmaram que esses empresários eram percebidos como "bolsonaristas" e, portanto, representavam um risco potencial à democracia, já que poderiam financiar uma tomada de poder através de um golpe militar, o que nunca foi concretizado.

Essa situação levanta preocupações sobre a possibilidade de empresários, que não se alinhem à extrema-Esquerda, serem considerados uma ameaça ao Estado, apenas por apoiarem Bolsonaro, candidatos de Direita ou por discutir política em redes sociais. É pertinente questionar se essas medidas são compatíveis com os valores democráticos e a liberdade de expressão política. Principalmente em uma sociedade plural e diversa, em que a troca de ideias e a discordância devem ser respeitadas e protegidas.

Entre os muitos empresários, o mais notório e popular que foi envolvido em processos, aparentemente, devido às escolhas políticas, Luciano Hang, dono da Havan, foi alvo de medidas drásticas após ser acusado de "apoiar um potencial golpe de Estado" a favor do Presidente Jair Bolsonaro. Além de ter seus acessos às redes sociais bloqueados, Hang também enfrentou um congelamento bancário. Recentemente, ele foi multado em R$ 85 milhões por um juiz de primeira instância em Santa Catarina, sob a alegação de "danos morais individuais e coletivos por assédio eleitoral". Hang negou qualquer envolvimento com atividades ilícitas e anunciou seu direito de recorrer da decisão judicial. Entretanto, a controvérsia em torno de sua posição política e as ações tomadas contra ele têm gerado debates acalorados. Será que ainda existe liberdade de expressão no Brasil? Existe legitimidade nas medidas adotadas pelas autoridades, quando elas explicitamente visam erradicar opiniões políticas dissidentes?

Você deve ter percebido, ao longo desse tópico, que na extensa lista de perseguidos pela "Inquisição democrática" existem diversos indivíduos que não possuem foro especial ou privilegiado. Se estivéssemos em tempos de normalidade jurídica, em estrito respeito à Constituição brasileira, poderíamos afirmar que pessoas sem foro especial devem ser julgadas pelos tribunais de justiça comuns, e não pelo STF (Supremo Tribunal Federal). Pois de acordo com a Constituição, o STF tem competência originária para julgar casos que envolvam autoridades com foro especial, como o Presidente da República, membros do Congresso Nacional e ministros do STF. Mas isso parece só um detalhe para o qual "os guardiões da democracia podem abrir mais uma exceção"! Afinal, assim como qualquer outra ditadura faz, está tudo justificado por que é para conter uma gravíssima ameaça à "Segurança Nacional", "Ataque a alguma Instituição Nacional" ou ironicamente é para a sua segurança e para "proteger a democracia".

Outro fato que causa estranheza, ao analisarmos a lista acima e as ações desencadeadas contra seus integrantes, é o aparente desrespeito aos congressistas, eleitos pelo voto popular. São vários os casos em que Deputados ou Senadores tiveram seus gabinetes revirados no Congresso Nacional ou presos por expressar suas opiniões. Lembrando que o artigo 53 da Constituição Federal do Brasil ordena o seguinte: "Os deputados e senadores são invioláveis, civil e penalmente, por quaisquer de suas opiniões, palavras e votos".

Entretanto, ao arrepio do texto constitucional, temos visto nos últimos anos congressistas intimados a prestar depoimento à polícia, incluídos nos inquéritos sigilosos conduzidos pelo ministro Alexandre de Moraes, devido ao que postaram nas redes sociais ou sobre o conteúdo dos seus discursos na tribuna do Congresso Nacional. Esses eventos são gravíssimos, comprovam uma imperdoável invasão do Judiciário sobre o Legislativo, com a conivência dos presidentes das Casas, deputado Arthur Lira e senador Rodrigo Pacheco. Ou esses dois parlamentares também foram silenciados ou escolheram o silêncio por vontade própria, talvez devido ao medo de também sofrer alguma possível represália. E assim, mais um pouco de democracia é corrompida, com o princípio dos Poderes independentes sendo ignorado outra vez.

Diante da nova espécie de "Tribunal de inquisição" e casos de tortura, acredite, nenhum membro do governo Lula, incluindo aqueles que defendem aos gritos o fim do sistema prisional, a "humanização de infrações menores", proteção para minorias ou garantia dos direitos humanos, nenhum se pronunciou sobre os detidos em 8 de janeiro de 2023. Muito pelo contrário, eles vociferam em todas as redes sociais e eventos políticos o mesmo discurso de ódio que juram combater: "Sem anistia!" gritam em coro e exibem em faixas vermelhas. E para finalizar, para imensa surpresa, até o momento, nenhuma organização não governamental, as tais ONGs do Bem, se manifestou em defesa dos seres humanos e pagadores de impostos que estão sob o julgo dos inquisidores democráticos.

#

Executivo sem diplomacia

A diplomacia é uma prática que envolve a negociação e o estabelecimento de relações entre diferentes nações, com o objetivo de promover interesses comuns, resolver conflitos e alcançar acordos. Ela é um instrumento da política externa dos países, que se concentra em manter em equilíbrio as relações entre os diferentes Estados soberanos.

É através da diplomacia que as nações civilizadas lidam com seus antagonismos, procurando resolver divergências sem o uso da violência ou de ofensas. Em termos de relações interpessoais, agir com diplomacia é ter respeito pelo próximo, sabendo lidar de modo pacífico perante diferentes situações e comportamentos. No âmbito de um Estado, o profissional que age com diplomacia é chamado de diplomata, uma pessoa que tem a missão de representar os interesses de determinado grupo ou nação perante outros, de modo pacífico e conciliador. Portanto, já de início, podemos perceber que a diplomacia é uma ferramenta essencial para a manutenção da paz e a busca de soluções pacíficas para os problemas internacionais e precisa ser extremamente leal ao país que representa.

No Brasil essa lealdade é devida ao Presidente da República, pois os embaixadores estão diretamente subordinados ao Ministro das Relações Exteriores e esse subordinado ao Presidente. O Ministério das Relações Exteriores é responsável por colocar em prática a política externa e conduzir as relações internacionais do Brasil, incluindo a coordenação das atividades dos embaixadores brasileiros no exterior. No modelo de Estado adotado pelo Brasil o Presidente da República também tem atribuição direta na condução das relações exteriores, um exemplo é a tarefa de nomear e recepcionar pessoalmente embaixadores.

São muitas as funções de um embaixador. É por meio da atuação do corpo diplomático que o país projeta seus interesses nas relações com outra nações. Sendo um embaixador o representante oficial de um país no exterior, ele tem várias funções importantes:

Chefiar a missão diplomática: O embaixador é o designado para exercer a função de Chefe de Missão Diplomática Permanente, de Chefe de Missão ou de Delegação Permanente junto à organização internacional.

Criar e manter relações diplomáticas: O embaixador trabalha para criar laços sólidos de colaboração econômica, política e cultural com o país onde está instalado sempre devendo agir alinhado com a orientação do governo.

Promover interesses do seu país: O embaixador promove interesses econômicos e culturais do seu país no exterior.

Mediar negociações e conflitos de interesse: O embaixador negocia e media conflitos de interesse entre duas nações.

Proteger os direitos de seus cidadãos no exterior: O embaixador assegura os direitos de seus cidadãos que moram no país onde a embaixada está localizada (ou em países próximos).

Repassar informações: O embaixador repassa informações sobre o país em que está localizado ao seu país de origem.

Informar sobre a situação política e econômica: O embaixador acompanha a situação política e econômica do país onde vive e reporta ao Ministério da Relações Exteriores.

Devido à grande relevância das ações do corpo diplomático para benefício da sociedade, sua atuação é regida de maneira a extrair o máximo em proveito de seu país. O Código de Conduta Diplomático estabelece que os diplomatas devem cumprir seus deveres com "lealdade, honestidade e integridade". Agir contra os interesses do país que eles representam pode ser visto como uma violação desse código e pode resultar em punições severas, incluindo a demissão do cargo diplomático ou até mesmo processos judiciais por traição ou espionagem.

Entretanto, apesar de toda essa confiança e responsabilidade alguns diplomatas supostamente decidiram agir de maneira diversa ao caminho da lealdade, preconizado no código de conduta supracitado. Segundo matéria de Jamil Chade, Colunista do UOL, datada de 07/12/2022 , uma rede de resistência clandestina foi criada no Itamaraty para conter a política externa bolsonarista. Isso parece algo legal ou democrático? Mas foi o que aconteceu, segundo as fontes consultadas pelo jornalista. Um grupo de diplomatas brasileiros estabeleceu uma rede de resistência dentro do Itamaraty com o objetivo de moderar a política externa do governo Bolsonaro. Esta rede, que se espalhou por vários departamentos da chancelaria, realizou encontros secretos para discutir temas como mudanças climáticas, direitos humanos, a questão palestina e a Guerra da Ucrânia.

Os principais objetivos desta rede, segundo teriam alegado os participantes, eram permitir que outros países tivessem tempo para reagir às mudanças na política externa do Brasil e preservar a credibilidade do Brasil no exterior. Os membros da rede viam suas ações como uma forma de resistência em nome da democracia e da soberania. Segundo eles, era uma tentativa de preservar as estruturas do Estado que estavam sendo desmanteladas. Os participantes não viam suas ações como traição ao Estado e ao povo brasileiro, que pela maioria dos votos escolheu o Presidente da República como representante, exatamente para colocar em prática tal política externa.

As táticas da suposta resistência diplomática incluíam a criação de um sistema de contatos diretos com governos estrangeiros, a gravação clandestina de reuniões, a cópia de documentos para registrar a ilegalidade de certos atos do governo, e a divulgação de informações para a sociedade civil. Além disso, a rede também publicou artigos sob pseudônimos, diminuiu o ritmo de trabalho na implementação de instruções do governo, e realizou reuniões sem registros na agenda oficial.

Ou seja o governo do Presidente Jair Bolsonaro, legitimamente eleito, não possuía uma representação diplomática integralmente alinhada com os interesses nacionais. Imagine a quantidade de oportunidades perdidas ou mesmo o impacto de tal comportamento anômalo nos serviços de inteligência de outros países. Sim, porque certamente esse desalinhamento e as atividades de cunho conspiratório foram detectados pelos outros países. Provavelmente, tais atividades suspeitas foram até mesmo relatadas às autoridades políticas em relatórios de inteligência. A imagem decorrente dessa hipótese é a pior possível. Tornando medíocre o corpo diplomático e fazendo parecer que o Brasil estava sob um regime de exceção ou que o havia um ditador no poder.

Em 31 de maio de 2022 foi realizado pelo Tribunal Superior Eleitoral (TSE) do Brasil um evento que foi chamado de "Sessão Informativa para Embaixadas: o sistema eleitoral brasileiro e as Eleições de 2022". Na ocasião, diplomatas de 68 países e representantes de dois organismos internacionais participaram do evento. Foi, inclusive, oferecida aos diplomatas a oportunidade de participar de uma votação simulada usando a urna eletrônica brasileira. As apresentações foram feitas em inglês pelo assessor-chefe de Assuntos Internacionais e o secretário de Tecnologia da Informação do TSE. Segundo divulgado, o objetivo do evento era proporcionar um diálogo qualificado entre os especialistas de diversos setores da Corte com diplomatas estrangeiros, interessados em acompanhar o pleito de 2022. Os diplomatas também puderam conhecer o calendário das Eleições 2022 e o sistema eletrônico de votação, além de receber informações sobre as ações afirmativas para grupos socialmente excluídos e o trabalho de combate à desinformação que vinha sendo desenvolvido pelo Tribunal e diversas entidades parceiras.

De acordo com a Constituição Federal do Brasil de 1988, o Tribunal Superior Eleitoral (TSE) é a instância máxima da Justiça Eleitoral no país. As competências, atribuições e composição do TSE estão contidas na Constituição Federal. No entanto, a Constituição não atribui explicitamente ao TSE a responsabilidade de tratar de diplomacia e relações exteriores, diferentemente do que faz em relação ao Presidente da República. As atribuições do TSE estão mais relacionadas à administração da justiça eleitoral no Brasil, incluindo a supervisão das eleições e a garantia da legalidade do processo eleitoral. No entanto, isso não impediu que o TSE constantemente interagisse com representantes estrangeiros ou organismos internacionais para promover a transparência do sistema eleitoral brasileiro. Um exemplo disso foi o tal evento informativo para embaixadores estrangeiros. Mas essas atividades são mais uma extensão, uma interpretação derivada do papel do TSE na promoção da integridade do sistema eleitoral, do que uma função formal de diplomacia ou relações exteriores.

Talvez, a cadeia de eventos acima explique perfeitamente a resistência dos Embaixadores estrangeiros diante dos fatos apresentados pelo Presidente Bolsonaro, quando da reunião com 40 deles. Fossem aqueles fatos verdadeiros ou não, isso já não importaria pois um preconceito havia sido metodicamente semeado na mente dos diplomatas convidados. Mas, antes de prosseguirmos, cabe um esclarecimento: Diferentemente do que o consórcio de mídia a serviço da "verdade oficial" ou da Esquerda tentou fazer parecer, é comum e lícito o Presidente de um país solicitar reuniões com embaixadores de países amigos. Inclusive, essas reuniões são uma parte importante da diplomacia e são usadas para discutir uma variedade de questões, desde relações bilaterais até questões globais.

Não é função do Judiciário ou do Legislativo determinar ou escolher o que o Presidente pode ou não abordar em reuniões com Embaixadores, pois o princípio da separação entre os poderes ainda vigora na Constituição Federal do Brasil. Assim, o conteúdo e o propósito dessas reuniões podem variar muito. Um exemplo, foi a escolha do Presidente Jair Bolsonaro de convocar embaixadores de pelo menos 40 países para uma reunião, na qual expos características do sistema eleitoral brasileiro. Poderia ter sido apenas uma reunião trivial, mas com o que sabemos agora, se as informações da matéria jornalística supracitada forem verdadeiras, havia todo um ambiente negativo junto aos Embaixadores.

Então, fosse qual fosse a verdadeira intenção do Presidente Bolsonaro ou a qualidade da mensagem a ser passada com a reunião, ela sempre seria vista por alguns dos Embaixadores dentro do preconceito sugestionado pelas ações e informações obtidas anteriormente sobre o Brasil. Ou seja, nós brasileiros estávamos sobre o mando de um ditador, genocida e que poderia usar de "Fake News" para se perpetuar no poder. Portanto a reunião do Presidente Bolsonaro foi interpretada, desde sua origem, apenas como uma tentativa de justificar antecipadamente um possível golpe e uma atitude de querer negar o resultado eleitoral. Tudo exatamente como a suposta "resistência diplomática", algumas autoridades, políticos da oposição e o consórcio de mídia de Esquerda haviam insidiosamente deixado transparecer.

#

Flagrante perpétuo

A transmutação das ações ou atividades políticas para enquadramento forçoso em Lei Penal permite alcançar qualquer ato, opinião ou debate, dependendo para tanto apenas de uma interpretação enviesada. E não estamos tratando de um debate teórico e acadêmico, com hipóteses restritas ao campo das ideias ou do estudo das leis. Isso aconteceu no Brasil, diante do aplauso de extremistas e do silêncio de uma maioria displicente. Como num passe de mágica, vimos o surgimento de uma aberração semelhante à nova figura do "flagrante perpétuo". Dessa forma, sem embasamento explícito no ordenamento jurídico, qualquer ação gravada e compartilhada, eventualmente, pode vir a se enquadrar como continuidade delitiva ou "flagrante perpétuo".

Graças a essa interpretação inovadora, o deputado Daniel Silveira foi preso, mantido afastado do exercício do mandato e completamente silenciado, sem poder fazer uso das redes sociais ou acessar os meios de comunicação para defender suas ideias. Repito, devido às suas opiniões, um representante do povo, Deputado Daniel Silveira, que foi eleito deputado federal pelo Estado do Rio de Janeiro nas eleições de 2018 com um total de 31.789 votos, foi facilmente enquadrado nos crimes contra a segurança nacional e ao Estado democrático de Direito, um buraco negro que, ao aceitar de tudo, é tipicamente usado por ditaduras para legitimar a perseguição aos opositores.

Desrespeitar a vontade dos eleitores, que elegeram o Deputado como representante e porta voz, não parece ser um problema de ataque à democracia? Isso não parece enfraquecer a percepção de liberdade de expressão ou de liberdade de escolha de viés político? Como fica a confiança da população na representatividade de uma democracia em que apenas a interpretação de uma autoridade, que não foi eleita pelo voto popular, se sobrepõe à escolha de 31.789 eleitores? Analistas políticos dizem que algumas autoridades acreditam que parte da população ainda não sabe votar. Por esse motivo, as tais autoridades se acham na obrigação de relativizar o poder do voto. Certos de que a maioria dos eleitores faz péssimas escolhas e que o julgamento das autoridades é sempre melhor, caberia à essas mentes iluminadas corrigir as distorções resultantes do voto popular, eliminando-as para, supostamente, "preservar a democracia". No entanto, a real consequência de tal desprezo à vontade da maioria é o enfraquecimento da própria democracia.

Sob o manto demagógico e perigosamente autoritário, a criatividade e a seletividade na aplicação de instrumentos democráticos estão sendo usadas no Brasil para atingir cidadãos e políticos por sua opinião ou escolha política. Também foi utilizada para aceitar a adivinhação ou presunção de intenções como elemento acusatório ou até probatório de culpa, em ação legal contra um Presidente da República democraticamente eleito. Volto a destacar, distante de qualquer distorção oportuna e conveniente, justificando o uso de leis ordinárias visando silenciar desafetos políticos, o entendimento que sempre prevaleceu foi o de que o Estado e as relações entre os Poderes Executivo, Legislativo e Judiciários devem ser regidos pela Constituição Federal. Destarte, enquanto estivermos em uma democracia plena e não sob o julgo de um Regime de Exceção, devemos evitar interpretações criativas ou feitas sob a luz de interesses escusos ao aplicarmos o texto constitucional.

#

Pesca probatória

"Fishing expedition", também conhecida como pescaria probatória, é uma prática investigativa que consiste em uma busca ampla e indiscriminada de evidências, muitas vezes sem uma base legal ou justificativa concreta. Esse tipo de prática é geralmente considerada ilegal e antiética, pois viola os direitos fundamentais das pessoas, como a privacidade e a presunção de inocência. A pescaria pode ser realizada por meio de vários métodos, como por exemplo: A busca e apreensão de computadores, celulares, documentos e outros itens pessoais; A interceptação de comunicações de pessoas diretamente investigadas ou atingindo pessoas próximas sob qualquer alegação obscura.

A "fishing expedition" é uma prática condenável porque, além de violar direitos fundamentais, também pode levar à descoberta de informações irrelevantes ou não relacionadas à investigação original, o que pode resultar em uma perseguição injusta ou ilegal. Por essa razão, é importante que haja um controle e fiscalização efetiva do poder investigativo do Estado para garantir que essa prática não seja utilizada de forma abusiva.

Os esforços extensivos para encontrar qualquer irregularidade associada ao Presidente Jair Bolsonaro, chegaram ao ponto de investigá-lo por uma variedade de questões, incluindo a perturbação de uma baleia jubarte no litoral. As operações desencadeadas, ao longo dessas investigações, têm utilizado, frequentemente, as referidas práticas de "pesca probatória". No entanto, essa técnica é proibida no sistema jurídico brasileiro, pois viola os direitos constitucionais. Tanto o Presidente Bolsonaro quanto seu filho Carlos foram alvos dessas operações mais de uma vez, destacando a extensão imprópria e os métodos ilegais das investigações.

O próprio Supremo Tribunal Federal já tomou medidas para controlar essas incursões ilegais. Em 2019, a Segunda Turma do STF invalidou as provas obtidas durante uma operação, que envolveu empresários acusados de evasão fiscal e lavagem de dinheiro no Paraná. O voto do decano da Corte na época, Celso de Mello, ainda é lembrado. Ele fez referência à "exclusionary rule", uma regra estabelecida pela jurisprudência da Suprema Corte dos Estados Unidos, que restringe a capacidade do Estado de produzir provas contra o acusado. Naquele momento, Gilmar Mendes concordou, afirmando: "Não pode haver mandado incerto, vago ou genérico".

Entretanto a pescaria continua acontecendo a cada nova operação. Especialistas em Direito criticam a condução das investigações contra o Presidente Jair Bolsonaro e seus aliados, alegando que há abuso da prática de "fishing expedition" (pesca probatória) e pobreza material nas investigações. O gabinete do ministro Alexandre de Moraes mantém entre seis e nove inquéritos em sigilo. A defesa dos investigados pelo Supremo Tribunal Federal (STF) pede que os recursos sejam analisados pelo plenário do tribunal, e não apenas pelo gabinete do ministro Alexandre de Moraes. Além disso, no caso da suposta agressão no aeroporto de Roma, um grupo de juristas solicitou que Moraes deixasse a relatoria do caso, argumentando que o juiz não pode ser a vítima e o julgador em um processo penal.

De maneira geral as ações do ministro Alexandre de Moraes e da Polícia Federal têm sido criticadas por diversos setores da sociedade. O advogado Antônio Cláudio Mariz de Oliveira criticou a decisão de Moraes de proibir que os advogados dos investigados se comuniquem entre si, chamando-a de "afronta aos advogados". A própria Ordem dos Advogados do Brasil (OAB) também já mostrou insatisfação ao, por exemplo, pedir a revisão da decisão que suprimiu as sustentações orais presenciais em defesa dos réus. Na ocasião, a entidade argumentou que limitar a ação dos advogados apenas ao envio de vídeos online configura cerceamento de defesa. O ex-ministro do STF Marco Aurélio Mello sugeriu que o tribunal deveria ser mais moderado em suas ações, afirmando que "é hora de o STF tirar o pé do acelerador".

CENÁRIO INTERNO

Dez anos de crises

O cenário político brasileiro desde 2014 até 2024 pode ser descrito como conturbado e polarizado. Foram anos marcados por diversas crises que abalaram as instituições democráticas e geraram grande instabilidade no país. A análise das principais crises políticas internas, explorando suas causas, consequências e desdobramentos pode ajudar a compreender melhor os desafios futuros e o papel da sociedade brasileira nesse contexto. Então, convido você a uma rápida viagem no tempo:

Jornadas de junho de 2013 e o início de um ciclo de instabilidade

As jornadas de junho de 2013 representam um marco importante no cenário político brasileiro, pois deram início a um ciclo de instabilidade que perdura até hoje. Essas manifestações, inicialmente motivadas por protestos contra aumentos nas tarifas de transporte público, rapidamente se transformaram em uma expressão ampla de descontentamento com a classe política e as estruturas sociais do Brasil. A insatisfação da população se expressava em relação à má qualidade dos serviços públicos, à falta de representatividade política e à corrupção endêmica. Também contribuiu a percepção de que os grandes eventos esportivos, com os quais o país assumira compromissos, como a Copa do Mundo de 2014 e a Olimpíadas de 2016, consumiriam montanhas de recursos públicos que poderiam, ao invés disso, ser destinados a áreas muito mais importantes como saúde, educação e segurança.

Movimentos semelhantes ao #vemprarua conseguiram reunir milhões de pessoas em todo o país. Seguindo o modelo de comunicação da primavera árabe, jovens tiraram proveito da informação descentralizada e distribuída ao utilizar as redes sociais para mobilizar e organizar os protestos. Com manifestações populares de grande proporções, as jornadas de 2013 despertaram o país para a necessidade de maior participação dos cidadãos na vida política. As manifestações foram em sua maioria pacíficas, mas em alguns episódios isolados ocorreu violência e depredação, o que gerou debate sobre os métodos de protesto legítimos e os riscos representados pela infiltração de grupos minoritários com outros objetivos.

Crise de Legitimidade do Governo Dilma Rousseff de 2014 até 2016

A reeleição de Dilma Rousseff em 2014 foi marcada por uma profunda polarização política. A gestão petista enfrentava uma série de desafios, como a desaceleração econômica, a alta da inflação, o aumento da insatisfação popular e as denúncias de corrupção na Petrobras reveladas pela Operação Lava Jato. A crise se agravou com as chamadas "pedaladas fiscais", manobras contábeis consideradas ilegais pelo Tribunal de Contas da União (TCU) para maquiar o déficit das contas públicas. Essa crise de legitimidade do governo de Dilma Rousseff, que se estendeu de 2014 até seu impedimento em 2016, teve várias causas e consequências importantes para a política brasileira. Alguns fatores que contribuíram para essa crise foram:

Crise econômica: O governo de Dilma Rousseff enfrentou uma crise econômica em 2014, resultado de uma combinação de fatores internos e externos. Logo de início, a percepção de estelionato eleitoral, devido à alta no preço dos combustíveis imediatamente após a reeleição, destruiu os tênues laços de confiança entre a sociedade e o governo do PT. Depois a recessão econômica, a inflação alta e o aumento do desemprego minaram o resto de credibilidade do governo e junto a confiança dos investidores no país.

Casos de corrupção: Os diversos escândalos de corrupção, revelados a cada semana em decorrência dos desdobramentos da Operação Lava Jato, evidenciaram que havia uma quadrilha disfarçada de governo, cujo o único objetivo era assaltar os cofres públicos em benefício próprio ou do partido político. O roubo de bilhões de reais nos casos de corrupção que envolviam o Partido dos Trabalhadores (PT), autoridades da República, empresas estatais como a Petrobras, e grandes empreiteiras também contribuíram para agravar a crise de legitimidade do governo.

Relação com o Congresso: A relação conturbada do governo Dilma Rousseff com o Congresso Nacional pode ser considerada um fator importante para as futuras consequências da crise política. O governo teve dificuldades em aprovar medidas importantes e foi alvo de intensa oposição por parte dos parlamentares. Sem sustentação política e sob forte pressão das ruas, o governo agonizava, levando junto a economia do país. O Congresso tinha o álibi perfeito, pois dizia espelhar a vontade popular expressa nas manifestações populares, iniciadas em 2013, que se intensificaram a partir de 2014. Tal posicionamento buscava apaziguar a própria relação do Congresso com a população. Uma vez que as manifestações foram um sinal claro do descontentamento da população não apenas com o governo, mas também com toda a classe política.

As consequências dessa crise de legitimidade foram profundas e duradouras. O impeachment de Dilma Rousseff em 2016, representou muito mais do que a remoção de um governante do cargo antes do fim do mandato. Também representou a retomada da percepção de que a participação popular poderia gerar mudanças práticas para o país. A polarização política no Brasil, despertada nas eleições de 2014 atingiu novo patamar.

O Governo Temer e a Fragmentação Partidária ocorrida entre 2016 e 2018

Michel Temer, vice-presidente de Dilma, assumiu a presidência após o impeachment. Seu governo foi marcado pela fragmentação partidária. A coligação formada para apoio ao governo possuía mais de 30 partidos, dificultando a aprovação de reformas e das medidas de ajuste fiscal que eram necessárias naquele momento. Havia revanchismo da parte do Partido dos Trabalhadores e outros partidos de extrema Esquerda, que entendiam o mandato de Michel Temer como sendo uma espécie de traição.

Algumas denúncias de corrupção envolvendo Temer e seus aliados criaram ruído no governo, que tentava estabilizar o ambiente político e a economia do país. Os opositores usaram a delação da JBS e o caso do Temer-JBS para fragilizar ainda mais o governo e aprofundar o clima de instabilidade política. No entanto, apesar de todas as dificuldades, os dois anos foram aproveitados em benefício do Brasil. Um dos exemplos foi a reforma trabalhista, aprovada em 2017, que representou uma conquista do governo Temer e a modernização de parte de nossa legislação, impulsionando a economia.

Eleições de 2018 e a Ascensão da Direita e dos conservadores

Poucas vezes na história do Brasil eleições geraram tamanha polarização como as de 2018. Jair Bolsonaro, candidato de Direita, com uma campanha de baixo custo e discurso alinhado com os valores da sociedade brasileira e antissistema, começou a corrida eleitoral como um azarão. Desdenhado por seus adversários e desconhecido para grande parte da população brasileira fora de Brasília e Rio de Janeiro, Bolsonaro foi aos poucos chamando a atenção pela simplicidade da mensagem.

Após sofrer uma tentativa de assassinato, que ocasionou graves consequências para sua saúde, o candidato considerado "azarão" disparou na corrida pela presidência. Pois o tempo de campanha eleitoral que faltava para ele foi preenchido pela cobertura jornalística em rede Nacional, mostrando as imagens chocantes de um candidato à presidência sendo esfaqueado por um homem que possuía ligações com partidos de extrema Esquerda. Assim, Jair Bolsonaro além de apresentar o programa de governo mais condizente com os anseios dos brasileiros, também foi o candidato que melhor sintetizou o sentimento de antipolítica. Sua eleição como Presidente confirmou o desgaste da classe política tradicional e a aposta da população em uma plataforma política de Direita.

A vitória, apesar de representar a vontade da maioria dos eleitores, através de um processo eleitoral democrático e portanto legítimo, jamais foi respeitada ou admitida pelos opositores políticos de extrema Esquerda ou por algumas autoridades do judiciário. Ignorando a vontade popular, expressa pela maioria dos votos válidos, que imediatamente passou a ser rotulada como "extrema Direita" e "Bolsonaristas", a democracia passou a ser relativizada e a decisão das urnas solenemente ignorada durante os quatro anos de mandato. Essa atitude da extrema Esquerda e autoridades deu início a um período marcado por polêmicas e ataques verbais ao Presidente da República, inaugurando uma nova era de instabilidade, tensionamento das instituições e democráticas.

Governo Bolsonaro de 2019 até 2022

O primeiro mandato do Presidente Jair Bolsonaro foi marcado por diversos desafios e algumas realizações significativas para o país. As reformas econômicas figuram entre as mais importantes, pois apesar de mirar no longo prazo devido à natureza estrutural, elas por coincidência acabaram viabilizando a economia do país para o enfrentamento da pandemia.

Entre as importantes reformas que o governo Bolsonaro conseguiu aprovar estão a reforma da Previdência e a reforma trabalhista, visando melhorar a competitividade do país e reduzir os gastos públicos. A redução da burocracia era uma promessa de campanha e o governo trabalhou para cumpri-la. Foram implementadas medidas para reduzir a burocracia em diversas áreas, como para abertura de empresas, acesso a crédito e simplificação de processos licitatórios. O governo também ampliou o número de vagas em universidades públicas e criou programas para facilitar o acesso de estudantes de baixa renda à educação superior. Mas a agenda de mudanças e os projetos para colocar em prática as políticas escolhidas pela maioria da população brasileira encontraram grandes desafios, como a pandemia de COVID-19 e a interferência de outros poderes.

COVID-19

Dentre os desafios enfrentados pelo governo do Presidente Jair Bolsonaro está a Pandemia de COVID-19. Essa foi uma crise sanitária imponderável, para a qual nenhum país do mundo, mesmo os mais ricos ou desenvolvidos, estava preparado. O governo Bolsonaro enfrentou a grave crise da pandemia de COVID-19 com iniciativas que minimizaram o impacto econômico e social.

Apesar das críticas, da intervenção do poder judiciário em atribuições do Poder Executivo e da campanha de difamação orquestrada nacional e internacionalmente pela extrema Esquerda, com apoio de algumas autoridades da República, o Brasil fez história. Conseguindo, em termos de números absolutos, ocupar o 4º lugar no ranking global de aplicação de vacinas contra a Covid-19, com mais de 249 milhões de doses das vacinas aplicadas. Isso apesar de ser um país de dimensões continentais, com mais de 213 milhões de habitantes e desigualdades regionais significativas.

Graças à capacidade de coordenação do Presidente da República, liderando um Ministério formado por profissionais com elevado grau de capacitação técnica, uma verdadeira operação de guerra foi montada para oferecer a maior cobertura vacinal possível, tão logo a medicação experimental ficou comercialmente disponível. Isso representou um desafio hercúleo, tanto na distribuição quanto na aplicação das vacinas em todo o território nacional, que só foi possível superar com a participação de diversos setores da sociedade. Assim o país conseguiu vacinar uma parcela significativa da população, em tempo recorde, o que, supostamente, ajudou no controle da pandemia. Durante esse período, o governo brasileiro implementou várias medidas para proteger a economia e as pessoas, algumas das medidas hoje são citadas como modelos para o enfrentamento de futuras situações semelhantes. Vejamos as mais significativas:

Estímulo à economia: A eficácia do conjunto de ações de estímulo à economia implementado, sob a batuta do Ministro Paulo Guedes, durante a pandemia evitou que o Produto Interno Bruto (PIB) do país tivesse uma queda superior a 9%, conforme apontavam as previsões mais pessimistas feitas inicialmente.

Foco na retomada do crescimento: O Brasil apresentou uma recuperação econômica vigorosa. A recuperação foi o resultado de um trabalho focado na viabilização das estruturas financeiras, logísticas e de acesso à mão de obra. Ao invés de investir no "fique em casa, que o resto a gente vê depois" o governo do Presidente Jair Bolsonaro focou na manutenção do trabalho e dos meios de produção. Como resultado, a forte recuperação em "V" foi viabilizada pelos fortes resultados da agroindústria e dos setores da indústria de transformação e comércio, que cresceram no segundo semestre de 2020, apresentando percentuais de expansão de 8,3% e 9,4%, respectivamente.

Geração de Empregos: O ano de 2021 foi marcado pela volta da geração de empregos, retomada dos níveis de investimentos, avanço da agenda de reformas, aceleração do fluxo de leilões, de privatizações e de concessões, manutenção do equilíbrio fiscal e retomada do comércio exterior.

Investimentos Privados: Resultado da percepção dos empresários quanto à solidez e seriedade na condução da economia, o ano de 2021 terminou com investimentos privados contratados de mais de R$ 822 bilhões para os próximos anos, assegurando o crescimento em 2022 e para o futuro.

Reformas Pró-Mercado: A agenda de fortalecimento de marcos legais teve avanços relevantes com a aprovação de novas legislações referentes a saneamento básico, licitações e falências.

CPI da Pandemia

Além de ter que administrar os graves problemas de saúde pública, logística, finanças e segurança pública durante a Pandemia de COVID-19, o Governo do Presidente Jair Bolsonaro ainda teve de resistir ao desgaste de uma CPI. A Comissão Parlamentar de Inquérito (CPI) da Pandemia, instaurada no Senado Federal em abril de 2021, supostamente, teve como objetivo investigar as ações e omissões do governo federal no enfrentamento da pandemia de COVID-19 no Brasil.

Contudo, essa CPI também foi alvo de críticas e acusações de mero uso político, fazendo da desgraça alheia palanque para tirar vantagens eleitorais nas próximas eleições. Críticos alegam que a CPI foi dominada por senadores de oposição ao governo, que buscaram em todas as oportunidades usá-la para atacar o Presidente Jair Bolsonaro e seus aliados.

Nenhum interesse genuíno ou esforço foi feito para apurar as graves denúncias de irregularidades, desvio de dinheiro ou corrupção de agentes públicos e políticos que teriam roubado o dinheiro destinado à infraestrutura emergencial, capaz de salvar muitas vidas. Pelo contrário, a CPI trouxe à tona denúncias fantasiosas sobre contratos de vacinas e outras ações do governo. Políticos da oposição aproveitaram a cobertura midiática para expor, desnecessariamente, pessoas simpáticas às medidas adotadas pelo Executivo à situações de conflito e humilhação pública. O que, posteriormente, ficou evidente quando todas aquelas pessoas foram inocentadas ou tiveram suas investigações arquivadas. Ao final, apesar de não trazer nenhum benefício prático para a sociedade, capaz de justificar o tumulto criado em plena crise e nem os seus custos milionários, a CPI contribuiu apenas para o desgaste da imagem do governo e das instituições democráticas. Ela acabou alimentando ainda mais a polarização política e a desconfiança no sistema político brasileiro.

Políticas ambientais

O governo foi alvo de críticas e difamação devido às políticas ambientais adotadas. Durante quatro anos a mídia internacional e a nacional divulgaram notícias alardeando que as medidas adotadas pelo governo do Presidente Jair Bolsonaro eram consideradas insuficientes e contrárias às expectativas internacionais em relação à preservação da Amazônia e outros ecossistemas brasileiros.

No entanto, quando comparamos os índices de queimadas registradas, ano a ano, de 2013 até 2017 com os registrados de 2018 até 2022 surge uma surpresa! O índice de queimadas foi 7.41% maior no período de 2013 a 2017 em comparação com o período de 2018 a 2022. Mas a imprensa marrom e o lobby ambiental europeu "varreram" a verdade para bem longe da percepção da população.

Dessa maneira, uma crise ambiental de proporções épicas foi associada ao governo brasileiro enquanto durou o mandato do Presidente Jair Bolsonaro. Misteriosamente, a tal crise ambiental evaporou no dia seguinte à eleição de Lula. Desde então não vemos ambientalistas e estrelas de Hollywood fazendo postagens apelativas nas redes sociais.

Relações com o Congresso e o Judiciário

A relação conturbada do Poder Executivo brasileiro com os demais poderes, em especial com o Supremo Tribunal Federal (STF) e os partidos de extrema Esquerda, com representação no Congresso Nacional, gerou desgaste durante todo o período de 2018 até 2022. Essa tensão institucional pode ser explicada pelas profundas divergências ideológicas. O Presidente Bolsonaro e seus apoiadores representam uma visão conservadora e de Direita enquanto, tanto no Congresso como no STF, a primazia é do pensamento progressista, estatizante ou de Esquerda, o que gerou atritos constantes.

Também contribuiu para o acirramento dos ânimos as críticas feitas pelo Presidente Bolsonaro ao STF, acusando-o de interferir na política e no combate à corrupção. Essa instabilidade institucional teve consequências concretas para a governabilidade, ocasionando dificuldades na aprovação de reformas importantes para o país, como a reforma tributária.

O ambiente de constante disputa entre os poderes contribuiu para o desgaste das instituições democráticas brasileiras e a erosão da confiança na democracia. E como sempre acontece, a incerteza política e institucional também afetou negativamente a economia brasileira, assustando investidores e contribuindo para a desaceleração do crescimento após a eleição de Lula.

Governo Lula de 2023 à 2024

O período de 2023 a 2024 pode parecer curto, mas foi repleto de crises. Os primeiros meses do Brasil sob o terceiro mandato de Lula foram caóticos. O país enfrentou uma série de crises internas em vários setores, o que acabou afetando a economia, a opinião pública, o ambiente político e a imagem do país. Além disso, a desaceleração global da economia e a instabilidade em alguns mercados externos também tiveram impacto negativo no crescimento econômico brasileiro. Todos esses fatores levaram a um cenário de déficits orçamentários históricos e limitaram o potencial de crescimento do país. Algumas das principais crises enfrentadas nesses quase dois anos da volta do PT ao poder foram:

Economia do desastre

Apesar de algumas projeções otimistas divulgadas ainda no período eleitoral, o crescimento econômico jamais aconteceu. Os brasileiros dormiram com as promessas populistas e acordaram com o país enfrentando déficits orçamentários históricos, altos índices de desemprego e queda no poder de compra da população. A histórica derrocada do país aconteceu devido a uma série de fatores e eventos, incluindo:

Desastres naturais desassistidos: Eventos climáticos como as fortes chuvas e inundações ocorridas em 2023 e no início de 2024, causaram danos significativos à infraestrutura e às atividades econômicas. No entanto, pior do que o evento catastrófico em si foi a percepção negativa da população com relação à sensibilidade do governo Lula para com os afetados. Não houve a devida assistência às milhares de famílias afetadas, o governo federal reagiu de maneira lenta e sem a necessária coordenação. Piorando a situação, em várias dessas ocasiões calamitosas o presidente Lula estava em viagens à pontos turísticos no exterior ou apenas se limitou a enviar a esposa para os locais afetados, dias depois.

Instabilidade e descontrole: As crises internas no governo federal e as disputas por cargos ou vantagens políticas contribuíram para a incerteza econômica, dificultando a tomada de decisões e a formulação de políticas públicas. Esse cenário de conflito político interno, associado à lembrança de governos do PT repletos de casos de corrupção em um passado recente, geram um ambiente de desconfiança que afugenta o capital estrangeiro e inibe iniciativas de empresários brasileiros. A fuga de capitais que vem sendo registrada, mês a mês, desde que o governo Lula teve início, é uma clara demonstração da desconfiança e desaprovação com os rumos do governo.

Desemprego: O desemprego alto e a precarização do trabalho continuaram a ser problemas crônicos no Brasil, afetando o poder de compra da população e diminuindo a demanda interna. Lula tem investido esforços para regulamentar e controlar as atividades em aplicativos de viagem ao estilo do Uber e também nos aplicativos de entrega como o iFood. Nos dois casos a interferência do Estado, com a desculpa de proteger o cidadão, pode tirar o meio de sobrevivência de milhões de brasileiros. E tudo, aparentemente feito para tentar aumentar a arrecadação do governo, sem levar em consideração a opinião das pessoas que trabalham como motoristas ou fazendo entregas.

Inflação: A elevação dos preços de commodities, em especial o petróleo e o gás, impactou diretamente a economia brasileira, já que o país é dependente de importações desses recursos. Isso levou a um aumento dos preços dos combustíveis e de outros produtos, contribuindo para a alta da inflação. Acentuando o problema causado pelos preços das commodities, a desvalorização da moeda brasileira em relação ao dólar americano e a outras moedas estrangeiras também contribuiu para a alta dos preços de produtos importados, agravando a inflação. E como sempre acontece, os mais afetados pela inflação são os indivíduos de menor renda. Eles estão sentindo na carne o quanto os erros do governo Lula e os fatores externos afetaram a economia e o poder de compra.

Impacto do fique em casa e o resto a gente vê depois: Os efeitos econômicos das escolhas de algumas empresas, Governadores e prefeitos durante pandemia de COVID-19 começaram a ser sentidos em 2023 e 2024. Muitas empresas estão fechando e setores como o turismo e o comércio ainda não conseguiram se recuperar.

Instabilidade política

O governo enfrentou diversas crises políticas, incluindo alegações de interferência indevida em estatais, tentativas de limitar a liberdade de expressão e declarações polêmicas do presidente, o que gerou instabilidade e desgaste institucional. Sem coordenação política e sem plano de governo, o nível do descontrole político do governo Lula chegou a tal ponto que em 2024 ele desistiu de passar orientações de bancada para parlamentares aliados. Numa clara demonstração da incapacidade para formar uma base confiável no Congresso, o PT e Lula foram inoperantes em quase um terço das votações realizadas nos plenários da Câmara e do Senado ao longo dos quatro primeiros meses de 2024.

Para alguns jornalistas, especializados em cobertura política, as declarações do presidente Lula estão "contaminando o governo". Ainda segundo eles, geralmente, assessores e ministros contaminam o andamento no governo, mas, com o tipo de declaração que Lula vem fazendo, quem estaria contaminando seria o próprio presidente. Lula talvez esteja demonstrando um elevado grau de "instabilidade emocional". Afinal, o presidente chorou na posse, no primeiro discurso, no segundo e no terceiro, ao receber visitas e ao anunciar projetos de governo. Levando em consideração a idade avançada e tudo pelo que Lula passou no período como presidiário, essas podem ser evidências que demonstrem que a instabilidade emocional do presidente está sendo refletida no cenário político do Brasil.

Clima de perseguição

O ambiente de perseguição política no Brasil entre 2023 e 2024 atingiu níveis extremos. O clima de perseguição política e revanchismo gerou consequências negativas para a democracia e para a sociedade brasileira. São muitos os sinais de aprofundando da polarização, desrespeito à liberdade de expressão e a outros princípios democrático fundamentais.

O "estado policialesco" e as medidas de viés autoritário estão prejudicando até mesmo a imagem internacional do país. A percepção é de que, sob a desculpa de proteger a democracia, estão corrompendo as instituições democráticas, promovendo o desrespeito aos direitos humanos e à diversidade de opiniões, itens fundamentais para garantir a estabilidade e a harmonia social no Brasil. Nesse contexto, desde 2023 o país vivenciou um ambiente de perseguição política, caracterizado por ataques a opositores e à imprensa independente, além de sucessivas medidas para limitar a liberdade de expressão dos cidadãos. Essa realidade trouxe vários aspectos negativos para a democracia e a sociedade brasileira, como:

Aprofundamento da polarização política: A perseguição política, após o fim do período eleitoral, aumentou a polarização no país, dividindo a população em grupos antagônicos e desestabilizando ainda mais o sistema democrático brasileiro. A confiança da população na atuação isenta de autoridades, que não deveriam se pautar por ideologias ou correntes políticas, está irremediavelmente comprometida, como veremos no próximo item.

Erosão da confiança nas instituições: O ambiente de perseguição política minou a confiança da população nas instituições democráticas, como o Congresso e o Judiciário, ameaçando a estabilidade do regime e a legitimidade dos poderes públicos.

Limitações à liberdade de expressão: As tentativas de limitar a liberdade de expressão e o constante ataque à imprensa, que possua um discurso não alinhado à Esquerda, fragilizaram a democracia brasileira. Existem medidas do judiciário e até mesmo departamentos criados para modular comentários em redes sociais, impedindo assim o debate público e a diversidade de opiniões, que são fundamentais para um regime democrático autêntico.

Violência política: A perseguição política também está ligada ao aumento da violência contra opositores, jornalistas, ex integrantes do governo anterior, cidadãos que expressem simpatia ao Presidente Bolsonaro e ativistas. Todo o peso repressivo do Estado está sendo empregado contra indivíduos indefesos e que não têm a quem recorrer, uma vez que os perseguidores seriam os que são pagos com dinheiro público para fazer cumprir a Constituição Federal de 1988. Isso tem contribuído para a manutenção e até aumento de um clima de medo e insegurança na sociedade brasileira.

Impacto na imagem internacional: Pouco a pouco, a deterioração dos direitos humanos e da democracia brasileira está sendo percebida internacionalmente. Sucessivas denúncias estão sendo feitas em cortes de direitos humanos e em fóruns de debate democráticos como no Congresso dos Estados Unidos da América. São muitas as evidências de que um estado de exceção está em andamento no Brasil. Muitos jornalistas, políticos, cidadão comuns e até magistrados estão precisando viver como asilados políticos em outros países, para buscar proteção contra perseguições arbitrárias e arroubos autoritários. Isso repercutirá, cada vez mais, na imagem do país no exterior, prejudicando as relações diplomáticas e tornando o Brasil menos atrativo para investimentos estrangeiros.

Queimadas na Amazônia

O país registrou um aumento significativo nas queimadas na Amazônia, o que gerou críticas internacionais ainda tímidas, quando comparadas às feitas durante o mandato do Presidente Jair Bolsonaro. No entanto, em termos comerciais, o Brasil já está sofrendo as consequências por possuir um discurso dissociado da prática e demonstrar descaso com com o meio ambiente.

Bastou apenas um ano para que o impacto da conivência com os crimes ambientais ou a falta de políticas públicas já pudesse ser percebida. Assim, em 2023, a Amazônia registrou um crescimento alarmante de queimadas. O Estado do Amazonas fechou o ano de 2023, o primeiro ano da gestão do PT e Lula, com quase 20 mil queimadas. Somente em outubro de 2023, a Amazônia contabilizou 22.061 focos de queimadas, a pior marca para o mês nos últimos 15 anos.

Quando analisamos apenas o período de janeiro a abril de 2023, a Amazônia registrou uma alta de 65% na área queimada em comparação com os quatro primeiros meses do ano anterior. No total, mais de 17,3 milhões de hectares foram queimados em 2023 no Brasil, mas a imprensa não fez o alarde dos últimos quatro anos, nenhum artista fez apelos desesperados ou chefes de estado estrangeiros emitiram notas de repúdio ao descaso do governo Lula com o meio ambiente.

Corrupção

Muitos dos avanços ou esforços para combater a corrupção, principalmente nas relações governamentais foram deixadas de lado, contornadas com os jeitinhos ou interpretações inovadoras das regras. Escândalos envolvendo membros do governo e aliados políticos voltam, pouco a pouco, a fazer parte das notícias policiais. O mesmo modelo de relação promíscua entre apadrinhados políticos, empresas estatais e grandes empreiteiras ou fornecedores voltou a ser empregado. Muitos dos mesmos agentes investigados e condenados no decorrer da Operação Lava Jato estão de volta ao cenário e, para piorar, desenvolvendo as mesmas atividades do passado. A insistência em recriar o mesmo ambiente, favorável à corrupção e abandonar procedimentos de controle, minou a confiança na administração pública e gerou críticas à integridade do sistema político brasileiro.

Descuido com a dengue

Em 2024, o Brasil registrou mais de mil mortes confirmadas por dengue, com um total de 2.671.332 casos prováveis da doença. Ainda estão sendo investigadas 1.531 mortes para verificar a relação com a dengue. A taxa de letalidade em casos prováveis é de 0,04 e, em casos graves, é de 4,10. A incidência da doença é de 1315,5 por 100 mil habitantes, valor considerado epidêmico pela Organização Mundial da Saúde. A distribuição de casos prováveis entre homens e mulheres é de 44,6% e 55,4%, respectivamente, sendo a faixa etária de 20 a 29 anos a mais afetada. Na 13ª semana epidemiológica, o Brasil registrou 89.801 casos prováveis, uma diminuição em relação ao pico da doença na nona semana, com 334.438 casos. O número de infecções por dengue em 2024 já superou o total de casos de 2023, que foi de 1.658.816. Lembrando que o recorde anterior de casos prováveis ocorreu em 2015 no governo Dilma, com 1.688.688 casos.

Boa parte dessas mortes e sofrimento poderia ter sido evitada através da vacinação utilizando a vacina chamada Dengvaxia®. No entanto, com a absurda justificativa de que a vacinação não ocorreu para evitar a dependência do Brasil de importação de medicamento para dengue. O ministério da Saúde informou que, como houve atraso no desenvolvimento da vacina nacional e não foi prevista pelo governo Lula a compra da Dengvaxia®, a quantidade limitada de vacinas existente criou a necessidade de priorizar certos grupos para a vacinação.

A percepção da população foi de descaso e incompetência do governo Lula. Assim, a falta de vacinação contra a dengue em 2024 teve graves consequências para a saúde pública no Brasil e também para o índice de reprovação da administração do PT e do governo Lula.

A conclusão, após a análise desses dez anos de sucessivas crises, é que o Brasil parece percorrer a mesma trajetória circular repetidas vezes. Os ciclos de avanços políticos, sociais e democráticos são destruídos mais à frente quando o país atinge o ponto diametralmente oposto. Os nomes, as abordagens e alguns detalhes inerentes ao avanço do tempo podem até ser diferentes, mas em sua essência o país segue girando em sua rota circular sob a força gravitacional de uma cultura patriarcal, de falta de planejamento estratégico e de descaso com os verdadeiros interesses da sociedade.

Comparando esses eventos ocorridos entre 2014 e 2024 com os registros dos últimos cem anos da história do Brasil, pode-se observar um padrão que se repete mantendo o país em permanente desvantagem em relação ao seu verdadeiro potencial. Romper o ciclo de exploração da miséria e ignorância não depende de rupturas da lei e da ordem, processos violentos ou do surgimento de um escolhido que salvará os brasileiros. Para que sejam duradouras e sustentáveis, as mudanças precisam espelhar uma mudança cultural de toda a sociedade. Somente assim ocorrerão as reformas estruturais, o fortalecimento das instituições e a adoção de políticas de Estado e não de governo.

#

Brasil que voltou

O cenário político do Brasil em 2024, segundo ano do mandato do presidente Lula, eleito em 2022, foi marcado pelo avanço da criminalidade, pela deterioração da economia e pela insatisfação popular. A polarização entre os apoiadores do governo e da oposição aumenta a cada dia, em grande parte motivada pela postura belicista de Lula, que passados dois anos das eleições ainda culpa o governo anterior por cada problema e dificuldade encontrado. A percepção de que a corrupção voltou, a inflação em alta, o desemprego e a pobreza atingem níveis alarmantes, enquanto os serviços públicos de saúde, educação e segurança entram em colapso. A democracia brasileira tem sido fragilizada justamente por aqueles que deveriam resguarda-la. O país vive uma crise de confiança institucional e de ataques aos princípios democráticos sem precedentes.

Governabilidade no Brasil é um desafio histórico para os presidentes da República, principalmente por conta da configuração do sistema político e de características únicas da sociedade brasileira. No caso do governo de Luiz Inácio Lula da Silva, esta realidade não é diferente mas é penalizada pelo legado dos erros cometidos durante os quase quatorze anos de administração do PT. A capacidade de implementar suas propostas e reformas diminui a cada novo desgaste junto à opinião pública. E o mandato iniciado em janeiro de 2023 tem sido um verdadeiro show de horrores. As promessas de campanha foram abandonadas gerando a percepção de estelionato eleitoral. A faina arrecadatória só não tem sido maior do que a vontade de desperdiçar dinheiro público ou lotear o governo entre os parceiros políticos. Trocando a habilidade de construir alianças com diferentes partidos no Congresso Nacional pela capacidade de oferecer bilhões de reais em emendas parlamentares, o governo demonstra, a cada dia, mais fragilidade política. O problema ficou ainda maior devido à fragmentação partidária e a polarização política, pois ambas podem dificultar a aprovação de iniciativas importantes para o governo.

A fragmentação partidária no Brasil é um fenômeno que se consolidou nas últimas décadas. Essa fragmentação resulta em uma multiplicidade de partidos, cada qual com diversos interesses e agendas políticas pouco representativas da vontade popular. Muitos agem como legendas de aluguel, tornando o processo de negociação e consenso no Congresso mais complexo e incerto. Esse cenário exige do governo uma estratégia de articulação política cuidadosa e eficaz, além de sustentação popular, e ele não possui ambas.

O presidente Lula parece ter dificuldade até mesmo para articular iniciativas básicas entre os seus Ministros. Da mesma forma, o PT não consegue alinhamento com os diferentes partidos da base do governo no Congresso e também não parece estar disposto à buscar alianças estratégicas que possibilitem a aprovação de seus projetos prioritários. Talvez, porque nem o próprio governo saiba quais são os tais projetos prioritários, uma vez que durante toda a campanha jamais foi apresentada uma proposta de governo ou qualquer planejamento estratégico para o país.

Além disso, a polarização política que marca o cenário brasileiro atual agrega um grau de dificuldade adicional para a governabilidade. As divisões ideológicas e a animosidade entre os grupos políticos tornam mais desafiadora a busca por consenso e a estabilidade das alianças políticas. Nesse contexto, o governo Lula contribui para o acirramento das tensões. Discursos inflamados das principais lideranças do PT e da extrema Esquerda são repetidos à exaustão em eventos oficiais, eles clamam pela prisão do Presidente Bolsonaro, negam qualquer tipo de anistia aos manifestantes do 8 de janeiro e reivindicam a extinção da possibilidade de representação política dos eleitores que eles chamam de "bolsonaristas". Esta ultima reivindicação é uma clara aposta na polarização e subversão dos princípios democráticos, uma vez que consiste no cancelamento de quase 50% dos eleitores do Brasil.

É muito radicalismo e incoerência para um governo sem sustentação política. Um governo que precisa atuar com sucessivas manobras no Congresso Nacional para evitar que a oposição obstrua suas propostas e assim mine ainda mais sua fraca capacidade de governar.

Diante desses desafios, a capacidade de Lula de construir alianças com diferentes partidos no Congresso seria fundamental para a governabilidade. Seria, mas Lula parece ter perdido a mão ou seus métodos ficaram ultrapassados. Ele precisaria desenvolver relacionamentos fortes com os líderes partidários e buscar pontos de convergência entre os interesses dos partidos e sua agenda de governo. No entanto, parece que sobrou apenas o fisiologismo. Além disso, não existe comunicação eficaz com a população e a sociedade civil. A insatisfação popular aumenta a cada dia, criando pressão sobre os parlamentares, dificultando ainda mais a aprovação de qualquer projeto do governo e fazendo subir o "preço"a ser pago.

Governabilidade não depende apenas das relações entre o Executivo e o Legislativo, mas também das condições econômicas e sociais do país. Um cenário de crescimento econômico e melhoria das condições sociais pode contribuir para reduzir a polarização e facilitar o diálogo entre os diferentes atores políticos. No entanto, o governo Lula não apresenta fundamentos para atravessar a tempestade perfeita que ele mesmo trabalhou para criar.

A falta de uma agenda econômica proativa e as decisões equivocadas do governo Lula, que demonstram descaso com o agronegócio, intervenção do Estado na economia, descontrole de gastos públicos e tendência de aumento de impostos, fizeram o ano de 2024 apresentar, desde o início, indicadores de desaceleração da economia. O discurso oficial insiste em afirmar que a economia do segundo ano do terceiro mandato de Lula foi fortemente impactada pelo ambiente político polarizado e turbulento. O que não é verdade, pois esses mesmos traços marcaram o cenário brasileiro dos últimos anos, inclusive durante todo o primeiro mandato do Presidente Jair Bolsonaro, e mesmo assim, apesar de enfrentar os desafios de uma pandemia, o Brasil apresentou uma economia resiliente, com indicadores econômicos favoráveis ao crescimento.

Os equívocos do governo Lula na condução da economia, iniciados em 2023, particularmente em relação à flexibilização do teto de gastos e descontrole fiscal, agravaram problemas estruturais e permitiram retrocessos que impactaram a vida de todos os brasileiros.

O resultado não poderia ser outro além da insatisfação popular. Uma pesquisa de opinião realizada pelo instituto Datafolha entre os dias 19 e 20 de março de 2024 capturou o descrédito e insatisfação dos brasileiros com a administração do país. Os resultados da pesquisa, quando comparados com os de outros momentos, indicam uma forte tendência de queda na taxa de aprovação do presidente Luiz Inácio Lula da Silva (PT). Segundo a pesquisa de março de 2024, o índice de pessimismo da população com a economia do país ficou acima da média dos últimos anos. Entre os mais escolarizados 33% estão pessimistas, entre os mais ricos são 35% os pessimistas, na região Sul o pessimismo atinge 34% e entre evangélicos o percentual é de 32%.

Com apenas um ano no governo Lula, o Partido dos Trabalhadores e as bases de extrema Esquerda, com a colaboração de autoridades de outros Poderes, conseguiram o feito de deteriorar a economia e as condições de vida no Brasil até um nível que gera instabilidade. E essa deterioração é captada não apenas em pesquisas de opinião, mas nas redes sociais, nas centenas de empresas de todos os portes sendo fechadas no país, na inflação descontrolada e até nos índices crescentes de violência pública. Com reprovação de 56% e subindo o governo Lula repete os mesmo erros dos quase quatorze anos anteriores nos quais o PT, Lula e Dilma conduziram o Brasil para um quadro de crise econômica e caos, a diferença é a rapidez com que esses resultados estão surgindo.

Talvez, a população esteja apenas melhor informada e mais atenta à realidade política e econômica do país. Isso pode ser um exemplo das consequências da informação descentralizada e distribuída, que permite à população estabelecer sua própria percepção da atualidade e com isso projetar expectativas futuras, sem o atraso gerado pelos filtros da imprensa marrom, conivente e ideologizada, ou da dificuldade de interpretar os malabarismos de números dos dados oficiais.

Como consequência de erros sucessivos e da queda da confiança nos rumos do país, a inflação se manteve em níveis preocupantes, prejudicando a capacidade de compra da população e contribuindo para o aumento da desigualdade social. A desaceleração da economia e a fuga de capital estrangeiro foram outros efeitos diretos de algumas medidas arrecadatórias adotadas pelo governo, como a criação de novos impostos, revisão de alíquotas existentes, interferência na governança de empresa públicas e privadas. Cabe destacar que essa intervenção do governo em estatais, como a que ocorreu na Petrobras, foi mal vista pelos investidores, tanto nacionais quanto internacionais. Eles ainda se lembram dos resultados do represamento de preços dos combustíveis que foi arbitrariamente imposto pelo Governo Dilma Rousseff por razões eleitorais e que quase quebrou a gigante Petrobras.

Pior ainda foi a repercussão da interferência na Vale, uma ex-Estatal que hoje, 2024, é uma "Corporation", ou seja tem o capital diluído e nenhum acionista possui mais de 10% de participação. Até 2024 o controle da Vale era dominado por sócios privados que juntos detinham 91,3% do total do capital da empresa. Estamos falando da segunda maior empresa listada na bolsa de valores brasileira, com valor de aproximado de R$ 300 bilhões. Por esse motivo tanto os brasileiros quanto estrangeiros avaliam o mercado acionário nacional usando também o desempenho financeiro e de governança corporativa da Vale, usando-os como uma espécie de régua.

Acontece, que os donos do dinheiro são bem informados, perceberam que a cultura de utilização das estatais para extrair proveito próprio estava de volta, bem antes dos avanços sobre a Petrobras. Para muitos, o terreno já estava sendo "preparado" por meio das seguidas reinterpretações feitas pelo judiciário brasileiro, culminando com a decisão do ex-Ministro do STF Ricardo Lewandowski que, convenientemente, derrubou trechos da Lei das Estatais que justamente proibiam, ou dificultavam, o loteamento dos cargos em Estatais.

No entanto, a justificativa do governo Lula para intervir em uma empresa que não é estatal impactou mesmo os investidores mais corajosos. Ao justificar a interferência dizendo que a Vale "não estaria cumprindo com sua obrigação social" e que ao invés de pensar nos seus acionistas ela deveria se alinhar ao que o governo considera necessário para o crescimento econômico do país, o governo Lula sinalizou a tendência de intervencionismo e insegurança jurídica própria de regimes como Venezuela, Rússia e China.

A controvérsia criada pela tentativa do governo Lula de utilizar o peso da participação acionária, de um fundo de pensão de uma estatal junto ao Conselho da Vale, para emplacar seu candidato, vai muito além do nome do ex-Ministro Guido Mantega. Que aliás, primeiro foi indicado para o Conselho e depois para ser o CEO da Vale. O Banco JP Morgam informou aos investidores que o mercado brasileiro é o pior dentre os mercados de capitais no cenário de 2024, representado risco extremo. A preocupação dos investidores e analistas se deve ao avanço de uma ideologia com práticas decadentes e ultrapassadas que, ao interferir arbitrariamente no mercado, destrói a economia e condena a população à miséria ou homogeneização da pobreza.

Desde 2023, o Brasil abandonou as iniciativas para reduzir os entraves logísticos, combater a queda na produtividade e modernização ou liberalização da economia. Essas são questões que dificultam o crescimento econômico sustentável. Não basta culpar o contexto político e institucional do país, enquanto o governo em consonância com autoridades do judiciário e conivência do Congresso Nacional concorre para gerar insegurança jurídica, aumentar a quantidade e complexidade da regulação, criar confusão nas regras tributárias, sobrecarregar os empresários com leis trabalhistas e relativizar o direito à propriedade.

De acordo com dados do Fórum Econômico Mundial, o Brasil ocupou a 119ª posição entre 141 países no ranking de competitividade produtiva em 2023. A produtividade trabalhista brasileira ainda está abaixo da média mundial, principalmente devido à limitações de infraestrutura, custos de transporte elevados e barreiras burocráticas. Além disso, o sistema judiciário brasileiro apresenta morosidade processual e contribui para insegurança jurídica, o que impacta diretamente a atratividade para investimentos e a criação de negócios. O relatório de Competitividade Global de 2023-2024 do Fórum Econômico Mundial posicionou o Brasil em 105º lugar em termos de eficiência judicial, indicando a necessidade de reformas estruturais nesse setor.

Por sua vez, o mercado de capitais brasileiro também apresenta fragilidades, como volatilidade cambial, incertezas políticas, interferência Estatal, insegurança jurídica, relativização da propriedade privada e uma taxa de juros real relativamente alta. De acordo com o Banco Central do Brasil, a taxa básica de juros (Selic) atingiu seu pico em 13,75% ao ano em 2023, o que apesar de ter impactado na capacidade dos empreendedores de acessar crédito e investir em novos projetos, manteve sob controle outros fatores de risco para a economia do país.

Todos esses entraves somados à percepção de que as mesmas práticas de corrupção governamental sistêmica podem estar de volta, fazem com que os investidores exijam um prêmio de risco mais elevado para manter ou iniciar empreendimentos no Brasil. Isso inviabiliza muitos negócios potencialmente benéficos para o país, impactando o crescimento econômico e o desenvolvimento estrutural da sociedade. Consequência natural da crise econômica e do clima de descontrole que impera no terceiro mandato de Lula e do PT, a popularidade do governo mingua a cada dia. E é sobre isso que vamos tratar no próximo tópico.

#

A falta de representatividade

A falta de representatividade de um presidente da república envolvido em escândalos de corrupção é um grave problema que afeta a população de um país de diversas formas. Em primeiro lugar, a corrupção desvia recursos públicos que poderiam ser investidos em áreas essenciais como saúde, educação, segurança e infraestrutura. Em segundo lugar, a falta de representatividade gera uma crise de legitimidade e confiança nas instituições democráticas, que são fundamentais para garantir os direitos e deveres dos cidadãos. Em terceiro lugar, a falta de representatividade estimula o surgimento de movimentos de oposição com forte simpatia e participação da população, que revelam o descontentamento social através de sucessivas manifestações ou paralizações, enfraquecendo ainda mais o governo.

Por fim, a falta de representatividade compromete o desenvolvimento econômico e social do país, que fica estagnado em um ciclo vicioso de pobreza, desigualdade e injustiça. Portanto, em países minimamente democráticos é necessário que a população exerça sua cidadania, participe de maneira ordeira de movimentos sociais e cobre dos seus representantes uma postura ética, transparente e responsável, que respeite os princípios da democracia e do Estado de Direito.

No Brasil, de acordo com as pesquisas publicadas pela Revista Oeste e pela Gazeta do Brasil no decorrer dos anos de 2023 e 2024, o presidente Luiz Inácio Lula da Silva enfrentou uma situação típica de falta de representatividade de governos em fim de mandato. O fenômeno, nem precisa de revisão em pesquisas de opinião, ele pode ser comprovado facilmente com imagens de eventos públicos ou de manifestações convocadas pelo PT em apoio ao governo, por exemplo. Apesar de estar no início do segundo ano de mandato e de ter sido eleito com 50,90% dos votos válidos no segundo turno no pleito anterior, o presidente Lula não consegue participar de eventos que não sejam fechados, com audiência selecionada entre militantes ou sindicalistas. Fora isso ele é hostilizado pela população ou tem eventos esvaziados, sem reunir nem mesmo uma centena de pessoas de maneira espontânea. Essa situação é muito estranha e até contraditória, considerando que estamos tratando de um governo que deveria, segundo as urnas, ter iniciado seu mandato com uma significativa base eleitoral e apoio popular.

É verdade que, desde os primeiros dias, vários fatores contribuíram para essa perda de apoio e popularidade. Talvez o primeiro grande erro do governo Lula foi tentar criar um factoide político para vitimizar seu governo e silenciar a oposição. Não funcionou como o esperado! O resultado foi catastrófico, em termos de aprovação popular, acabou marcando negativamente a volta do PT ao poder. Essa percepção negativa da população brasileira é decorrência da certeza de que houve tratamento desumano e diferenciado para com os manifestantes do 8 de janeiro de 2023.

Não importa o quanto autoridades, magistrados ou jornalistas apontem o dedo e recitem longas listas de supostos crimes, nada vai mudar a percepção de injustiça instaurada nos corações e mentes dos brasileiros. A opinião pública não costuma perdoar governantes que abusam do poder do Estado e de suas Instituições para oprimir cidadãos e assim criar factoides, para uso político contra opositores. Principalmente quando as referências de situações semelhantes, ocorridas anteriormente, ainda estão frescas na memória do povo.

Afinal, os brasileiros ainda se lembram do tratamento usado pelas mesmas autoridades e imprensa quando ocorreram invasões e depredações de prédios públicos por militantes de extrema Esquerda ou integrantes do MST. Os brasileiros lembram que e em nenhum dos casos os participantes foram tratados como terroristas ou jogados em presídios por meses, até que fossem julgados sem a devida individualização das acusações e, por fim, condenados à penas mais elevadas do que alguns traficantes, estupradores e assassinos.

Outra fator que tem contribuído para a perda de apoio e popularidade de um governo recém eleito é, como vimos no tópico anterior, o desastre anunciado pela adoção de uma política econômica equivocada, para dizer o mínimo. Foi prometida durante a campanha eleitoral fartura e picanha na mesa dos brasileiros, no entanto o governo Lula só entregou inflação elevada e uma desaceleração do crescimento do país. Fome, aumento do custo de vida, desordem generalizada e repressão são motivos de insatisfação popular, não apenas no Brasil mas em qualquer lugar do mundo. De acordo com a BBC News Brasil, a economia brasileira cresceu apenas 2,9% em 2023, no entanto a projeção é de que o crescimento do Produto Interno Bruto (PIB) do Brasil desacelere, ainda mais, para 1,6% em 2024. E tudo pode piorar ainda mais, como consequência da intervenção irresponsável do governo em setores estratégicos da economia, como o que foi feito na Petrobras, gerando críticas e aumentando as preocupações em relação à estabilidade fiscal, democrática e jurídica no Brasil.

Na longa lista de fatores que contribuíram para a perda de apoio e popularidade temos a inabilidade no trato de assuntos institucionais. Não existe dúvida que impactaram negativamente a imagem do presidente Lula e de seu governo as declarações polêmicas sobre assuntos internos mas também sobre assuntos externos como foram as ofensas ao Estado de Israel e aos judeus, apoio aos terroristas do Hamas ou o apoio à ditaduras sanguinárias como a venezuelana. Essa inabilidade do governo Lula também se manifesta na insistência em culpar o governo anterior por tudo de ruim que possa surgir.

A população brasileira esperava que o novo governo assumisse a responsabilidade pelo país e apresentasse soluções para os problemas estruturais do Brasil, em vez de simplesmente atribuir a culpa ao passado e desencadear campanhas de perseguição política ao Presidente Jair Bolsonaro, eleitores de Direita e conservadores.

Assim, a falta de representatividade do presidente Lula em eventos públicos e a erosão da popularidade do governo foram agravadas pela instabilidade econômica, as polêmicas intervenções no setor econômico, a perseguição a opositores políticos e as declarações controversas. Esses fatores combinados contribuíram para a insatisfação crescente da população brasileira e para as dificuldades do governo em implementar suas poucas propostas e reformas.

Esse cenário é muito delicado para o governo Lula ou para qualquer outro. Precisamos lembrar que democracia é um sistema político que depende da participação e do engajamento dos cidadãos. Quando a população não se sente representada pelas autoridades, ela perde o interesse e a confiança nas instituições democráticas. Isso pode levar a perda de sustentabilidade política do governo e seu impedimento, pois abre espaço para o surgimento de líderes de oposição ou movimentos sociais espontâneos, que consolidam em seus discursos a insatisfação do povo para propor substituição antecipada do atual mandatário. Além disso, a falta de identificação com as autoridades pode reduzir a fiscalização e a cobrança por parte da sociedade civil, diminuindo a transparência e a prestação de contas por parte dos governantes. Por isso, é tão importante que a democracia não sofra interferência de autoridades, mesmo que alegadamente com a intenção bondosa de tutelar o voto dos eleitores.

Processos eleitorais legítimos são fortalecidos pela educação política, pelo diálogo e pela diversidade de vozes e opiniões, esses são os meios que garantem a legitimidade e a responsabilidade das autoridades eleitas. Quando algo de anômalo acontece, por mais que se negue ou prenda quem ousar discutir o assunto, a verdade aflora fazendo surgir fenômenos como a falta de representatividade de um presidente da república recém eleito com 50,90% dos votos válidos no segundo turno.

#

Perigo do ativismo judicial

Para muitos juristas e analistas políticos o Supremo Tribunal Federal (STF) do Brasil tem assumido um papel legislativo, parecendo estar disposto a criar "leis" sobre temas importantes e polêmicos, apesar da criação de leis ser uma atribuição do Poder Legislativo. Nos últimos dez anos, o STF legislou sobre o aborto de fetos anencéfalos, o crime de homofobia, a união homoafetiva e recentemente avançou no sentido de liberalizar o porte de droga, especificamente a maconha.

A Corte interferiu no combate ao tráfico em comunidades no Rio de Janeiro e segue enquadrando cidadãos em um crime chamado "Fake News", que não existe no ordenamento jurídico brasileiro. Mas o aparente impulso de extrapolação das atribuições constitucionais não se detém na sobreposição à vontade popular, que é representada por cada um dos integrantes do Legislativo, esse impulso também afeta o Poder Executivo, outro poder escolhido pelo voto popular. São muitos os exemplos de interferência do Judiciário no Poder Executivo, cito as tentativas de contenção das operações policiais em comunidades, as incontáveis cobranças de justificação de atos, sempre com prazos apertados, a imposição de um redesenho do pacto federativo durante a pandemia ou as demandas por melhoria do sistema prisional.

Todas essas iniciativas "do bem" atentam, segundo a percepção de alguns juristas, contra o princípio constitucional presente no ordenamento jurídico brasileiro no Artigo 2º da Constituição Federal 1988. Elas demonstram o abandono deliberado do mecanismo que assegurava que nenhum Poder iria sobrepor-se ao outro, no que objetivava a independência harmônica nas relações de governança dentro do Estado Nação sob condições de normalidade democrática.

Uma proposta feita por um dos Ministros do STF em 2024, por exemplo, visava ampliar e até mesmo institucionalizar no Supremo Tribunal Federal a capacidade de imposição de abertura de crédito extraordinário para cumprimento de suas decisões judiciais. Caso algo assim seja aprovado e diante dos precedentes de atuação da Corte, o Brasil passaria a estar sob o julgo de uma espécie de Monarquia Judicial. Vamos, mais uma vez lembrar que a Constituição Federal do Brasil de 1988 estabelece claramente a separação de poderes e as responsabilidades de cada um deles. Qualquer tentativa de alterar essas responsabilidades, especialmente em relação ao orçamento, deve ser considerada cuidadosamente, para evitar a perturbação do equilíbrio de Poder e garantir a governabilidade eficaz.

Não foi à toa que o sistema de freios e contrapesos foi incluído na Constituição brasileira, ele existe para evitar o abuso de poder. Tentar reinterpretar ou contorná-lo não pode ser admitido como criatividade, mas sim como um atentado à democracia. Então, quanto a essa proposta, podemos resumir o assunto da seguinte maneira:

O Papel do STF - O Supremo Tribunal Federal (STF) é o guardião da Constituição, responsável por interpretar suas disposições e garantir sua aplicação correta. No entanto, o STF não tem o poder de interferir diretamente no planejamento orçamentário, que é uma responsabilidade do Poder Executivo e do Congresso Nacional.

Crédito Extraordinário - A abertura de crédito extraordinário é uma medida que permite ao governo federal alocar recursos além do orçamento aprovado para despesas urgentes e imprevistas. De acordo com a Constituição, essa medida deve ser autorizada pelo Congresso Nacional.

Invasão de Atribuições - Se o STF fosse permitir a abertura de crédito extraordinário através de uma decisão judicial, isso poderia ser visto como uma invasão das atribuições do Congresso. Não seria uma "parlamentarização do Orçamento", mas sim uma interferência do Judiciário no domínio do Legislativo e do Executivo.

Ferramenta de Governabilidade - A depender do volume e do alcance das autorizações expressas para abertura de crédito extraordinário determinadas pelo Supremo, pode-se imaginar até mesmo a criação de uma nova ferramenta de governabilidade operada por Executivo e Supremo. Isso poderia diminuir o poder que o Congresso tem, hoje, na definição do Orçamento, alterando o equilíbrio de poder estabelecido pela Constituição.

Fiz questão de pontuar e detalhar para que você compreenda a profundidade da proposta do ministro do STF e para onde as coisas podem estar caminhando no Brasil. Observe que a Constituição estabelece que, para o Poder Executivo ter permissão para liberar crédito extraordinário, as despesas devem ser imprevistas e urgentes. Exemplos dessas situações incluem a declaração de guerra, distúrbios internos ou desastres públicos. Essas despesas devem, então, ser apresentadas como uma medida provisória e receber a aprovação do Congresso para serem efetivadas.

Toda essa precaução é necessária devido à importância do Orçamento na estrutura constitucional, servindo como um mecanismo para estabelecer prioridades, alinhamento à vontade dos eleitores, garantir direitos fundamentais e cumprir as promessas constitucionais. Diferente do Poder Executivo e Legislativo o Poder Judiciário não possui nenhuma representatividade fundamentada na escolha dos eleitores. Ninguém usa as urnas para escolher ministro do STF. Então, estaríamos falando de um orçamento sem nenhum alinhamento com à vontade de 203 milhões de brasileiros, com possíveis prioridades exóticas ou talvez alinhadas com a ideologia predominante dentre apenas onze pessoas.

Outro exemplo de aparente distorção é o fato do STF estar considerando a descriminalização do porte de drogas para consumo pessoal, o que representa uma mudança significativa na Lei Antidrogas de 2006. Os ministros favoráveis à mudança propõem que seja considerado usuário quem possuir de 25 a 60 gramas de maconha ou seis plantas fêmeas. Esses ministros sustentam que o consumo de pequenas quantidades de maconha é um direito individual, com implicações específicas para a saúde dos usuários e ninguém mais. Além disso, eles argumentam que a criminalização do porte contribui para o aumento da população carcerária, especialmente afetando pessoas socialmente vulneráveis.

Por outro lado, os ministros que se opõem à descriminalização argumentam que permitir o porte de maconha para uso pessoal pode incentivar o vício e complicar a luta contra as drogas no país. Além disso, eles sustentam que a decisão do Supremo Tribunal Federal de considerar o porte como infração administrativa pode gerar incertezas quanto ao tipo de punição e à autoridade responsável por aplicá-la.

A tendência do STF de legislar começou a se delinear há pouco mais de uma década. Hoje é inegável que o Supremo Tribunal Federal (STF) do Brasil tem desempenhado ativamente o papel de interpretação e aplicação das leis do país. Essa instituição, composta por onze ministros, é responsável por tomar decisões que afetam diretamente a vida dos cidadãos brasileiros, moldam o cenário jurídico nacional e impactam cada vez mais na vida política do país. Desde o início dos anos 2000, quando a Corte passou a adotar uma postura mais ativista e proativa, no que ela interpreta como sendo a defesa dos direitos fundamentais e na promoção de mudanças sociais, o equilíbrio e a divisão de atribuições entre os Poderes da República passaram a ser corroídos. Alguns marcos importantes nesse processo incluem:

Controle de Constitucionalidade

O STF consolidou sua posição como guardião da Constituição, exercendo o controle de constitucionalidade das leis e atos normativos. Depois vieram algumas decisões históricas, como a Arguição de Descumprimento de Preceito Fundamental (ADPF) nº 54, que autorizou o aborto de fetos anencéfalos, que demonstraram para toda a sociedade e também para os integrantes do Supremo a capacidade da Corte de moldar o ordenamento jurídico.

Ampliação dos Direitos Fundamentais

Com a ampliação da proteção dos direitos fundamentais, incluindo questões como a união homoafetiva, a liberdade de expressão e o direito à privacidade o STF avançou sobre o Poder Legiferante. Invadindo, assim, atribuição privativa dos integrantes do legislativo. Pois, como vimos no início desse livro, na divisão entre os Poderes, cabe ao Poder Legislativo ou seja ao Congresso Nacional a legitimidade para legislar e dessa maneira representar a vontade do povo, expressa através do voto.

A interpretação extensiva da Constituição aparentemente foi benéfica ao permitir que o tribunal reconhecesse novos direitos e garantias individuais, mas outra vez contribuiu para enfraquecer a democracia, o equilíbrio entre os poderes e permitir que a opinião de alguns entre os onze ministros se sobrepusesse à vontade expressa em voto por milhões de brasileiros pagadores de impostos. O grande problema é que, uma vez corrompido o delicado equilíbrio institucional e não havendo Poder capaz de coibir tais desrespeitos, tudo passa a ser possível. Por exemplo, no ano de 2019, o STF criou o crime de homofobia, ignorando a regra de que não há crime sem lei anterior que o defina. Em outra ocasião, durante a pandemia de covid-19, o Supremo tomou decisões que normalmente caberiam ao Executivo, como a proibição de operações nas favelas do Rio e a autorização para que governos estaduais e municipais decidissem sobre lockdowns.

Questões Sociais e Políticas

A Suprema Corte avançou em temas sensíveis, como a demarcação de terras indígenas, a legalização do casamento entre pessoas do mesmo sexo e o entendimento para descriminalização do porte de drogas (maconha) para consumo pessoal. Essas decisões geraram debates acalorados na sociedade e no Congresso Nacional, contribuindo para a ampliação do escopo da atuação do Judiciário em detrimento dos demais Poderes. Também corroboraram para uma percepção negativa do valor do voto como ferramenta para obter representação dos valores escolhidos pela maioria da sociedade. A interferência do Supremo faz parecer, para o cidadão, que de nada adianta escolher representantes para o Legislativo e o Executivo, uma vez que a decisão final cabe aos onze magistrados.

Atuação em Casos de Corrupção

Inicialmente trabalhando da maneira esperada, em consonância com a operação Lava Jato, que trouxe à tona casos de corrupção envolvendo políticos e empresários, o Supremo fez história. Por várias vezes, o STF desempenhou um papel central na condução desses processos, julgando figuras importantes e estabelecendo precedentes sobre a responsabilização de agentes públicos.

Entretanto, ocorreu uma aparente mudança de interpretação ou disposição para o duro enfrentamento ao crime organizado e seus tentáculos em partidos políticos e autoridades cooptadas. De tal forma que, nos últimos anos condenações por corrupção foram anuladas, devido a detalhes burocráticos que não interferem no mérito dos crimes cometidos, algumas dezenas de bilhões em multas deixaram de retornar aos cofres públicos e a maior operação de combate à corrupção da história da humanidade passou a ser atacada abertamente também por integrantes da Suprema Corte.

Equilíbrio entre Poderes

O Supremo Tribunal Federal também atuou como árbitro em conflitos entre os poderes Executivo, Legislativo e Judiciário. Decisões sobre impeachment, prisão de parlamentares e limites de atuação dos órgãos estatais poderiam demonstrar a busca por equilíbrio institucional. No entanto, em outras ocasiões o avanço do Judiciário sobre atribuições exclusivas dos outros Poderes macularam o equilíbrio entre os Poderes, preconizado na Constituição Federal do Brasil e, em consequência, enfraqueceram a democracia e o estado democráticos de direito.

O ativismo judicial do STF é percebido pela população e tem sido criticado no Congresso, com deputados tentando criminalizar essa conduta. No entanto, essas iniciativas foram sistematicamente derrotadas por intensas articulações políticas lideradas por ministros da própria Corte. A deputada Bia Kicis apresentou um projeto de lei em 2019 que previa o impeachment de ministros do STF que usurpassem a competência do Legislativo ou do Executivo, mas o projeto foi rejeitado.

Um fator que preocupa é o de ser justamente no STF onde estão concentrados os inquéritos e investigações sobre possíveis crimes dos Deputados e Senados. Principalmente porque essas peças acusatórias são mantidas represadas por anos. Assim os processos se tornam uma espécie de guilhotina, com a lâmina sempre pairando sobre os pescoços dos deputados e senadores. Esse poder pode, facilmente, ser usado para interferir na disposição do Congresso Nacional em se opor a qualquer iniciativa do Supremo. Talvez isso explique a inércia ou a atitude submissa de muitos dos representantes eleitos pelo povo brasileiro. Ativismo judicial é um fenômeno mundial que tem levantado questões sobre o princípio da soberania popular, já que não seria o Congresso, com representantes eleitos pelo povo, que estaria decidindo as leis de um país. Isso levanta a questão de se a soberania popular pode ter outro conceito na interpretação do STF? Imagine os ministros de uma Suprema Corte qualquer, impregnada de ideologia, que decidiram atuar em desacordo com o texto constitucional, fazendo assim vigorar um regime de exceções ou interpretações inovadoras. Agora responda: Os cidadãos desse país hipotético ainda estariam vivendo em uma democracia?

#

Destruição da ordem

A destruição da ordem em um Estado democrático é um processo, mesmo quando aparentemente aflora de maneira abrupta através de algum ato antidemocrático ou movimento popular. Isso é porque ocorreram anteriormente muitas fases de desgaste de instituições e de princípios. Devido a diversos fatores políticos, sociais, econômicos e culturais a ordem vai sendo corrompida. Muitas vezes, na fase inicial, usando o pretexto de garantir a própria integridade da democracia. Sob esse pretexto, inclusive, pessoas que tentam alertar sobre os rumos perigosos para os quais o país está seguindo são perseguidas, rotuladas de antidemocráticos, extremistas e, por fim, silenciados.

Em geral, o desmoronamento da ordem democrática está relacionado ao fracasso das instituições políticas, sociais e jurídicas em preservar a governança baseada em valores democráticos e a coesão social. Entre os fatores que podem levar à destruição da ordem democrática, estão:

Erosão dos direitos civis e liberdades individuais

Em uma democracia saudável, os direitos civis e as liberdades individuais são protegidos e respeitados, sem exceções. No entanto, quando esses direitos começam a ser erodidos, seja por meio de legislação restritiva, abuso de poder por autoridades ou práticas governamentais, a ordem democrática pode começar a se desintegrar. Autoridades usam o Poder do Estado para minar a capacidade das pessoas de participar do processo democrático e de exercer seus direitos políticos. Isso pode incluir restrições à liberdade de expressão, à liberdade de imprensa, ao direito de reunião e a outros direitos fundamentais. Essa erosão gradual dos direitos e liberdades, conduzida de maneira a parecer plenamente legal e sempre na defesa da democracia, pode levar à destruição da ordem democrática.

Crises econômicas e instabilidade política

As crises econômicas e a instabilidade política também podem contribuir para a destruição da ordem democrática. Elas atuam nos dois sentidos, aumentando a insatisfação popular e criando oportunidades para que a oposição ou movimentos populares ganhem força e apoio. A mesma desigualdade econômica que serve de mecanismo para assegurar nichos eleitorais também pode, em meio à crises econômicas, levar à insatisfação e ao ressentimento entre os cidadãos, potencialmente levando a conflitos sociais e políticos. Quando existe a percepção de que um pequeno número de indivíduos ou corporações controla grande parte da riqueza e do poder, o sentimento de injustiça e descontentamento entre a população cresce, facilitando manipulações de consequências dramáticas para a normalidade democrática.

Corrupção e fraude eleitoral

A corrupção política e a fraude eleitoral desestabilizam a confiança na legitimidade dos processos democráticos e prejudicam a integridade das instituições públicas. Isso pode levar à erosão da ordem democrática. A corrupção governamental e a falta de transparência no governo podem gerar aumento da desconfiança do público e também contribuir para a perda da fé nas instituições democráticas. O que pode resultar em instabilidade política e social, à medida que os cidadãos começam a questionar a legitimidade de seu governo e todos seus atos.

Divisões sociais e conflitos

As profundas divisões sociais e conflitos, como discriminação racial, desigualdade econômica, e tensões religiosas, podem enfraquecer a coesão social e desestabilizar a ordem democrática. Essas tensões podem ser exploradas por grupos criminosos para minar a confiança nas instituições democráticas e promover uma agenda antidemocrática. A mesma estratégia usada por alguns partidos políticos para ascender ao poder pode, a longo prazo, desgastar a democracia. Um exemplo é a polarização política. Nesse cenário ocorre um aumento artificial na hostilidade e no desacordo entre diferentes grupos políticos, quando conduzido de maneira irresponsável pode levar à paralisia governamental e à incapacidade de tomar decisões políticas eficazes. A polarização excessiva pode resultar em frustração e descontentamento permanente entre os cidadãos, criando clima de tensão social e violência, podendo, potencialmente, levar a protestos de grandes proporções, distúrbios civis ou levantes populares.

Por pior que possa parecer, o caos em um país pode ser o objetivo de um determinado grupo político. Basta recordar que o uso da destruição da ordem em um Estado democrático serve como um meio para implementar o comunismo. E essa é uma estratégia que remonta ao surgimento do marxismo-leninismo no século XX. Tal abordagem é baseada na teoria da luta de classes e busca utilizar a fragilidade das instituições democráticas para impor uma revolução socialista e, eventualmente, estabelecer uma sociedade comunista. A extrema Esquerda emprega algumas táticas bastante familiares para atingir os objetivos dessa estratégia, vejamos alguns exemplos:

Infiltração e manipulação de instituições democráticas: Os proponentes do comunismo buscam infiltrar e manipular instituições democráticas, como partidos políticos, sindicatos e organizações sociais, para promover a agenda comunista e minar a confiança na democracia liberal.

Propaganda e desinformação: A propaganda e a desinformação são usadas para espalhar ideias comunistas e denegrir o sistema democrático, alimentando o descontentamento social e criando divisões dentro da sociedade.

Exploração de crises econômicas e sociais: Os momentos de crise econômica e social são explorados para desestabilizar a ordem democrática e mostrar a democracia liberal como incapaz de resolver os problemas do país. Essas crises são apresentadas como evidências da necessidade de uma revolução socialista.

Violência e intimidação: Em alguns casos, a violência e a intimidação são utilizadas para suprimir a oposição e criar um ambiente de medo e instabilidade. Essas táticas servem para enfraquecer ainda mais as instituições democráticas e facilitar o caminho para a implementação do comunismo.

Uma vez que a ordem democrática é enfraquecida ou destruída, os comunistas buscam tomar o poder e implementar uma ditadura do proletariado, onde o Estado controla todos os aspectos da economia, da política e da sociedade. Esse regime autoritário é apresentado como uma fase transitória para alcançar uma sociedade comunista, onde não haverá classes sociais, Estado ou propriedade privada.

É incrível perceber o quanto algumas táticas parecem familiares e atuais. Talvez o termo comunismo esteja disfarçado por algo mais moderno e palatável, talvez esteja até usando impropriamente o nome de democracia. Mas a forma de operar e os seus objetivos continuam semelhantes. A alienação e a confusão são necessárias para que as pessoas não tomem consciência do passado. Por que se elas o fizerem irão lembrar que na história da humanidade as experiências comunistas frequentemente resultaram em violações dos direitos humanos, restrições à liberdade individual e dificuldades econômicas generalizadas. Além disso, a maioria dos Estados comunistas acabou por se distanciar dos ideais igualitários originais e deram origem a Estados totalitários, mergulhados em corrupção, burocracia e cruel repressão política.

Entretanto, o caos em um país também pode ser o objetivo de um determinado grupo criminoso. Sob condições específicas, o Estado democrático pode ceder espaço territorial e de influência para o crime organizado, traficantes de drogas ou para facções oriundas da promiscuidade e corrupção entre autoridades e grupos empresariais estrangeiros. Antes de nos aprofundarmos no assunto, é importante entender a diferença entre "Narco Estado" e "Estados Falidos".

Um "Narco Estado" é um termo usado para descrever um Estado onde todas as instituições de governo são infiltradas pelo poder do narcotráfico. Nesses Estados, as atividades ilegais relacionadas às drogas são integradas na economia e na política do país de tal forma que o Estado e a economia dependem dessas atividades para sua sobrevivência. Por outro lado, "Estado Falido" é um termo usado nas relações internacionais e ciências políticas para descrever um Estado que não conseguiu cumprir algumas das responsabilidades fundamentais de um Estado-nação soberano. Isso inclui a incapacidade de fornecer serviços públicos básicos, a perda de controle físico (como a capacidade de manter a ordem e a segurança em seu território) e a erosão da legitimidade para tomar decisões coletivas em nome da sociedade. Portanto, a principal diferença entre um "Narco Estado" e um "Estado Falido" reside na natureza e no grau de controle do governo sobre o Estado. Em um "Narco Estado", o governo mantém o controle, mas está profundamente envolvido em atividades ilegais. Em um "Estado Falido", o governo perdeu o controle e a capacidade de governar efetivamente.

A falta de políticas públicas, a corrupção e a leniência de autoridades pode favorecer o surgimento de um "Narco Estado". Na história recente da humanidade, alguns países permitiram que o tráfico de drogas tivesse um grau elevado de influência e depois de poder político, econômico e social. Quando os criminosos passaram a interferir nas decisões do governo, na segurança pública, na justiça e nos direitos humanos, a população ficou refém em seu próprio país. Alguns exemplos de países que já foram ou ainda são considerados "Narco Estado", em diferentes níveis, são o Afeganistão, a Colômbia, o México e a Guatemala. Todos eles sofreram ou ainda sofrem as consequências de ser um "Narco Estado". São consequências graves, que variam de acordo com o contexto histórico, cultural e geopolítico de cada país. Em geral, elas incluem o aumento da violência, da corrupção, da impunidade e da desigualdade social. A diminuição da qualidade de vida, da saúde, da educação e dos direitos e garantias comuns à democracia. Perda de soberania nacional, de credibilidade internacional e de oportunidades de desenvolvimento. E também um processo acelerado de degradação ambiental, cultural e moral.

Ao analisar o cenário atual de destruição da ordem que o Brasil atravessa e levar em consideração as possibilidades de uso ideológico ou financeiro do caos, como ferramenta para alavancar mudanças, entendemos o risco a que cada cidadão brasileiro pode estar submetido. Cruzar os braços e acreditar na narrativa oficial, nos discursos de autoridades ou ficar com medo de ser rotulado de radical ou criminoso não vai evitar que algo assim aconteça no Brasil. Naqueles países que se tornaram "Narco Estado", por exemplo, a população precisou de muita força e resignação para reverter a situação. Não foram as autoridades, ministros ou congressistas que interviram para defender o povo, pois eles já não eram mais confiáveis. As decisões das autoridades em um "Narco Estado" ou num "Estado Falido" apenas emprestam a chancela de legitimidade às ações de traficantes, mafiosos, políticos corruptos ou à interesses comerciais estrangeiros escusos.

O caos no Brasil não interessa a ninguém, exceto aos que, de alguma maneira, podem se beneficiar da violação dos direitos humanos, da exploração dos recursos naturais, da sonegação fiscal, do livre comércio de drogas e da lavagem de dinheiro. Esses são os verdadeiros inimigos do Brasil e devem ser combatidos com rigor e inteligência, muitas vezes não por autoridades mas pela atitude e participação de cada indivíduo. As escolhas políticas, o silêncio conveniente, os exemplos dados aos filhos e até as escolhas de produtos ou conteúdo assistido podem enfraquecer ou fortalecer os inimigos da verdadeira democracia.

Não podemos esquecer que o Brasil é um país que

enfrenta sérios problemas relacionados ao tráfico de drogas, crime organizado e corrupção. No entanto, ainda não atingiu o nível de degradação que o enquadre na classificação como sendo um "Narco Estado" ou mesmo um "Estado Falido". Apesar das dificuldades e de parecer que muitos agentes atuem para gerar o caos, o Brasil ainda possui instituições minimamente democráticas, sociedade civil organizada, diversidade cultural que resistem à influência do crime organizado. No entanto, é preciso estar atento aos riscos e aos desafios que o país enfrenta para evitar que o cenário se agrave.

#

Corrupção sistêmica

No contexto do cenário interno do Brasil, não se pode ignorar o risco representado pela volta da corrupção sistêmica, após o retorno do Partido dos Trabalhadores (PT) e da extrema Esquerda ao poder em 2023. Aquela sombra da corrupção, que durante os 14 anos dos governos Lula e Dilma, pairou sobre o Brasil parece estar de volta, obscurecendo as conquistas sociais, minando a confiança nas instituições e comprometendo o desenvolvimento do país.

Desde que assumiu a presidência, em 2023, Lula, seus ministros, autoridades do judiciário e políticos de extrema Esquerda iniciaram um desmanche dos instrumentos de governança e controle do crime organizado e da corrupção. Isso resultou na destruição de quase todos os avanços significativos no combate à corrupção, que foram obtidos no período de 2017 até 2022. Foram alcançadas e eliminadas medidas importantes que eram o legado da Operação Lava Jato. Com isso o Brasil regrediu nas leis anticorrupção, mecanismos de controle e governança ética na administração de empresas estatais. A história comprova que governos podem criar ambientes favoráveis à corrupção de diferentes maneiras, seja intencionalmente ou inadvertidamente. Com a volta do ambiente favorável à corrupção sistêmica no Brasil, após 2022, analistas alertam para um grave risco, de médio prazo, para a estabilidade política, econômica e social do país.

A volta da cultura política baseada em patrimonialismo e clientelismo, enseja as mesmas práticas. Governos do PT costumam atuar como se pudessem usar recursos públicos para beneficiar aliados políticos e clientes, em vez de promover o bem comum e o interesse público. Essa cultura política incentiva práticas corruptas e prejudica a confiança das pessoas nas instituições democráticas. As relações próximas e não transparentes com o setor privado são as mesmas que favoreceram os crimes apurados na Operação Lava Jato. Até as grandes empreiteiras são as mesmas, apenas mudaram de nome ou razão social. Assim, no cenário pós 2022, governo, autoridades, base política e grandes grupos empresariais parecem interessadas em restabelecer o estado de coisas capaz de facilitar práticas corruptas, como tráfico de influência, concessões de contratos públicos à empresas ligadas a políticos ou em troca de propina e favorecimento de interesses privados em detrimento do bem público.

Corrupção sistêmica mina a confiança das pessoas nas instituições democráticas. Governos, partidos políticos e o sistema judicial são os primeiros a cair em descrédito, tendo enfraquecida a legitimidade. No entanto, não é apenas a percepção dos eleitores que é impactada e causa repercussões negativas. O ambiente de negócios e a atração de investimentos estrangeiros também são atingidos, reduzindo a competitividade da economia brasileira e prejudicando o crescimento econômico. E isso já está acontecendo! Por exemplo: O Brasil caiu 10 posições no Índice de Percepção da Corrupção (IPC) de 2023, divulgado pela Transparência Internacional. O país registrou 36 pontos e ficou na 104ª posição entre 180 países analisados. Esta é a segunda pior pontuação recebida pelo Brasil desde que o índice é calculado.

A resposta do Brasil, acredite foi criticar o IPC e dizer que o índice "não reflete a realidade do país". Coincidência ou não, o ministro do STF, Dias Toffoli, após publicação do IPC determinou que a Procuradoria-Geral da República (PGR) encaminhasse as investigações do Ministério Público Federal (MPF) sobre um acordo entre a Transparência Internacional e a força-tarefa da Operação Lava-Jato. Ele também pediu mais detalhes sobre o acordo de leniência do MPF e a holding J&F.

Não adianta o governo e seus aliados negarem ou fazerem pressão de qualquer tipo, para investidores, organizações internacionais de combate à corrupção ou governantes de outros países, a percepção de volta do ambiente de corrupção sistêmica é consolidada pela análise técnica de números e fatos. Foi por conta disso que a Organização para Cooperação e Desenvolvimento Econômico (OCDE) tomou uma decisão inédita de criar um grupo permanente de monitoramento sobre o assunto no Brasil, em um sinal claro de que cresceu a percepção internacional do recuo no combate à corrupção ocorrido no país.

Os discursos inflamados de lideranças do PT ou do presidente Lula não conseguem se sobrepor aos fatos. É verdade que os artifícios usados pelos corruptos e seus parceiros de crime ficam mais sofisticados a cada dia, mas mesmo assim ainda podem ser detectados quando existe interesse. A percepção de corrupção sistêmica é repercutida em documentos semelhantes ao relatório global "Exporting Corruption" da Transparência Internacional, informando que o Brasil regrediu de implementação "moderada" para implementação "limitada" de mecanismos contra o suborno transnacional.

#

Abraçando o terror

Desde sua criação, é inegável a importância do papel de Israel como bastião democrático em uma região marcada pela instabilidade e autoritarismo. Israel representa uma raridade no Oriente Médio, como uma democracia liberal estável em meio a regimes autoritários na região. Sua experiência democrática e laços estreitos com o Ocidente também fazem de Israel um aliado estratégico, fundamental para as potências ocidentais interessadas na pacificação da região.

Diferentemente da maioria esmagadora de países do Oriente Médio, Israel tem eleições livres e justas, imprensa livre, liberdades civis e instituições democráticas sólidas. Isso o aproxima dos valores ocidentais e possibilita cooperação mais profunda em múltiplas frentes. Para os Estados Unidos e países europeus, por exemplo, ter Israel como um parceiro confiável no Oriente Médio sempre foi essencial para promover seus interesses estratégicos na região. A instabilidade e conflitos étnico-religiosos são fatores que dificultam a integração do Oriente Médio ao cenário de desenvolvimento sócio-econômico do mundo ocidental. Israel, por motivos diferentes, compartilha com o Ocidente o interesse na contenção de grupos radicais.

Reconhecida como uma nação avançada em inovação tecnológica e empreendedorismo, Israel sempre esteve aberto para colaborar com iniciativas científicas e culturais dos países com os quais possui relações comerciais. Suas empresas de tecnologia e startups atuam, constantemente, em parceria com o Ocidente nos setores de ponta. Da mesma forma, tanto a comunidade judaica quanto o próprio governo de Israel sempre promoveram ações de ajuda à Estados e comunidades vítimas de calamidades, como grandes incêndios, terremotos, inundações, tsunamis, entre outras.

Portanto, por compartilhar valores democráticos liberais e laços culturais com o Ocidente, Israel serve como uma âncora política e econômica confiável em uma região volátil. Seu papel único de democracia estável no Oriente Médio sempre contou com a diplomacia brasileira como parceira na mediação de crises. Até o ano de 2023, a história das relações entre Brasil e Israel deixava clara a vantagem mútua da parceria existente desde os Anos 1950. Foram 73 anos de relações diplomáticas e vínculos diversos entre Brasil e Israel, que se desenvolveram gradualmente desde o estabelecimento do Estado judeu em 1948. Embora nem sempre tenham sido próximas, as duas nações consolidaram uma parceria estratégica importante ao longo das últimas décadas.

O Brasil foi um dos primeiros países a reconhecer Israel em 1949 sob o governo de Eurico Gaspar Dutra. Porém, durante as décadas de 50 e 60, o Brasil adotou posições mais favoráveis aos interesses árabes no conflito do Oriente Médio. Depois, o nível de proximidade diplomática foi sendo ampliado na medida em que eram ampliadas as colaborações comerciais em setores estratégicos, como o militar e o agrícola. Nos anos 1980 ambos Estados estavam com as questões de política interna mais estabilizadas e aproveitaram o ambiente favorável para estabelecer laços diplomáticos ainda mais sólidos. O intercâmbio bilateral se expandiu significativamente desde os anos 1990, incluindo acordos de livre comércio. Também cresceram as parcerias em tecnologia, pesquisa, cultura e turismo. Diversas empresas israelenses se instalaram no Brasil nesse período.

Já no século XXI, os governos Lula e Dilma buscaram afastamento protocolar nas relações com Israel, priorizando as relações com o Irã ou lideranças palestinas como do grupo terrorista Hamas. Por outro lado, o Presidente Jair Bolsonaro investiu no reestabelecimento das relações com Israel, estreitando ainda mais a cooperação em áreas estratégicas. A reaproximação ocorrida durante os anos de 2018 até 2022 recebeu o apoio político das bancadas evangélica e judaica no Congresso Nacional brasileiro, além da simpatia da maioria da população. Isso porque brasileiros e israelenses sempre se identificaram como irmãos em valores religiosos, sociais e políticos. Até o terceiro mandato de Lula, com a volta do PT e partidos de extrema Esquerda ao poder, Israel era um relevante sócio do Brasil no Oriente Médio, mas tudo mudou como veremos mais à frente. O Brasil, sob orientação do governo Lula, aparentemente, tem agido para destruir os laços econômicos, diplomáticos e políticos entre as duas nações democráticas. Décadas de amizade e respeito mútuo, baseados em interesses e valores comuns, estão sendo jogados fora por discursos vazios, mentirosos ou populistas, proferidos pelo próprio presidente Lula, em total desacordo com a vontade da maioria da população brasileira.

A questão palestina tem sido usada como desculpa para acentuar o distanciamento entre Brasil e Israel. Muitas pessoas, no Brasil e no mundo, sentem dificuldade em compreender os aspectos envolvidos em anos de disputa política e militar, entre palestinos e judeus. Consequência direta, o assunto parece confuso e com isso abre-se caminho para impor narrativas buscando mudar a percepção das pessoas e assim conquistar corações e mentes. Então, para reduzir a influência das manipulações, vamos utilizar o melhor remédio que é o conhecimento. Para compreender as forças em questão e a propriedade de cada uma das narrativas, é muito importante visualizarmos a história dos esforços de paz de Israel com os palestinos sobre uma linha do tempo. Entendendo as negociações, ofertas e impasses na busca pela paz, a essência do próprio conflito acaba sendo revelada.

O conflito entre Israel e os palestinos é um dos mais complexos e de longa data no Oriente Médio. Suas raízes remontam ao final do século XIX e início do século XX. As origens do conflito estão ligadas ao surgimento do movimento sionista, que advogava pela criação de um Estado judeu na região da Palestina, correspondente à antiga terra bíblica de Israel. Esse movimento ganhou força nos anos subsequentes à Segunda Guerra Mundial e, em 1948, o Estado de Israel foi proclamado. Enquanto de um lado essa foi uma grande conquista para o povo judeu, por outro lado gerou forte insatisfação na população árabe local. Acontece que as terras demarcadas para configurar o território do Estado de Israel não estavam desabitadas. Havia uma população que vivia na região há séculos e que se opôs à criação do Estado de Israel, pois eles reivindicavam a terra como sendo Palestina. Caso houvesse reconhecimento do território o povo palestino também poderia exercer seu direito à autodeterminação.

Esse impasse resultou em sucessivos confrontos armados, guerras e uma situação de conflito contínuo, marcada por violência, desconfiança e interesses geopolíticos divergentes. Alguns momentos-chave na história do conflito foram:

A Guerra Árabe-Israelense de 1948: Pouco depois da proclamação do Estado de Israel, os exércitos árabes vizinhos invadiram o novo país, iniciando uma guerra que resultou em centenas de milhares de refugiados palestinos.

A Guerra dos Seis Dias, em 1967: Israel ocupou territórios palestinos na Cisjordânia, Faixa de Gaza e Jerusalém Oriental, estabelecendo um regime de ocupação militar que perdura até os dias atuais.

As Intifadas: Uma primeira Intifada, entre 1987 e 1993, e uma segunda, entre 2000 e 2005, foram movimentos de resistência palestinos contra a ocupação israelense, marcados por violência e mortes em ambos os lados.

Embora haja esforços diplomáticos para solucionar o conflito, como o Processo de Paz de Oslo, iniciado em 1993, o conflito entre Israel e os palestinos ainda está longe de ser resolvido. Desde sua criação, Israel realizou diversas tentativas de alcançar um acordo de paz duradouro com os palestinos e países árabes vizinhos. Essas negociações, no entanto, encontraram muitos obstáculos e resistências de ambos os lados ao longo do tempo. O reconhecimento mútuo, a autodeterminação dos palestinos, a segurança de Israel e o status de Jerusalém são algumas das questões-chave que permanecem em debate e acirram as tensões entre os dois povos.

Desde a guerra de 1967, o Conselho de Segurança da ONU estabeleceu a resolução 242, que serviu de base para as tratativas de paz na região. O texto pregava a retirada israelense dos territórios ocupados e o reconhecimento mútuo entre Israel e seus vizinhos. Em 1978, os Acordos de Camp David levaram ao tratado de paz entre Israel e Egito. Mas a questão palestina continuava em aberto. Nos anos 1990, os Acordos de Oslo criaram a Autoridade Palestina, mas o processo de paz logo entrou em colapso com a ascensão do grupo terrorista Hamas. Em 2000 e 2008, Israel fez ofertas abrangentes de paz aos palestinos, propondo a criação de um Estado palestino na Cisjordânia e Gaza. Porém, os líderes Yasser Arafat e Mahmoud Abbas rejeitaram as propostas por considerá-las insuficientes.

Assim, embora Israel tenha se disposto a fazer concessões, as tentativas de paz esbarraram na persistente desconfiança e discordâncias de visões entre israelenses e representantes palestinos. Sobre algumas lideranças palestinas paira a suspeita de que ao invés de perseguir os interesses legítimos de seu povo, eles estejam interessados apenas em manter o conflito para perpetuar sua influência e acesso à volumosos recursos financeiros.

O Brasil, historicamente, buscou manter boas relações tanto com Israel quanto com a população palestina, mantendo uma posição equilibrada sobre o conflito no Oriente Médio e repudiando atos de terrorismo ou uso de população civil como escudo humano. Porém, nas últimas décadas, algumas lideranças políticas brasileiras, notadamente o PT e partidos de extrema Esquerda, desenvolveram fortes vínculos com representantes da causa palestina, o que não trouxe nenhum benefício, mas representou imensos riscos à diplomacia e ao alinhamento estratégico do país. Durante os anos dos dois primeiros mandatos de Lula, ocorreu forte aproximação ideológica com o grupo Hamas e sua liderança, como Khaled Meshaal. Lula passou a defender publicamente um Estado palestino independente e a criticar ações de Israel na Faixa de Gaza.

Essa solidariedade rendeu elogios de líderes da Palestina à Lula, inclusive de alguns nomes envolvidos na coordenação de atos terroristas. Tamanha aproximação entre o governo brasileiro e lideranças extremistas gerou atritos com Israel. O premiê Netanyahu cancelou uma visita oficial ao Brasil após declarações de Lula favoráveis a palestinos em 2010.

No período entre 2010 e 2016, ocorreram diversas crises diplomáticas entre Israel e Brasil, especialmente durante o governo Dilma Rousseff. Em julho de 2014, o Brasil condenou o uso desproporcional da força por Israel na Faixa de Gaza e resolveu chamar seu embaixador em Tel Aviv, demonstrando assim sua discordância com as ações de Israel na região. Depois, ocorreu o evento do voto favorável à Palestina na ONU, quando em 2014 e 2015, o Brasil votou a favor da resolução da Organização das Nações Unidas (ONU) que reconhecia a Palestina como Estado observador não-membro, o que foi considerado pelo governo israelense como uma posição hostil. Ao longo de 2015, o Brasil criticou publicamente a política de Israel de construir assentamentos em territórios palestinos ocupados, afirmando que essa prática violava o direito internacional e prejudicava a solução de dois Estados.

Essas crises diplomáticas refletiram a postura crítica do governo brasileiro, sob influência do PT e partidos de extrema Esquerda, em relação às ações de Israel na Palestina. Também foram acompanhadas de uma maior aproximação com lideranças do Hamas durante a presidência de Dilma Rousseff. A escalada das tensões com Israel e aproximação com regimes que apoiam abertamente o terrorismo sofreu uma pausa de quatro anos com a ascensão de Jair Bolsonaro à presidência em 2019. Como vimos anteriormente, o Presidente Bolsonaro investiu nas relações históricas entre Brasil e Israel, fazendo com que os países voltassem a se aproximar significativamente.

No entanto, depois que o "amor venceu"os representantes do país voltaram ao discurso inflamado contra a posição dos judeus. Em 2023, Lula criticou Israel e a ONU, alegando que a organização conseguiu estabelecer Israel em 1948, mas falhou em criar um Estado Palestino em pleno 2023. Ele também tentou estabelecer uma equivalência entre o Hamas, que ele não reconhece como grupo terrorista, e o Exército de Israel. Ainda em outubro do mesmo ano, durante um período de violência em Israel, o Brasil assumiu a presidência do Conselho de Segurança da ONU. No entanto, a diplomacia brasileira perdeu a oportunidade de se alinhar com países ocidentais na reprovação de atos impensáveis de terrorismo, estupro de crianças e sequestro de civis, como solicitava os Estados Unidos. Ao invés disso, a diplomacia do governo Lula tentou impor uma resolução tendenciosa sobre a guerra, que foi vetada gerando desgaste para a imagem do Brasil como nação empenhada na defesa dos direitos humanos e valores democráticos.

Lula, em seguida, acusou Israel de genocídio na Faixa de Gaza e afirmou que o Exército de Israel estava atacando crianças. Essas alegações foram amplamente divulgadas pela extrema Esquerda, apesar de serem desmentidas por evidências, incluindo imagens de drones israelenses e interceptações de conversas entre terroristas. Essas evidências revelaram que um suposto ataque a um hospital em Gaza foi, na verdade, causado por um foguete lançado pelo próprio Hamas.

Após o ataque terrorista do Hamas a Israel, em outubro de 2023, surgiu uma campanha antissemita liderada pela extrema Esquerda global. Esta campanha acusou Israel de reagir excessivamente aos ataques que sofreu. Com o passar dos meses, o antissemitismo tornou-se mais evidente e foi tolerado por grupos progressistas nos EUA, Europa e Brasil. Diversos políticos de Esquerda passaram a fazer comentários em apoio ao Hamas.

Um exemplo desse apoio enviesado aconteceu em janeiro de 2024, quando um ex-presidente do PT, durante uma transmissão ao vivo, defendeu o boicote a empresas judaicas, incluindo aquelas ligadas a Israel. Ele sugeriu que o Brasil deveria cortar relações comerciais com Israel, especialmente nas áreas de segurança e militar. A comunidade judaica reagiu imediatamente, apontando que o antissemitismo é crime no Brasil, conforme o artigo 20 da Lei nº 7.716, de 1989. Além disso, argumentaram que a sugestão do político de Esquerda era contraproducente para os interesses do Brasil, dado o benefício recíproco das relações comerciais com Israel. Essa fala do petista foi criticada por evocar memórias do nazismo, que começou com o estrangulamento econômico dos judeus na Alemanha. A Federação Israelita do Estado de São Paulo e outros políticos apresentaram uma notícia-crime ao Ministério Público.

Talvez toda a situação tenha sido agravada, no terceiro governo Lula, pelo fato do homem que exerce o papel de aconselhar o presidente em assuntos de política externa, política internacional e relações diplomáticas possuir forte simpatia com a causa palestina. Celso Amorim, assessor internacional e ex-chanceler nos governos do PT, é apontado como o principal responsável pela política supostamente antissemita do partido. Amorim é um forte defensor da causa palestina, embora não reconheça o Hamas como o "governo da Palestina". Ele recentemente escreveu o prefácio do livro "Engajando o Mundo: A Construção da Política Externa do Hamas", de Daud Abdullah. No livro, Amorim não menciona os ataques do Hamas a Israel, mas destaca a "dimensão internacional" do grupo e seus "esforços diplomáticos" para restaurar os direitos palestinos.

Assim, embora a atenção a demandas palestinas represente um apoio humanitário simbólico e importante, o governo brasileiro precisa calibrar o discurso para não comprometer os interesses concretos do Brasil com os parceiros árabes e israelenses. Nos últimos anos, a percepção de que o Brasil tem se aproximado de grupos considerados terroristas, como o Hamas, e de governos autoritários, como o do Irã, ao mesmo tempo que se afasta de democracias como Israel, ganhou espaço. Essa percepção tem sido alimentada por fatos e declarações de alguns representantes do governo brasileiro. É inegável que sob a batuta do PT e partidos de extrema Esquerda sempre se abandona a tradicional posição diplomática equidistante do Brasil.

A equidistância e o pragmatismo trazem muito mais benefícios, ao evitar alienar qualquer lado de complexas disputas, e preservar os interesses estratégicos do Brasil. A solidariedade aos palestinos deve ser combinada à manutenção de canais com Israel, em uma diplomacia balanceada e em consonância com a vontade dos brasileiros. Fora dessa representatividade, os discursos aloprados, mentirosos e a aproximação com extremistas somente enfraquece a imagem do Brasil no exterior. Tal posicionamento pode chegar ao ponto de significar um risco à soberania ou à manutenção da paz na relação do país com outros Estados.

A CORRUPÇÃO CONTRA-ATACA

Combate à corrupção

A corrupção é um problema global que afeta, com intensidade variável, praticamente todos os países e sociedades. Ela pode se manifestar no setor público ou privado. Corrupção envolve a utilização ilícita de poder, influência ou recursos públicos para ganho pessoal ou político. Exemplos incluem propinas, desvio de verbas, favorecimento de empresas, favorecimento de políticos ou indivíduos, entre outros.

Países ou organizações com nível elevado de corrupção são afetados negativamente e de maneira cíclica, pois as práticas que a caracterizam se retroalimentam, criando uma espécie de espiral de decadência. Os prejuízos da corrupção para uma sociedade são multifacetados. Ela e seus agentes causam problemas econômicos, políticos e sociais. Vejamos alguns detalhes dessas consequências da corrupção para uma sociedade:

Problemas Econômicos

Desvios de recursos públicos que deveriam ser utilizados para o bem-estar da sociedade, a exemplo de saúde, educação e infraestrutura, são comuns quando existe corrupção. A percepção generalizada de que um governo é corrupto afasta investimentos de longo prazo, capital estrangeiro produtivo e grandes empresas. As prioridades também são alteradas. Autoridades deixam de investir em setores estratégicos, como infra-estrutura, priorizando obras exóticas com grande visibilidade popular, contrapartida política imediata e que possibilitem desvio de grandes quantidade de recursos. Isso prejudica o crescimento econômico, a redução da pobreza, corrói a percepção da importância da democracia e a confiança nas instituições, além de aumentar a desigualdade social. Por exemplo, na investigação da Operação Lava Jato no Brasil, foram descobertos desvios bilionários de recursos públicos, prejudicando investimentos em áreas essenciais para o desenvolvimento do país.

Problemas Políticos

A corrupção mina a confiança na democracia e nas instituições políticas, ao subverter o processo decisório e o funcionamento dos órgãos governamentais. Essa prática leva à impunidade e à falta de responsabilização, enfraquecendo a governança e a estabilidade política. Um exemplo é a crise política que enfrentou a Ucrânia após a revelação do esquema de corrupção envolvendo seu ex-presidente Viktor Yanukovych em 2014. Outro exemplo foi o final melancólico dos mais de doze anos do PT e da Esquerda política no controle do Brasil. Depois de sucessivos escândalos de corrupção e dos graves impactos sociais ocasionados, a maioria da sociedade exigiu a saída do governo que representava a derrocada do país, culminando no impedimento de Dilma Roussef.

Problemas Sociais

Corrupção promove a injustiça social e reforça a discriminação, uma vez que os mais vulneráveis são aqueles que mais sofrem com a falta de recursos e serviços públicos de qualidade. Além disso, a corrupção pode levar à erosão dos valores éticos e morais em uma sociedade, criando um ciclo vicioso de desconfiança e apatia. Também facilita a fragilização da sociedade. Isso é feito para estabelecer relações de dependência, eleitoralmente promiscuas e questionáveis, sob a desculpa de prestar assistência governamental à pessoas carentes. Um bom exemplo é o uso do Bolsa Família por políticos brasileiros em seus discursos eleitorais. Outro exemplo do impacto da corrupção ocorreu na área da saúde pública, especificamente no caso da compra de vacinas contra a COVID-19. Isso porque, corruptos agiram, se aproveitando do regime emergencial para a realização de compras que envolviam fortunas, em diversos países. Em 2024, as investigações conduzidas por órgãos independentes estão comprovando diversos casos de corrupção envolvendo suborno, desvio de dinheiro público e favorecimento na aquisição das doses de vacinas na União Européia.

Pelo que acabamos de abordar, fica evidente a importância de combater a corrupção em todos os setores da sociedade. Esse chamado combate à corrupção consiste em um conjunto de ações e estratégias coordenadas por governos, instituições, população e organizações não-governamentais, com o objetivo de prevenir, detectar e punir atos de corrupção. A atuação se baseia em três pilares fundamentais: prevenção, repressão e educação.

Prevenção

A prevenção é essencial para reduzir a ocorrência de corrupção. Isso inclui a implementação de medidas como transparência nas finanças públicas, criação de mecanismos de fiscalização interna e externa, regulamentação da atividade política e do financiamento de campanhas, entre outras.

Repressão

A repressão inclui, de maneira permanente e sem exceções, a aplicação da lei, investigações e processos judiciais para punir os envolvidos em atos de corrupção. A cooperação internacional é fundamental para combater redes de corrupção transnacionais, como no caso da Lava Jato e do escândalo dos Panama Papers.

Educação

A educação é uma ferramenta poderosa para fortalecer uma cultura de integridade e ética. Tal estratégia envolve conscientizar a sociedade sobre os efeitos nocivos da corrupção, promover o engajamento cívico e criar mecanismos para incentivar a denúncia de práticas ilícitas.

O combate à corrupção é uma batalha constante em todo o mundo e sempre foi assim ao longo da história da humanidade. Para ser efetiva ela precisa envolver múltiplos atores e atuar, através de esforços conjuntos permanentes, visando fortalecer a transparência, a responsabilidade e a ética nos âmbitos público e privado. É necessário haver vontade política e firmeza moral para desencadear e manter, pelo tempo adequado, ações coordenadas e multidisciplinares com objetivo de prevenir, detectar e punir práticas ilícitas como suborno, fraude, peculato e desvio de recursos públicos. Embora seja difícil de erradicar corruptos e corruptores, é crucial combater a corrupção para assegurar um desenvolvimento sustentável e uma sociedade com oportunidade mais justas para cada indivíduo e organização. Para entendermos melhor a importância do combate à corrupção, vamos examinar dois exemplos: a Lava Jato e o Panama Papers.

Lava Jato

A Operação Lava Jato foi uma investigação policial iniciada no Brasil em 2014 com foco em corrupção na Petrobras e outras empresas estatais. Essa operação entrou para a história ao agir de forma isenta e imparcial, revelando imensos esquemas de corrupção e desvio de recursos públicos envolvendo políticos, empresários e executivos de empresas no país e no exterior. Através de uma atuação corajosa a Lava Jato trouxe à tona grandes casos de corrupção e propina. Obras superfaturadas, pagamento de comissões à políticos para participação em licitações, compra de votos no Congresso e o pagamento de subornos a políticos para apoiar leis favoráveis às empresas envolvidas, são alguns exemplos de crimes descobertos pela investigação. Falaremos mais sobre a Lava Jato em um tópico especialmente dedicado à operação.

Panama Papers

Em 2016, um consórcio de jornalistas revelou ao mundo uma grande quantidade de documentos vazados. No evento, que ficaria conhecido conhecido como Panama Papers, os documentos de um escritório de advocacia panamenho expuseram redes offshore de empresas e contas bancárias secretas usadas para esconder riquezas e fraudar impostos. O Panama Papers trouxe à tona o papel crucial de paraísos fiscais e empresas offshore na lavagem de dinheiro e na ocultação de fortunas.

A reação inicial foi muito mais de assombro e repressão contra a origem do vazamento do que pelos crimes milionários. A lista de personalidades envolvidas nas falcatruas contemplava integrantes da realeza, artistas, políticos, oligarcas e muitos empresários. Somente depois de certa pressão popular é que as engrenagens começaram a girar no sentido esperado, parando de perseguir quem revelou os documentos e se atendo à corrupção que eles comprovavam. Como resultado, autoridades de diversos países lançaram investigações e tomaram medidas para combater a corrupção e a evasão fiscal.

Não resta dúvida, portanto, que o combate à corrupção é fundamental para garantir a transparência, a integridade e a responsabilidade na administração pública e privada. Promover uma cultura de integridade e criar ambientes menos propensos à fraudes e desvios de recursos não depende apenas da iniciativa do governo. É preciso que organizações civis, mídia e cidadãos trabalhem alinhados com o Estado, sem contaminação político partidária ou ideológica. Havendo disposição nesse sentido, algumas estratégias e ferramentas utilizadas no combate à corrupção com êxito são:

Transparência e Acesso à Informação

Uma das maneiras mais efetivas de combater a corrupção é garantir a transparência nos processos governamentais e no setor privado. Isso pode ser feito através da disponibilização de dados e informações públicas em sites e portais de dados abertos. Não devendo haver brechas para exceções de qualquer natureza.

Legislação e Fiscalização

A implementação de leis e regulamentações é fundamental para prevenir e punir práticas de corrupção. Órgãos fiscalizadores devem ter autonomia e capacidade para investigar e punir casos de corrupção, sendo essenciais para garantir a integridade nas instituições públicas.

Cultura de Integridade

A promoção de uma cultura de integridade é fundamental para que indivíduos, organizações e instituições priorizem a ética e a honestidade em seus atos. Isso inclui a educação moral e cívica, a valorização de atitudes éticas e o compromisso com princípios éticos e legais. O bom exemplo começa em casa, com as pequenas decisões em família, e segue por toda a vida do indivíduo através de sua percepção consolidada a partir do convívio social, escolar, profissional e do acompanhamento das notícias.

Cooperação Internacional

O combate à corrupção requer a cooperação entre países, uma vez que a corrupção quase sempre transcende fronteiras nacionais. Tratados internacionais, como a Convenção das Nações Unidas Contra a Corrupção, auxiliam na harmonização de legislações, na cooperação jurídica internacional e no compartilhamento de informações.

Envolvimento da Sociedade Civil

A participação da sociedade civil é essencial para promover a transparência e responsabilizar líderes públicos e empresariais. A mídia, organizações não governamentais e movimentos sociais desempenham um papel fundamental na pressão popular, fiscalização social, na denúncia de casos de corrupção e na pressão por medidas anticorrupção e sua devida aplicação.

No Brasil o combate à corrupção, em tese, deveria envolver múltiplas estratégias e esforços conjuntos, amparado por diversas leis e instituições. Todo o primoroso arcabouço, no entanto, esbarra no fator humano. O sistema ainda permite que alguns poucos indivíduos, instrumentalizados por certo nível de poder funcional, corrompam ou desvirtuem os resultados advindos de qualquer esforço de combate à corrupção. Apesar disso, o Estado brasileiro foi instrumentalizado, ao longo dos anos, com muitas das melhores ferramentas já experimentadas em democracias ao redor do mundo. São instituições e dispositivos legais fundamentais para atuar de maneira eficaz no combate ao crime organizado e ao chamado "crime do colarinho branco". Vejamos algumas das principais instituições e mecanismos que podem contribuir para a prevenção e punição da corrupção. Isso, se o "fator humano" colaborar:

Ministério Público e Polícia Federal

O Ministério Público (MP) e a Polícia Federal desempenham papéis cruciais no combate à corrupção. O MP é responsável por investigar e processar casos de corrupção. A Polícia Federal é encarregada de realizar investigações e apurar crimes de corrupção que, em geral, exigem profissionais altamente capacitados e pesados investimentos em tecnologia.

Tribunais de Contas

As instituições conhecidas como Tribunais de Contas, tais como o Tribunal de Contas da União (TCU), têm a missão de fiscalizar a aplicação de recursos públicos, avaliando a legalidade, legitimidade e economicidade dos gastos públicos.

Controladoria-Geral da União (CGU)

A Controladoria-Geral da União (CGU) é o órgão responsável por prevenir, detectar e punir atos de corrupção nos âmbitos federal, estadual e municipal. A CGU atua em ações de combate à corrupção, como a realização de auditorias, investigações e a imposição de sanções a agentes públicos envolvidos em casos de corrupção.

Conselhos de Ética

Os conselhos de ética são estruturas internas que atuam no âmbito dos órgãos públicos, visando garantir a integridade, a transparência e o cumprimento da legislação. Eles têm a função de investigar denúncias de corrupção e impor sanções aos envolvidos, promovendo uma cultura de ética nas instituições públicas.

Organizações não governamentais (ONGs)

As ONGs, como a Transparência Internacional e o Instituto Brasileiro de Análises Sociais e Econômicas (IBASE), são importantes atores no combate à corrupção. Eles atuam na fiscalização social, na investigação e denúncia de casos de corrupção. Essas organizações também participam da promoção de ações educativas e de conscientização sobre a importância da transparência e da ética na sociedade.

Precisamos lembrar que a luta contra a corrupção no Brasil não é algo recente. Essa é uma batalha árdua e complexa, com raízes históricas, estruturais e culturais. O país recebeu a herança colonial do patrimonialismo, caracterizada pela lógica da troca de favores e pela centralização do poder nas mãos da elite, o que contribuiu para a formação de uma cultura tolerante à corrupção.

Durante a República Velha (1889-1930) a oligarquia dominante, com práticas clientelistas e nepotismo, consolidou a lógica da máquina pública como sendo um instrumento de favorecimento político e pessoal. Depois, durante o Regime Militar (1964-1985) o controle da política e a prática inicial de censura dificultaram o controle social e a investigação de atos de corrupção, perpetuando a cultura da impunidade. Finalmente, após um período de ajustes estruturais e da dinâmica econômica conduzidos nos dois governos de Fernando Henrique Cardoso o Brasil parecia estar pronto para decolar e deixar para trás a herança maldita. Mas, ao invés disso, o país mergulhou no abismo pantanoso da corrupção durante quase quatro mandatos presidenciais consecutivos. Foram treze anos de PT, partido dos trabalhadores e extrema Esquerda, no poder e muitos retrocessos nos mecanismos de controle e combate à corrupção, que precisaram ser sucateados para permitir os crimes.

Toda aquela farra com o dinheiro público revelada durante a Operação Lava Jato só foi possível por conta da existência no Brasil de fatores estruturais que favorecem a Corrupção. A proliferação de partidos políticos nanicos, legendas sem representatividade popular, a dificuldade para a formação de maiorias coesas e a fragilidade da oposição dificultam a aprovação de reformas estruturais e a criação de políticas públicas eficazes no combate à corrupção. Outros fatores são a lentidão, a falta de transparência e a sobreposição de funções na burocracia estatal, pois elas criam oportunidades perfeitas para a prática de atos de corrupção, como o pagamento de propina para agilizar processos. Cria-se a dificuldade para depois vender a facilidade. O elevado custo das campanhas eleitorais é outro fator que não pode ser ignorado.

O financiamento público de campanhas diminui o impacto causado pela dependência de recursos unicamente privados. Afinal, são grandes quantias de dinheiro investidas por grandes empresas, quando o financiamento é apenas privado, o que pode tornar os políticos suscetíveis a influências e práticas corruptas. No Brasil, o financiamento de campanhas eleitorais é feito através de um modelo misto, que permite o uso de verbas públicas e privadas para financiar candidatos a cargos públicos. A parte relativa ao financiamento público é realizado por meio do Fundo Especial de Financiamento de Campanha (FEFC), também conhecido como Fundo Eleitoral. Este fundo foi instituído pela Lei nº. 13.487, de 6 de outubro de 2017, com o objetivo exclusivo de financiar as campanhas eleitorais. Para a parte do financiamento privado, os recursos são obtidos por meio de doações de pessoas físicas ou jurídicas aos partidos políticos e ou aos candidatos, e também por meio da contribuição dos filiados aos respectivos partidos.

Antes de finalizar esse tópico é importante esclarecer o que caracteriza o "fator humano" citado anteriormente como sendo um potencial risco para qualquer arcabouço para combate à corrupção. O fator humano é fundamental para o combate à corrupção, isso é inegável! Os indivíduos desempenham um papel crucial na denúncia, investigação e punição de casos, além de através da mobilização social ser capaz de modelar uma cultura de integridade e transparência. No entanto, não podemos esquecer do universo representado por cada indivíduo. Sendo assim é importante que haja atenção aos riscos e vulnerabilidades relacionados ao fator humano, buscando constantemente fortalecer os mecanismos de controle e supervisão para garantir a eficácia desses sistemas.

Os indivíduos são influenciados por fatores culturais e alguns deles podem alimentar a corrupção. A crença de que a corrupção é algo "normal" ou "inevitável" impede ou dificulta a mobilização da sociedade civil e a cobrança por mudanças. Personalismo e clientelismo são traços de herança cultural que orientam os indivíduos na vida social. Um exemplo é a valorização de relações pessoais em detrimento do mérito e da impessoalidade na gestão pública, o que invariavelmente contribui para o nepotismo, favorecimento e outras formas de corrupção. Ausência sistêmica de uma base educacional voltada para a cidadania aprofunda o nível de suscetibilidade do indivíduo à corrupção. Essa insuficiência de programas que incentivem o senso crítico, a participação social e o respeito à coisa pública acaba por dificultar a formação de pessoas para uma sociedade consciente, vigilante e participativa.

Por fim, o combate à corrupção depende da interação efetiva entre instituições, mecanismos de controle e envolvimento da sociedade civil, para garantir a preservação da integridade e do Estado de Direito. A postura isenta de ideologia ou favorecimento político é de suma importância. Utilizar instrumentos de grande relevância para atingir desafetos políticos ou amenizar crimes de apadrinhados só corrobora para o enfraquecimento da democracia, da cultura de integridade, da dinâmica econômica e também da percepção de segurança jurídica, política e social do Brasil por outras nações.

\#

Reescrevendo a história

Para qualquer brasileiro com mais de dezoito anos de vida a apresentação do que foi a chamada Operação Lava Jato deveria ser dispensável. Deveria, mas não é. Pois sempre podemos contar com os resultados danosos das montanhas de dinheiro investidas, pelos que mais lucravam com os esquemas de corrupção, para ao longo do tempo descredibilizar e reescrever suas próprias histórias. Para piorar, o dinheiro de empresários corruptos recebeu novamente o reforço da máquina do Estado. Isso devido ao retorno ao poder justamente daqueles mesmos políticos que colaboraram para institucionalizar a corrupção generalizada no Brasil.

Pode parecer roteiro de filme de terror, mas é verdade. Ou o povo brasileiro decidiu que a corrupção é um valor nacional ou alguma coisa de muito estranha está por trás da suposta volta dos criminosos à cena do crime através dos votos válidos da maioria dos eleitores. Seja como for, tenho por obrigação fazer um breve resumo do que ficou conhecido como o maior caso de combate à corrupção da história do Brasil e talvez da humanidade. Afinal de contas, você que está lendo esse livro pode ser de outra nacionalidade, morando em outro país e não um dos muitos brasileiros que sofreram um lento e persistente processo de alienação e agora acredita que combater corrupção causou pobreza, atraso para o país e representou uma ameaça para a democracia.

Pessoas poderosas estão fazendo o possível para reescrever a história e a influência ocorre através de opiniões de professores, artistas, políticos, autoridades e propagandas impregnadas de ideologia e conivência com o crime, tudo regiamente patrocinado e muitas vezes disfarçado de material jornalístico ou educacional.

A Operação Lava Jato foi a maior investigação sobre corrupção e lavagem de dinheiro já realizada no Brasil. Ela teve início em março de 2014, com investigações que começaram em Curitiba, sob comando do então juiz federal Sergio Moro, após denúncias de lavagem de dinheiro em um posto de gasolina. O nome "Operação Lava Jato" foi escolhido por causa da utilização da lavagem rápida e posto de combustíveis pela quadrilha que estava sendo investigada.

Os criminosos utilizavam o negócio como fachada para movimentar os valores de origem ilícita. Ainda em 2014, a Polícia Federal deflagrou as fases iniciais da Lava Jato, com operações de busca e apreensão e prisões. O doleiro Alberto Youssef fez delação premiada e mencionou o ex-diretor da Petrobras, Paulo Roberto Costa, dando início às revelações sobre a estatal. Logo descobriu-se uma rede de doleiros que movimentava centenas de milhões de reais em propina e a operação acabou revelando um gigantesco esquema de desvio de recursos públicos envolvendo a Petrobras, grandes empreiteiras e políticos.

Para permitir a análise e processamento do grande volume de dados obtidos e também viabilizar agilidade nas tarefas interdisciplinares, que necessitavam da integração operacional de diversos órgãos de Estado, foi criada a   força-tarefa da Operação Lava Jato. Composta por cerca de 50 procuradores, divididos em equipes especializadas em diferentes áreas, como investigação criminal, análise financeira e combate à lavagem de dinheiro, a força-tarefa da Operação Lava Jato foi liderada pelo procurador Deltan Dallagnol.

Esse grupo especial de procuradores do Ministério Público Federal (MPF), criado em 2014, recebeu o suporte do trabalho anônimo de centenas de analistas, delegados, investigadores e funcionários públicos. Sob a liderança de Deltan Dallagnol e alinhados com a firmeza de objetivos do juiz Sergio Moro, os integrantes da Força Tarefa obtiveram resultados históricos. Unidos para investigar e combater um esquema de corrupção e lavagem de dinheiro na Petrobras e em outras empresas estatais brasileiras, eles redefiniram o que é possível obter e até onde pode-se chegar para alcançar criminosos disfarçados de empresários, políticos e autoridades públicas. Comprovaram, mesmo que por um curto período, apenas alguns anos, que no Brasil ninguém estava acima da lei.

Pouco a pouco, o esquema de corrupção que havia sido instalado na Petrobras para beneficiar financeiramente empresas privadas e políticos, foi sendo descoberto. A investigação revelou que empresas pagavam altos valores em propina para políticos do governo Lula e funcionários da Petrobras, visando obter contratos com a estatal. O dinheiro obtido com a propina era então lavado através de empresas de fachada e contas bancárias no exterior, esvaziando os cofres públicos em benefício da ganância de alguns políticos e empresários corruptos.

Durante cinco anos a força-tarefa atuou sem interferências, em um trabalho incansável. Ela deflagrou diversas operações de busca e apreensão, prisões temporárias e preventivas, e conduções coercitivas. A corrupção não ficou evidenciada apenas por provas contábeis ou suspeitas quanto a origem de recursos, pois tudo isso pode ser facilmente revertido por alguma mudança conveniente no entendimento jurídico, por exemplo. A corrupção ficou registrada pelos fatos, afinal foram firmados acordos de delação premiada com mais de 70 pessoas, que forneceram informações importantes para as investigações, houve a recuperação de mais de R$ 4,5 bilhões em valores desviados somente da Petrobras. E isso não foi algo inventado, a força tarefa não teria como fazer surgir bilhões de reais apenas para incriminar políticos corruptos e empresários sem caráter.

Diversos investigados confessaram a participação no esquema de corrupção, explicando em detalhes o funcionamento e devolvendo aos cofres públicos parte do dinheiro roubado da população brasileira. Entre eles, Costa, diretor de abastecimento da Petrobras entre 2004 e 2012, confessou em 2014 o recebimento de propinas de grandes empreiteiras, como Odebrecht, OAS e Andrade Gutierrez. Segundo confissão, elas pagavam propina por contratos superfaturados com a Petrobras. Sergio Cabral, ex-governador do Rio de Janeiro, delatou esquema de propina e pagamento de vantagens indevidas a políticos e empresas. José Dirceu, ex-ministro da Casa Civil, delatou caixa 2 do PT e outros crimes. Além desses, mais de oitenta executivos da Odebrecht (atual Novonor) fizeram acordo de delação em conjunto em 2017. Até dezembro desse ano, que foi o auge da Operação Lava Jato, a Procuradoria Geral da República (PGR) já informava ter homologado 293 acordos de delação premiada no âmbito da Operação Lava Jato.

Nos anos seguintes, mais e mais executivos dessas e de outras empreiteiras também fecharam acordos de delação, novamente detalhando o esquema que desviou bilhões dos cofres públicos. Mas eles não fizeram isso por arrependimento e sim em troca de benefícios penais. Vários políticos famosos e com destaque nacional foram implicados, como foi o caso do ex-presidente Lula.

Assim, a Lava Jato revelou uma corrupção sistêmica que envolvia parte relevante da classe política e empresarial brasileira. Demonstrou a importância de órgãos de controle e investigação autônomos para responsabilizar poderosos e desmantelar redes criminosas. Após recuperar bilhões de reais que haviam sido roubados dos cofres públicos, obter a condenação de mais de 150 pessoas, incluindo políticos, empresários e funcionários públicos, a Operação Lava Jato se tornou um marco na história do Brasil. Alçada ao status de símbolo, a investigação que teve um impacto significativo no modelo de combate à corrupção no país e contribuiu, pelo menos por curto período de tempo, para a mudança de percepção de credibilidade dos brasileiros na justiça, passou a ser usada como bandeira política.

Depois de um trabalho que durou anos a reação do sistema se consolidou. Como resultado, a força-tarefa da Operação Lava Jato foi dissolvida em fevereiro de 2021. Foi um final melancólico. Investigações em andamento foram incorporadas ao Grupo de Atuação Especial de Combate ao Crime Organizado (Gaeco) do MPF. Assim, apesar do belo discurso de defesa da democracia e de que o combate à corrupção é fundamental para construir uma sociedade verdadeiramente democrática e justa, a prática deixou claro o contrário.

São muitos os setores da sociedade brasileira que, ainda hoje, colaboram para reescrever a história recente do país, invertendo papéis. Em 2023, com o PT e a extrema Esquerda de volta ao poder, novamente associados aos mesmos grupos empresariais, eles querem que todos acreditem em uma nova verdade: Querem fazer parecer que é errado acreditar que havia corrupção generalizada durante os governos do PT. Da mesma forma, é errado acreditar que os crimes revelados pela operação lava jato servirão de lição para que nunca mais se permita que o interesse privado se sobreponha ao público no Brasil.

A "nova verdade" histórica é que tais fatos, inclusive a devolução de bilhões de reais, nunca aconteceram. Toda a operação teria sido uma grande armação política para permitir um Golpe de Estado e a consequente deposição de Dilma, levando junto a credibilidade do Partido dos Trabalhadores e extremistas de Esquerda. Veremos mais sobre esse esforço coordenado para inversão de papéis e suas narrativas fantasiosas no próximo tópico.

Teorias da conspiração e oportunismos políticos demagógicos à parte, a Operação Lava Jato foi a maior investigação de combate à corrupção da história do Brasil e talvez do Mundo. Não vou cansar de repetir, pois os corruptos contam com o silêncio ou a acomodação das pessoas honestas para agirem impunemente. A força-tarefa da Operação Lava Jato obteve diversos resultados importantes, como o desmonte do esquema de corrupção sistêmica que operava na Petrobras e em outras empresas estatais durante os governos do Lula e Dilma. A operação Lava Jato também reescreveu, de maneira legítima e espontânea, a história do Brasil ao inspirar milhões de cidadãos, mostrando que todos devem ser iguais perante à lei.

#

Invertendo papéis

A Operação Lava Jato impactou positivamente a sociedade brasileira, mas também gerou controvérsias e debates acalorados sobre seus métodos, resultados e implicações. É fato que o fim da força-tarefa da Operação Lava Jato se deu devido a uma combinação de fatores como a conclusão de investigações, pressões políticas, influência de grandes empresários e críticas à imparcialidade da operação. A dissolução da força-tarefa resultou, em termos práticos, na integração de seus membros ao Gaeco. No entanto, também resultou na mudança da percepção pública sobre a continuidade da luta contra a corrupção no Brasil.

O impacto social só não foi maior por conta de uma campanha massiva realizada por autoridades e empresários, utilizando os meios de comunicação, ao longo dos últimos anos. Foram propagandas, discursos de políticos e ações de autoridades, tudo provavelmente patrocinado com fartos recursos advindos dos mesmos grupos de interesse que haviam se beneficiado dos esquemas de corrupção anteriormente. No final, o amor venceu e, aparentemente, para a maioria dos eleitores brasileiros ocorreu uma inversão dos papéis. Combater a corrupção sistêmica virou a coisa errada a se fazer. A melhor saída para a população, segundo certas autoridades e alguns empresários, passou a ser entregar, novamente, as chaves dos cofres, com dinheiro público, para os "injustiçados" representantes das quadrilhas que foram perseguidas pela Lava Jato. Vamos nas próximas linhas tentar entender o processo por trás desse fenômeno político e social.

Muitos são os argumentos apresentados por aqueles que defendem uma revisão crítica da Operação Lava Jato e de seu legado. Isso não é um fato novo. Em todas as ocasiões e em qualquer lugar do mundo onde tenham ocorrido operações de combate à corrupção, sempre acontece uma reação promovida e patrocinada pelos criminosos, autoridades aliciadas e políticos corruptos. No Brasil não foi diferente. Algumas autoridades e políticos usaram repetidas vezes a imprensa para atacar os avanços da Lava Jato, defendendo uma revisão crítica da operação e de seu legado.

A história mostra que o "modus operandi" é sempre o mesmo. Indivíduos envolvidos em atividades corruptas e mafiosas, quando confrontados com operações de combate à corrupção, empregam uma série de estratégias em um esforço coordenado para se proteger e preservar suas operações criminosas. Aqui estão algumas das táticas mais comuns, talvez você consiga identificar algumas e assim entender, ainda melhor, o cenário político e institucional brasileiro:

Desinformação e Propaganda: Uma tática comum é usar a disseminação de desinformação e propaganda para confundir o público. São ataques de múltiplas fontes que visam desacreditar as autoridades que estão conduzindo as investigações. Isso pode envolver a manipulação da mídia, a criação de narrativas falsas e a exploração de divisões políticas e sociais. Grandes quantias de recursos financeiros e até mesmo o uso de chantagem ou violência física são utilizados como métodos para obter a colaboração de supostos simpatizantes à causa no judiciário, imprensa e no legislativo.

Negação e Descredibilização: Quase que uma continuação do item descrito acima, essa é uma reação bastante comum entre os corruptos. Eles negam as acusações e tentam descredibilizar as instituições e indivíduos envolvidos nas operações de combate à corrupção. É um vale tudo! Podendo envolver alegações de perseguição política, interesses comercias ocultos, interesses eleitoreiros ou questões de cunho pessoal. São diversas as narrativas criadas para desacreditar as evidências apresentadas e também questionar a integridade dos investigadores.

Intimidação e Violência: Em alguns casos, indivíduos corruptos e mafiosos podem recorrer à intimidação e violência. Pode incluir ameaças ou ataques diretos a investigadores, juízes, testemunhas e suas famílias. O objetivo é criar um clima de medo que possa impedir a cooperação com as autoridades e desencorajar futuras investigações. Essa intimidação tem objetivos diferentes daquela citada na estratégia de desinformação e propaganda. Note que lá a chantagem, suborno e ameaça de violência são utilizadas para que formadores de opinião e magistrados concordem em criar o estado de erro capaz de descredibilizar a operação de combate à corrupção. Enquanto aqui o objetivo é neutralizar o aparato executivo da operação na figura das autoridades envolvidas, uma afronta direta ao Poder do Estado.

Corrupção Institucional: Outra estratégia é infiltrar-se nas próprias instituições que estão encarregadas de combater a corrupção. Isso pode envolver o suborno de funcionários públicos, a manipulação de processos legais e a exploração de lacunas legais. Demanda mais tempo, no entanto é mais sutil e eficaz, ao emprestar uma aparente cobertura de legalidade às ações coordenadas visando assegurar a impunidade dos corruptos e corruptores.

Alianças Políticas: Em alguns casos, indivíduos corruptos e mafiosos podem buscar formar alianças com políticos e partidos políticos. Em troca de apoio financeiro ou outros favores, esses políticos podem ajudar a proteger os corruptos e mafiosos da investigação e perseguição. Os políticos comprometidos mudam leis e regulamentos, influenciam a nomeação de juízes e promotores, ou usam a mídia para moldar a opinião pública a favor das vítimas do opressor malvado. Parece familiar para você?

Conhecendo as estratégias utilizadas pelo crime organizado para reagir às operações que visam impor a lei e a ordem, fica mais fácil compreender as origens de boa parte dos argumentos defendidos e alardeados na imprensa por políticos, magistrados, outras autoridades e jornalistas. Os argumentos em favor de uma revisão crítica da Operação Lava Jato incluem conceitos plausíveis tais quais preocupações sobre a imparcialidade, a suspeita de práticas ilegais, abuso de poder, a desigualdade na punição e o impacto negativo causado na economia. Essas questões, supostamente, seriam legitimas para justificar a necessidade de avaliar criticamente a operação e todo o legado que ela deixou para o sistema judicial brasileiro. Então, vamos conhecer melhor esses argumentos, em um exercício intelectual, supondo estarem isentos de interesse escusos.

"Imparcialidade e interferência política"

Críticos argumentam que a Lava Jato não foi imparcial e que houve interferência política no trabalho dos investigadores e do judiciário. Isso se tornou especialmente evidente após a divulgação de mensagens privadas entre o ex-juiz Sergio Moro e os procuradores da força-tarefa, que revelaram uma aparente coordenação entre os dois lados. Ficou ainda mais grave quando, em 2018, o ex-juiz Sergio Moro aceitou ingressar no governo do Presidente Jair Bolsonaro, que sucedeu ao PT no poder do país. Culminando com o ingresso dos dois principais nomes da Operação Lava Jato na política partidária.

"Acusações de abuso de autoridade e práticas ilegais"

Apontando para denúncias de abuso de autoridade, práticas ilegais por parte dos investigadores e do judiciário, alguns membros do STF, políticos e especialistas em direito acusam a Operação Lava Jato de haver ultrapassado os limites aceitáveis e permitidos. Isso inclui alegações de colaboração ilegal com a delação de executivos da Odebrecht, bem como a suspeita de espionagem de advogados de defesa por parte da equipe da Lava Jato.

"Desigualdade na punição"

Críticos argumentam que a Lava Jato foi seletiva ao punir os envolvidos em esquemas de corrupção. Teriam sido impostas penas mais severas a políticos de Esquerda e aliados do ex-presidente Lula, enquanto políticos de outros espectros ideológicos foram tratados com mais indulgência.

"Impacto negativos na economia"

Há quem argumente que a Lava Jato contribuiu para uma recessão econômica no Brasil. Isso mesmo! Investigar corrupção e o desvio de bilhões de reais em recursos públicos, que deixaram de ser investidos em saneamento, educação e fizeram falta na infraestrutura de saúde durante a COVID-19, atrapalhou a economia do país. Essas pessoas afirmam que a Operação Lava Jato impactou grandes empresas e projetos de infraestrutura, causando um ambiente de insegurança jurídica e reduzindo investimentos estrangeiros no país.

"Lei Anticorrupção e seus efeitos"

Alguns críticos argumentam que a Lei Anticorrupção brasileira (Lei nº 12.846/13), que foi promulgada em meio à Operação Lava Jato, pode ter gerado efeitos negativos. A lei, que endureceu as penas para crimes de corrupção e criou mecanismos para facilitar investigações, é considerada excessivamente punitiva por alguns críticos, pois pode levar a julgamentos precipitados e penas desproporcionais. Também é apontada a inconsistência de alguns dos dispositivos previstos em uma lei elaborada sobre o calor do grito das ruas, como uma resposta apressada à opinião pública.

"Relação com as instituições democráticas"

A Operação Lava Jato tem sido criticada por sua relação conflituosa com as instituições democráticas brasileiras e seus princípios. Alguns argumentam que a operação contribuiu para criar uma espécie de crise de legitimidade das instituições políticas e judiciais, alimentando a polarização política e uma narrativa de "guerra contra a corrupção". Isso, por sua vez, pode ter contribuído para o aumento da popularidade de políticos populistas e antissistema.

"Percepção internacional"

No contexto internacional, alguns críticos argumentam que a Operação Lava Jato estigmatizou o Brasil como um país corrupto. As diversas investigações que resultaram na divulgação de conexões internacionais da corrupção, incluindo empresas e políticos estrangeiros, teriam prejudicado a imagem do Brasil perante o mundo e afetado suas relações com outros países.

Bom, é difícil até de escrever tanto argumento insólito. Reproduzir esses argumentos, perfeitamente orquestrados para combater e deslegitimar o combate à corrupção, nos faz questionar: A culpa não é de quem comete os crimes, rouba dinheiro público, faz com que milhões de brasileiros deixem de ter acesso à educação, saúde e saneamento básico? Estão errados os investidores que percebem o poder paralelo criado pelos corruptos e preferem não investir em um país onde o governo é parceiro do crime? Seria a corrupção sistêmica a responsável por projetar internacionalmente a imagem de um Estado com instituições democráticas fragilizadas, caminhando para a condição de Estado falido ou de sofrer uma ruptura do tecido social? Ou essa percepção no exterior é culpa não da corrupção existente, mas de se investigar tais crimes? Será que os errados são aqueles que tentaram conter esse estado de coisas criminosas? Seriam todos esses argumentos a tentativa de inverter papéis, um imenso fenômeno de relativização moral para garantir impunidade à criminosos poderosos? As respostas, deixo para você que deseja exercitar os neurônios.

Durante todo o governo de Jair Bolsonaro e até mesmo antes a estratégia para inverter papéis foi colocada em prática. Muitos dos argumentos supracitados encontraram acolhida na relação ambígua do governo com a Operação Lava Jato. Ao convidar Sérgio Moro para ser seu ministro da Justiça, inicialmente, Bolsonaro se beneficiou eleitoralmente do discurso anticorrupção, que havia sido popularizado no Brasil durante o processo que levou ao impedimento de Dilma Roussef. No entanto, a relação entre Bolsonaro e a Lava Jato começou a se deteriorar quando investigações envolvendo suspeitas de corrupção e lavagem de dinheiro supostamente passaram a atingir pessoas próximas e aliados políticos.

O enfraquecimento da Operação Lava Jato, na verdade, começou no momento em que Sérgio Moro aceitou o convite para ser Ministro de Estado. Esse foi um movimento devastador! Ao abrir mão da magistratura e da liderança da Operação, Sérgio Moro tornou crível parte dos argumentos falaciosos e abriu caminho para toda sorte de ataques pessoais, que sempre encontrariam reflexos no questionamento da legitimidade da atuação Lava Jato. Com o flanco exposto, os corruptos, "vítimas da opressão judicial", e outros comparsas aproveitaram para avançar, conquistando mais e mais espaço nas mentes e corações da população.

Agravando a situação, a rotina do Governo Bolsonaro oferecia muita matéria prima para que órgãos de imprensa corrompidos, autoridades comprometidas e políticos prejudicados criassem e divulgasse associações e estereótipos negativos. Fornecendo mais e mais lenha para a fogueira do caos, necessária para fazer a população perder a referência de certo ou errado, o governo do Presidente Jair Bolsonaro facilitou a vida de seus opositores, arrastando junto o legado da Operação Lava Jato. Acusações plantadas cirurgicamente, corroboraram para que as certezas desaparecessem das vistas da população. O governo, por exemplo, foi acusado de tentar interferir em órgãos que colaboravam com a Lava Jato, como a Polícia Federal, o Conselho de Controle de Atividades Financeiras (Coaf) e a Receita Federal.

Além disso, o Presidente indicou para o Supremo Tribunal Federal ministros que votaram contra a prisão em segunda instância e a favor do compartilhamento de dados da Lava Jato com outros órgãos. Explorados de maneira sensacionalista, detalhes técnicos foram distorcidos pela imprensa marrom. A ideia era criar a percepção, entre eleitores conservadores e de Direita, de que o governo atuava objetivando enfraquecer ou desmantelar a Operação Lava Jato. Aparentemente, a estratégia de longo prazo, era colocar todos os gatos no mesmo balaio, amainando futuras resistências populares quando um símbolo fosse usado para marcar a mudança de paradigma.

Os desentendimentos surgidos entre o Presidente e seu Ministro da Justiça e Segurança Pública criaram mais factoides que facilitavam o enfraquecimento de todos os envolvidos, menos daqueles que desejavam apagar o legado da Lava Jato. As diferenças entre o Presidente Bolsonaro e o ex-juiz Sérgio Moro tornaram-se insustentáveis, culminando com o pedido de demissão por parte do ministro da Justiça. Ao anunciar sua saída do governo de Jair Bolsonaro no dia 24 de abril de 2020, Sergio Moro alegou que a demissão foi motivada pela decisão do Presidente da República de trocar o diretor-geral da Polícia Federal, Maurício Valeixo, que havia sido indicado para o posto pelo próprio Moro. O evento proporcionou desgaste pessoal para o Presidente e para o ex-Ministro, mas também maculou a imagem de um governo comprometido com a causa do combate à corrupção. E tudo isso foi usado para impulsionar os movimentos daqueles sempre argumentaram contra a Lava Jato. Um dos símbolos da esperança da população brasileira no combate à corrupção e aos abusos dos poderosos, foi habilmente desconstruído.

Os meses foram passando, a propaganda foi sendo intensificada, até que os argumentos e as estratégias citadas no início desse tópico surtiram efeito. Em cerca de cinco anos de trabalho profícuo e meticuloso, parte da sociedade brasileira assimilou, ou melhor introjetou a narrativa. Com a inversão de valores, os criminosos passaram à condição de vítimas incompreendidas ou mártires e aqueles que trabalharam para combater a corrupção são perpetradores de crueldades, destruidores da economia e inimigos da democracia. Talvez o ponto de inflexão da mudança de percepção da população tenha ocorrido através participação da mais alta corte do país. O impacto no inconsciente coletivo de milhares de brasileiros ao ver o Supremo colocando Lula em liberdade e ainda restabelecendo plenos direitos políticos, às vésperas de um novo processo eleitoral, foi devastador.

As pessoas por trás dos esforços para inverter papéis sabem que toda a causa precisa de um símbolo. Nesse caso o ex-presidente Lula foi uma escolha óbvia e inteligente. Contestar a legitimidade do processo contra Lula foi um gatilho poderoso para obter ganhos muito maiores do que a liberdade do ex-presidente. Resultado colateral da Operação Lava Jato ou não, o que importa é que Lula foi condenado por corrupção e lavagem de dinheiro.

Entretanto, a narrativa dos críticos, que sempre argumentaram que o processo contra Lula foi marcado por irregularidades, conseguiu se impor. Prevaleceu a tese da suposta parcialidade do ex-juiz Sérgio Moro, evidenciada pelas mensagens trocadas entre Moro e os procuradores da força-tarefa. Todas, à propósito, dentro da normalidade esperada para uma força tarefa que visava combater criminosos e não os personagens de um conto de fadas. Seja como for, alguma coisa estranha aconteceu. Opiniões foram transmutadas e os entendimentos modificados. E mesmo depois de confirmadas em primeira e segunda instâncias e pelo próprio STF, as sentenças contra o ex-presidente Luiz Inácio Lula da Silva foram anuladas pelo ministro Edson Fachin, do Supremo Tribunal Federal (STF), que declarou a **incompetência** da 13ª Vara da Justiça Federal de Curitiba (PR) para julgar os casos.

Nessa reviravolta anômala, Fachin considerou que os casos contra Lula não estavam relacionados à Petrobrás e, portanto, não se enquadravam no contexto da operação Lava Jato. Segundo a decisão, os processos deveriam ter sido julgados pela Justiça Federal do Distrito Federal. Com a incrível descoberta, que somente ocorreu cinco anos após iniciadas as investigações, os processos foram anulados. Essa anulação foi generosa, incluiu as duas condenações já julgadas em todas as instancias da justiça brasileira e também alcançou dois processos ainda em tramitação referentes ao Instituto Lula.

Com a anulação, Lula recuperou os direitos políticos e se tornou elegível. Posteriormente a decisão de Fachin foi confirmada pelo plenário do STF. É importante ressaltar que não houve análise ou reavaliação do mérito sobre o cometimento dos crimes. Ao invés disso a anulação de todo o trabalho investigativo e análise de sucessivos tribunais, com o gasto de imensas quantias de dinheiro público, foi descartado com base unicamente em um detalhe técnico, que sempre esteve presente para qualquer autoridade que soubesse ou quisesse ler. O cume havia sido conquistado, o símbolo cumpriu seu papel. A população não reagiu, pois já havia sido preparada anteriormente para aceitar de maneira resignada e ordeira, ou até mesmo comemorar o fim da temporada de injustiças! Os papéis foram finalmente invertidos, abrindo caminho para que os mesmos políticos, os mesmos grupos empresariais e seus comparsas retornassem ao poder nas eleições presidenciais de 2022. O amor venceu. Para aqueles indivíduos que se mantiveram lúcidos e rejeitaram os argumentos falaciosos, sobrou a repressão estatal, impondo silêncio em nome da democracia.

Como veremos mais a frente, não é sem motivo que a percepção da população acerca da confiança na justiça ou na própria integridade das instituições democráticas esteja tão abalada, conforme revelam pesquisas de opinião realizadas em 2024.

#

Autofagia dos corruptos

Ao chegar a esse ponto do livro, creio que você já deve ter concluído que combater crime organizado e redes criminosas é um desafio igualmente hercúleo não só no Brasil, mas também para todas as sociedades modernas. São vários os fatores que dificultam os esforços das forças da lei para responsabilização de poderosos e o consequente desmantelamento dessas redes criminosas. Entre os fatores mais comum, estão:

Infiltração em instituições estatais

Uma das principais dificuldades no combate à redes criminosas é a sua capacidade de infiltrar instituições estatais. É comum encontrar os tentáculos do crime organizado e corrupção atuando de dentro da polícia, judiciário e órgãos de segurança. Essa infiltração pode comprometer ações de combate ao crime, impedir o direcionamento correto para investigações, além de ajudar a proteger membros das organizações criminosas através de uma aparente cobertura de legitimidade.

Violência e intimidação

Como vimos anteriormente, o uso de violência e intimidação por redes criminosas é outro obstáculo no combate à criminalidade organizada. O medo que os criminosos impõem sobre populações inteiras, inclusive sobre agentes públicos, é uma estratégia eficiente para controlar territórios e garantir a impunidade. O grande poder econômico associado ao alcance capilar obtido pela infiltração, faz dos criminosos uma ameaça onipresente e difusa, interferindo na capacidade de discernimento e decisão da população.

Globalização do crime

A globalização do crime permitiu que redes criminosas atuassem simultaneamente em vários países, o que dificultou, ainda mais, a ação das autoridades nacionais e passou a exigir maior grau de cooperação internacional. Redes criminosas aumentam a complexidade de atuação ao incluirem laços transnacionais, tornando mais difícil a investigação e a prisão de criminosos influentes. Além de dificultar o rastreio ou identificação e individualização, a globalização do crime favorece aos criminosos na medida que permite que eles se beneficiem de leis e sistemas judiciais diferentes, sempre buscando abrigo nas mais benevolentes ou com lacunas que permitam a impunidade.

Lavagem de dinheiro

A lavagem de dinheiro é uma prática comum em redes criminosas. São muitos os meios utilizados para fazer com que o dinheiro ilícito seja "limpo" e depois possa ser inserido na economia formal, sem levantar suspeitas. Compra e venda de arte, uso de criptomoedas não rastreáveis ou negócios de fachada, semelhantes à cadeias de restaurantes, são apenas exemplos simplórios em um oceano de possibilidades. Lavagem de dinheiro cria obstáculos para as investigações, dificulta a identificação dos criminosos e do patrimônio derivado, pois o rastro financeiro sofre manipulações para esconder a origem ilícita do dinheiro.

Corrupção política

Se você, que está lendo esse livro, é do Brasil, peço desculpas por escrever sobre o óbvio. Afinal, todo brasileiro aprende desde os primeiros anos de vida o quanto a corrupção de políticos e seu alinhamento com o crime organizado é real e perigoso. Aprende ao perceber que os esforços de seus pais, pagando enormes percentuais de impostos, não retornam em educação e saúde de qualidade. Pelo contrário, a corrupção na política deteriora mais e mais as condições sociais para manter o eleitor, cada vez mais, dependente de algum projeto assistencialista. Mas se você nunca morou no Brasil, permita-me explicar que a corrupção política também é um grande desafio no combate às redes criminosas.

Políticos corruptos geralmente se associam ao crime organizado ou narcotráfico. Dessa maneira em um esquema de assistência mútua, os políticos conseguem oferecer proteção aos criminosos, impedir ou comprometer investigações. Corrupção política permite que organizações criminosas tenham influência sobre a elaboração de políticas públicas sociais e até na área de segurança. Tal nível de infiltração favorece à lavagem de dinheiro e o tráfico de drogas, armas e outros bens ilegais. Quando atinge um grau muito elevado, a corrupção política somada a outros fatores possibilita o surgimento de Narco Estados.

Dificuldades na colaboração internacional

Embora a cooperação internacional seja crucial para o combate ao crime organizado, muitas vezes há dificuldades para que isso ocorra de forma eficiente. Combater o crime organizado utilizando colaboração internacional requer esforços coordenados e uma abordagem multidisciplinar. Sempre será preciso adaptar ou pelo menos equalizar as diferenças jurídicas, políticas e institucionais entre os países interessados. O forte ruído artificialmente gerado pela atuação de políticos e autoridades corruptas é facilmente potencializado pelos chamados "interesses nacionais", dificultando a

obtenção de resultados de amplo espectro através de colaboração internacional. O fortalecimento da confiança, a
harmonização das legislações de cada país e a melhoria da
capacidade institucional são passos considerados cruciais
para aumentar a eficácia da cooperação internacional contra
o crime organizado.

Líderes e presidentes corruptos usam o poder público para
benefício próprio, desviando recursos, favorecendo aliados, re-
primindo opositores e manipulando eleições. Mas o que acontece com líderes, autoridades e presidentes corruptos quando
finalmente são responsabilizados por seus atos? Alguns dos
casos mais notórios de corrupção na história recente da humanidade são:

Mohamed Suharto, presidente da Indonésia de 1967 a 1998,
acusado de desviar entre 15 e 35 bilhões de dólares durante seu
regime autoritário. Suharto foi deposto por uma revolta popular após a crise econômica asiática de 1997. Ele morreu em
2008 sem ser julgado pelos seus crimes.

Ferdinand Marcos, presidente das Filipinas de 1965 a 1986,
acusado de desviar entre 5 e 10 bilhões de dólares e de violar
os direitos humanos durante a lei marcial que impôs em 1972.
Marcos foi derrubado por uma revolução pacífica conhecida
como People Power em 1986. Ele morreu no exílio em 1989.

Mobutu Sese Seko, presidente da República do Congo (antigo
Zaire) de 1965 a 1997, acusado de desviar cerca de 5 bilhões de
dólares e de instaurar uma ditadura brutal. Mobutu foi forçado
a renunciar após uma rebelião armada liderada por Laurent
Kabila em 1997. Ele morreu no exílio em 1997.

Sani Abacha, chefe de Estado da Nigéria de 1993 a 1998, acusado de desviar entre 2 e 5 bilhões de dólares e de reprimir

violentamente a oposição durante seu governo militar. Abacha morreu repentinamente em 1998, supostamente por envenenamento. Seus familiares e associados foram processados pela recuperação dos fundos roubados.

Alberto Fujimori, presidente do Peru de 1990 a 2000, acusado de desviar cerca de 600 milhões de dólares e de violar os direitos humanos durante seu autogolpe em 1992. Fujimori renunciou por fax em 2000 após um escândalo de corrupção envolvendo seu assessor Vladimiro Montesinos. Ele fugiu para o Japão, mas foi extraditado em 2007. Ele foi condenado a 25 anos de prisão em 2009.

Silvio Berlusconi, que foi chefe de governo da Itália várias vezes, foi condenado, em 2013, a sete anos de prisão por abuso de poder e prostituição infantil. No entanto, sua pena foi posteriormente reduzida e ele cumpriu um ano de trabalho comunitário.

Luiz Inácio Lula da Silva, ex-presidente do Brasil foi investigado no âmbito da Operação Lava Jato, condenado em primeira e depois em segunda instância a 12 anos e um mês de prisão por corrupção passiva e lavagem de dinheiro. Ele foi o primeiro ex-presidente do Brasil a ser condenado por corrupção pela Justiça.

Ollanta Humala, presidente do Peru entre 2011 e 2016, e sua esposa, Nadine Heredia, tiveram prisão preventiva de 18 meses decretada em julho de 2017. Foram descobertas ligações com o escândalo de corrupção da Odebrecht. O casal foi acusado de lavagem de dinheiro devido ao recebimento de caixa dois durante as campanhas eleitorais de 2006 e 2011.

Alejandro Toledo, antecessor de Humala na presidência do Peru, também foi denunciado na Operação Lava Jato. Em fevereiro de 2020, o ex-presidente do Peru, Alejandro Toledo, foi extraditado dos Estados Unidos para enfrentar acusações de corrupção no Peru. Ele foi acusado de ter recebido US$ 20 milhões para favorecer a construtora brasileira Odebrecht em uma licitação para a obra da estrada inter-oceânica, que liga o país ao Brasil.

Pedro Castillo, em dezembro de 2022, o presidente do Peru, foi removido do cargo e preso após tentar dissolver o Congresso em meio a investigações de corrupção. Foi acusado de liderar uma "organização criminosa" no Palácio de Governo e receber subornos em troca de contratos públicos.

Nicolas Sarkozy, Em março de 2021, o ex-presidente francês Nicolas Sarkozy foi condenado a três anos de prisão por corrupção e influência indevida. Ele foi acusado de tentar obter informações sigilosas de um promotor em troca de ajuda em sua campanha eleitoral. Depois em maio de 2023, a Justiça da França confirmou a condenação de Sarkozy a três anos de prisão, incluindo um ano de cumprimento obrigatório em casa com o uso de tornozeleira eletrônica, por corrupção e tráfico de influência no caso das "escutas telefônicas".

Estes são apenas alguns exemplos de líderes e presidentes corruptos que foram depostos por diferentes meios: Revoltas populares, intervenções militares, pressões internacionais ou processos judiciais. Em todos os casos, a sociedade civil teve um papel fundamental para denunciar os abusos, exigir justiça e defender a democracia. Os movimentos não surgiram por serem legais ou divertidos, eles surgiram do desespero e do caos.

A corrupção ocasiona desigualdade social, reduz a qualidade dos serviços públicos e dificulta o acesso à educação, saúde, moradia e segurança. Também causa ineficiência econômica e por fim a instabilidade política que favorece o colapso da instituições democráticas com o surgimento de conflitos, violência e atos de extremismo. A corrupção quando atinge níveis sistêmicos, incluindo chefes do Poder Executivo, Judiciário ou Legislativo, é um fenômeno político autofágico, criando as condições suficientes e necessárias para sua própria destruição.

DESCENTRALIZADA E DISTRIBUÍDA

Informação sem amarras

Nesse tópico vamos analisar, com vistas aos processos políticos e decisórios, a influência da informação descentralizada e distribuída. Ela se manifesta através de novas tecnologias, nas redes sociais, internet e outros meios modernos também empregados para o exercício da cidadania. É inegável que as novas tecnologias de informação e comunicação, em especial a internet e as redes sociais, provocaram uma transformação significativa na política contemporânea. Permitindo que qualquer indivíduo ou grupo produzisse e compartilhasse informações de forma descentralizada, essas ferramentas diluíram o monopólio estatal e privado sobre a informação. Isso teve e ainda terá profundas consequências sobre os processos políticos e a tomada de decisão na esfera pública, como veremos mais à frente em detalhes.

Grande parte da mudança só foi possível graças ao conceito de resiliência intrínseco à internet. Sua estrutura permite que movimentos descentralizados surjam e se coordenem com mais facilidade, sem necessidade de hierarquias rígidas. As "revoluções coloridas" e a "Primavera Árabe" são exemplos de como a informação em rede permite mobilização política ampla. Campanhas online também facilitam a participação cidadã em questões públicas. Além disso, com o emprego de tecnologias de comunicação descentralizadas, com larga escala de alcance, os governos perdem o controle sobre o fluxo de informações e enfrentam os desafios de precisar agir com mais transparência ou poderão ter suas mentiras desmascaradas em tempo real. Desde que a internet se popularizou, escândalos de corrupção e violações de direitos humanos passaram a ser expostos com mais frequência pela sociedade civil.

Consequência natural do processo democrático, o acesso facilitado a informações começou a impactar os processos eleitorais. Em democracias mais avançadas e consolidadas a reação dos políticos, inicialmente, foi investir cada vez mais em campanhas com foco na comunicação direta com o eleitor, utilizando redes sociais e aplicativos de mensagem. No entanto, nas repúblicas de banana, nos países com democracia de papel ou sob o jugo de governos ditatoriais a reação foi bem diferente. Vamos compreender o fenômeno através do qual o fortalecimento de vozes cidadãs passa a representar, para algumas autoridades, a difusão de notícias falsas em larga escala, desinformação ou disseminação de "Fake News".

#

Propaganda ou Informação

A informação desempenha um papel essencial na construção de opiniões, na formação de atitudes e na tomada de decisões políticas e sociais. Quando derivadas de notícias, ela é vista como um bem público, que deve ser produzido e divulgado com imparcialidade e precisão. As notícias são fontes importantes de informação para a população, pois permitem que os cidadãos fiquem informados sobre os acontecimentos locais, nacionais e internacionais, bem como sobre as atitudes e políticas dos governos, autoridades e demais cidadãos. No entanto, a informação também pode ser manipulada e distorcida para promover interesses particulares, como a propaganda política e a desinformação. Nesse sentido, a qualidade da informação é fundamental para garantir o funcionamento saudável da democracia e a participação cidadã.

No âmbito do conhecimento gerado para a sociedade, a informação é vista como um instrumento para o desenvolvimento social, econômico e humano. Ela é fundamental para a educação, a pesquisa científica, a inovação tecnológica e a tomada de decisões informadas em diferentes áreas, como saúde, meio ambiente, economia e políticas públicas. Também desempenha um papel importante na promoção da transparência e da responsabilidade governamental, permitindo que a sociedade acompanhe e fiscalize as atividades dos governos, autoridades e das instituições públicas. Além disso, a informação é essencial para a promoção dos direitos humanos e da cidadania, permitindo que os cidadãos exercitem a plenitude de seus direitos políticos e sociais.

A capacidade de distinguir propaganda de informação factual é crucial para qualquer cidadão em uma democracia moderna. Propaganda refere-se a informações enviesadas criadas e disseminadas primariamente para influenciar opiniões políticas, ideológicas ou para promover uma agenda específica. A propaganda geralmente apresenta fatos seletivamente, omite informações importantes e faz apelos emocionais para moldar percepções. Por outro lado, informação refere-se a fatos objetivos, dados e análises apresentados com precisão, sem distorções intencionais. A informação de qualidade busca aumentar o entendimento do público sobre questões relevantes, sem buscar persuadi-lo a adotar uma posição em particular. Enquanto a propaganda é tendenciosa, a informação é equilibrada. A propaganda simplifica demais perspectivas complexas, ao passo de que a informação as expõe em sua complexidade. A propaganda diz às pessoas o que pensar, por outro lado a informação lhes fornece os insights necessários para pensar por conta própria.

Sob a crença de que a manutenção do poder justifica os meios, muitos políticos e autoridades, insistem em usar a propaganda como tática. Para obter vantagens pessoais e de curto prazo, eles ignoram os ensinamentos do passado. Pois a história da humanidade possui diversos exemplos de consequências danosas para a sociedade ocasionadas pelo uso indiscriminado da propaganda por governantes inescrupulosos. Além de envenenar a habilidade das pessoas de fazer escolhas informadas e de serem cidadãos críticos, a propaganda permite a prevalência artificial de regimes, governos, ideologias e modelos de governança baseados em corrupção ou ineficiência. Entretanto, quando atinge um ponto crítico todos os canais de comunicação e mensagens são invalidados por indivíduos enfurecidos. Em pouco tempo o despertar do transe propagandístico atinge a maioria da população. Por fim, movimentos populares causam direta ou indiretamente a ruptura do sistema, levando à profundas mudanças no cenário político e social.

Portanto, a propagação intencional de informações enviesadas e enganosas é antiética e representa uma ameaça à democracia. Os canais empregados também influenciam na amplitude e predisposição da audiência em assimilar como verdade a mensagem recebida. Acredito que expor a diferença crucial entre propaganda e informação é essencial para manter o verdadeiro poder de uma democracia sob a guarda dos cidadãos e melhorar a qualidade do discurso público. Da mesma forma, compreender os novos paradigmas da comunicação na sociedade de 2024 em diante, ajuda a identificar o porquê do atual desespero de governantes, regimes autoritários, corporações de mídia tradicional e de algumas autoridades no Brasil. Todos assustados diante da fluidez orgânica da informação que, cada vez mais, é distribuída espontaneamente em circuitos informais com topologia de rede e, portanto, fora do controle governamental. É sobre isso que o próximo tópico vai tratar.

#

Fim do monopólio das narrativas

Informação descentralizada e distribuída é um fenômeno social decorrente da popularização de tecnologias que permitem comunicação quase que instantânea, universalizada e de baixo custo. Sua rápida assimilação por sociedades de todo o mundo fez da informação descentralizada e distribuída uma ferramenta para o exercício da cidadania e resistência democrática. Em uma sociedade cada vez mais digital, o controle das dinâmicas entorno do acesso e disseminação de informação se tornou um recurso de extremo valor, assumindo contornos estratégicos para governos e grandes corporações. No entanto, a forma como essa informação é armazenada e controlada está mudando rapidamente.

Durante muitos anos a uniformização de narrativas e o acesso aos meios com capacidade de comunicar para as massas foi monopólio de grandes empresas de mídia. Depois, esse poder passou a ser compartilhado com conglomerados de tecnologia, mas sempre sob forte influência de governos ou correntes ideológicas. Tal exclusividade associada à facilidade de modulação levantava constantemente preocupações sobre censura, manipulação e falta de transparência. Nesse contexto, a informação descentralizada e distribuída surgiu como uma alternativa promissora. Com uma abordagem descentralizada, a ideia principal é que a informação não deve ser controlada por uma única entidade, mas sim distribuída entre diversos pontos de uma rede. Isso torna a informação mais resiliente a ataques e manipulações, além de garantir maior transparência, personalização da mensagem e acessibilidade.

Você, eu, nossos familiares e amigos, todos, nos dias atuais, fazemos uso dos benefícios da informação descentralizada e distribuída. É uma daquelas coisas que a civilização adota com tamanha capilaridade e rapidez que, passados alguns poucos anos, seu uso se torna transparente. Um bom exemplo do conceito de informação descentralizada e distribuída é o seu emprego na área da tecnologia. Nesse caso a informação descentralizada e distribuída se refere a dados que não são armazenados em um único servidor ou local, mas sim em uma rede de computadores. Essa rede pode ser pública, como a internet, ou privada, como uma rede blockchain.

Não foi à toa que esse modelo sofreu uma adoção rápida e extrapolou o próprio limite imaginado para sua aplicação, isso vem ocorrendo a cada nova implementação desenvolvida para facilitar a comunicação entre pessoas. As vantagens da informação descentralizada e distribuída são muitas. Ela oferece maior segurança, pois é mais difícil de ser hackeada ou censurada, isso se deve a não haver um único ponto para servir de referência ou alvo para o ataque ou influência. Também possui maior transparência, uma vez que todos os participantes da rede podem ter acesso à mesma informação, o que dificulta a manipulação e a propaganda. Outra vantagem da informação descentralizada é poder ser acessada, produzida e difundida por qualquer pessoa com uma conexão à internet, o que democratiza o acesso à informação. Por fim, mas longe de esgotar as vantagens, a informação descentralizada e distribuída permite o desenvolvimento de ambientes nos quais os usuários têm mais controle sobre seus próprios dados, pois não precisam armazená-los em servidores controlados por terceiros, da mesma forma cidadãos podem escapar da censura, perseguição política e criminosos ao utilizar ferramentas que assegurem o anonimato e não rastreabilidade.

São muitos os exemplos de uso da informação descentralizada e distribuída sendo usada para o exercício da cidadania. A promoção da transparência é um dos casos em que governos e empresas podem usar a tecnologia para tornar suas operações mais transparentes e acessíveis ao público. Mas quando tal iniciativa não ocorre, os próprios indivíduos podem utilizar a informação descentralizada e distribuída para expor abusos, práticas antiéticas ou casos de corrupção, usando recursos como Wikileaks ou plataformas com tecnologia p2p (pessoa para pessoa). Dessa maneira, qualquer cidadão pode contribuir para o combate à corrupção, pois a informação descentralizada permite monitorar atividades corruptas e também denunciar irregularidades com rapidez, alcance e relativa segurança.

Outro exemplo é a organização de ambientes virtuais para debates públicos sobre questões importantes, gerando o fortalecimento da participação pública nas questões que afetam seu entorno. A facilidade com que cidadãos podem usar essa ferramentas descentralizadas para se organizar e participar de reuniões ou debates não encontra precedentes na história da humanidade, principalmente ao levarmos em consideração o alcance, a abrangência e rapidez. É óbvio que tamanho poder nas mão de indivíduos, que não fazem parte do círculo de "confiança" de governos corruptos ou regimes autoritários, não poderia ficar sem alguma reação institucional.

As tentativas de demonização das informações passadas de pessoa a pessoa ou de conteúdo criado por indivíduos fora do sistema citam esses conteúdos como um crime terrível. No Brasil, por exemplo, são as malditas "Fake News". Todo esse escarcéu armado com apoio da imprensa marrom, autoridades do judiciários, processos e discursos afirmando que tudo está sendo feito em nome da proteção da democracia, nada mais é do que o sistema tentando se proteger ou retomar o controle da narrativa. Corruptos e ditadores tentam, desesperadamente, colocar o "gênio"de volta na lâmpada. Porém, a notícia boa é que não tem volta. A informação descentralizada e distribuída é resistente à censura, propaganda ou modulação, o que protege o direito à liberdade de expressão e a transforma em uma poderosa ferramenta de resistência democrática.

Nos últimos anos vimos a explosão de soluções utilizando o conceito de informação descentralizada e distribuída nas mais diversas áreas. Uma que ficou muito famosa, devido ao uso no bitcoin e outras criptomoedas, foi a utilizada nas redes blockchain. A tecnologia blockchain vai muito além do emprego que a popularizou, ela permite a criação de registros públicos e imutáveis de transações, o que pode ser usado para diversos fins, como rastreamento de doações, registro de votos ou propriedade e proteção de direitos autorais.

Outra aplicação do conceito de informação descentralizada e distribuída influenciou o desenvolvimento de plataformas de mídia social descentralizadas. São iniciativas como Mastodon e Diaspora que permitem a comunicação entre usuários sem a necessidade de intermediários, o que torna a comunicação mais resistente à censura e manipulação. Nesse sentido, foram criadas ferramentas como Etherpad e Loomio que inovaram ao permitir que grupos de pessoas trabalhem conjuntamente em documentos e projetos de forma descentralizada e transparente, viabilizando colaboração online sem fronteiras e sem controle de grandes corporações ou governos.

Talvez, estejamos assistindo apenas ao início de um novo padrão comportamental que somente está sendo viabilizado devido a adoção de soluções baseadas no conceito de informação descentralizada e distribuída. Existem muitos desafios a serem superados, como a necessidade de garantir a segurança e a confiabilidade da informação gerada, bem como a necessidade de educar os cidadãos sobre como usar essas ferramentas em proveito próprio, da sociedade e da democracia. Apesar do desespero de governos corruptos ou autoritários, o potencial da informação descentralizada e distribuída para transformar a sociedade é enorme. Isso porque permite que a informação seja um bem público, acessível a todos, e também permite que a cidadania seja exercida por todos de forma plena e totalmente autônoma.

#

Empoderamento pelas redes

Pessoas, no mundo todo, estão interagindo em ambientes digitais, integradas à múltiplas redes, sem nem mesmo perceber a dimensão do poder que essa tecnologia pode representar em suas vidas em termos profissionais, sociais e políticos. Talvez, os indivíduos capazes de extrair os melhores resultados de cada inovação e com menor nível de esforço, sejam os jovens. Eles estão usando a informação descentralizada e novas tecnologias para influenciar politicamente e escapar da opressão estatal. Para a maioria dos jovens o uso de tecnologia, mesmo as mais complexas, ocorre de maneira transparente, quase que instintiva, pois já nasceram e foram criados fazendo uso dela. Isso favorece uma espécie de revolução da informação contra o autoritarismo.

Nas últimas décadas, jovens têm utilizado as ferramentas digitais e a descentralização da informação para desafiar governos opressores e transformar o cenário político. É incrível o poder transformador do acesso à informação e à comunicação livre. As intervenções não se limitam geograficamente aos problemas da cidade ou país em que os jovens residem. Eles desafiam o "Sistema" munidos apenas de criatividade e acesso à tecnologias em rede. Na China, por exemplo, apesar da forte censura digital, jovens conseguem driblar o firewall do governo e obter acesso à informações proibidas pela ditadura.

Cidadãos chineses, da mesma forma que os de vários outros países sem liberdade e garantias democráticas, descobriram o poder das VPNs (Virtual Private Networks). Em pouco tempo, algumas tecnologias se popularizaram como ferramenta de resistência. As VPNs são redes privadas virtuais, simplificando, elas criam uma espécie de "túnel"com informações criptografadas, permitindo que os usuários acessem sites e conteúdos bloqueados por governos ou decisões arbitrárias de alguma autoridade. Essa tecnologia permite que os usuários se conectem a servidores em outros países, mascarando a sua localização real e, por conta disso, contornando as restrições impostas com base nos dados de sua localização. Graças ao uso de VPNs o bloqueio do governo chinês à sites como Facebook, Twitter e Instagram pode ser contornado, permitindo aos cidadãos chineses compartilhar informações e ter acesso à notícias que não são permitidas na mídia estatal.

Outra solução para superar as limitações de ditaduras ou a invasão de privacidade promovida por governos é o uso de aplicativos de mensagens com conteúdo criptografado. São aplicativos como WhatsApp, Telegram e Signal que usam criptografia de ponta a ponta, o que significa que as mensagens são criptografadas no dispositivo do usuário e só podem ser descriptografadas pelo destinatário. Isso torna mais difícil para o governo monitorar e censurar as comunicações entre os cidadãos. E quando o assunto é privacidade e anonimato, não podemos deixar de citar a importância do uso de navegadores privados e buscas anônimas. Navegadores como Tor permitem que os usuários acessem a internet de forma anônima e evitem a vigilância do governo. Além disso, motores de busca privados como DuckDuckGo ajudam os usuários a encontrar informações sem rastrear suas buscas, seja para fins comerciais ou para repassar à governos com práticas antidemocráticas.

O uso do fator surpresa também oferece vantagens na disputa entre opressores e cidadãos oprimidos. Determinadas tecnologias fogem ao escopo da vigilância estatal, simplesmente por não serem usualmente utilizadas para fins políticos. Uma vez adotadas ou criativamente adaptadas para tal, escapam ao controle das autoridades, demorando a serem detectadas. Foi o que ocorreu durante os protestos em Hong Kong, quando os manifestantes, majoritariamente estudantes, se organizaram por fóruns online como o LIHKG para escapar da vigilância estatal. Tal artimanha permitiu que fossem compartilhadas informações cruciais sobre o andamento das manifestações e das táticas recomendadas para se proteger da repressão policial.

No Oriente Médio, muitos jovens frustrados com regimes autoritários usaram o Facebook e Twitter para se conectar e organizar protestos. Na época, a abordagem era inovadora e foi eficaz porque o governo ainda não monitorava essas redes. Por meio das plataformas digitais eles conseguiram, durante a Primavera Árabe em 2011, mobilizar multidões. O uso das redes permitiu burlar a repressão, compartilhando informações e imagens das manifestações com o mundo em tempo real.

Embora essas tecnologias ajudem os cidadãos a escapar das limitações impostas pelo governo, por criminosos ou devido à ordens judiciais, é importante ressaltar que seu uso também pode ser arriscado e levar a consequências legais ou represálias. Como qualquer ferramenta, o uso precisa ocorrer dentro de determinadas condições para que se obtenha o resultado esperado. O alerta é válido porque ditaduras, governos e grupos criminosos também tem investido em tecnologias para censurar e controlar a internet. Novas tecnologias estão sendo adotadas como forma de contra-medidas, para rastrear, perseguir e responsabilizar indivíduos que resistam às limitações autoritárias. Dessa forma, a luta pela liberdade de informação e comunicação é uma batalha contínua. O cidadão bem informado tem como aliada a utilização dos recursos das redes descentralizadas e distribuídas.

#

Regulação estatal das redes

Nos últimos anos, governos ao redor do mundo vêm propondo diversas formas de regulamentação das redes sociais e conteúdo online. Em geral, quando existe pressa ou grande interesse do Estado em estabelecer regulação e não há apoio legítimo da maioria da população, o propósito está corrompido. A regulamentação das redes sociais e conteúdo online é um exemplo de tal descompasso. Ninguém sabe até que ponto a intervenção estatal pode estar usando como pretexto a tentativa de solucionar problemas frugais para impor medidas que representem riscos à liberdade de expressão. Mas todos sabem o quanto é difícil reconquistar cada centímetro de liberdade e democracia. Principalmente quando elas são cedidas sem qualquer resistência, apenas pela inocente confiança no bom senso de políticos, governantes ou autoridades, que se acham melhor preparados intelectualmente do que o restante da população.

E óbvio que os defensores da regulação afirmam que ela é necessária para conter desinformação, discursos de ódio e atividades ilegais online. Regras contra notícias falsas em períodos eleitorais, por exemplo, tentam coibir manipulação política. Já a exigência de remover conteúdos que incitem violência ou preconceito visa proteger minorias e grupos vulneráveis. Algumas propostas exigem mais transparência das plataformas sobre seus algoritmos e método para moderação de conteúdo. Isso, supostamente, permitiria entender melhor como a desinformação se espalha nas redes e como as decisões das empresas impactam o debate público.

Em 2024, o Canadá introduziu o projeto de lei conhecido como "Lei de Prevenção de Danos Online", que uma vez aprovado objetiva combater o abuso online e impor severas penalidades para crimes de ódio, incluindo a prisão perpétua. A lei impõe requisitos de responsabilidade e transparência aos operadores de redes sociais em todo o país, incluindo a criação de mecanismos de denúncia e resposta a conteúdos nocivos, bem como a obrigação de elaborar relatórios anuais sobre a moderação de conteúdo. Para alguns, a peça autoritária canadense, proposta como lei, representaria um avanço democrático para regulação das redes. O que mesmo esses defensores mais ferrenhos não podem negar é que estabelecer um quadro regulatório mais rigoroso para plataformas digitais e impor penalidades severas, sempre terá como consequência o avanço da influência do Estado sobre o conteúdo ou o seu alcance.

Os críticos alertam que governos podem abusar dessas regulações para censurar opiniões dissidentes e restringir liberdades. Em regimes autoritários, leis digitais servem claramente como ferramentas de controle estatal da informação. Mesmo em democracias de verdade, definir os limites aceitáveis para o exercício da livre expressão através das redes é uma tarefa muito delicada. Também existe o fato de que as grandes plataformas são controladas por empresas que, por sua vez, possuem seus próprios interesses comerciais. Permitir que empresas privadas tenham o poder de decidir o que os usuários podem ou não dizer online, também representa um grave problema. Elas não devem ter o poder de arbitrar sozinhas o discurso público, seja na esfera digital ou em qualquer outra. Ainda no âmbito da iniciativa privada, uma regulação excessiva pode inibir a inovação e a criatividade nas redes sociais e na internet, já que as empresas poderão ter medo de experimentar novos modelos de negócios e tecnologias.

A regulação estatal abre espaço para criar a exigência de que empresas de tecnologia forneçam aos governos dados pessoais de usuários, o que pode violar a privacidade individual e a segurança dos dados. Isso claramente facilita o abuso de poder por parte dos governos, que podem usar a regulação para perseguir com precisão opositores políticos ou restringir a sua liberdade de expressão. Mesmo não havendo a normatização, as empresas são reféns da pressão estatal. Isso ficou evidente nas denúncias feitas pelo jornalista Michael Shellenberger através do chamado "Twitter Files Brasil".

Portanto, a regulação oferece riscos significativos, como censura, violação da privacidade, restrição à inovação e criatividade, desequilíbrio na concorrência e abuso de poder. Parece difícil encontrar um equilíbrio entre a regulação, supostamente necessária para proteger os cidadãos, e a preservação dos valores democráticos de liberdade de expressão e privacidade. Não existem soluções simples ou apressadas. Somente o debate público saudável com responsabilidade compartilhada entre empresas, sociedade e governos pode trazer algum avanço duradouro e legítimo. Talvez, modelos de autorregulação com supervisionamento externo sejam alternativas viáveis para evitar os extremos da censura estatal ou da anarquia corporativa.

#

Filtrando o ruído

Diante das tentativas de governos, empresas e autoridades de justificar o avanço de medidas antidemocráticas ou que limitem a liberdade de expressão como sendo formas legítimas de combater as chamadas "Fake News", aumenta a importância da adoção, por cada cidadão, das melhores práticas possíveis para neutralizar a desinformação. Essa atitude oferece ao menos dois desdobramentos valiosos para a sociedade:

Primeiro, esvazia a narrativa estatal ou corporativa de que o cidadão precisa ser protegido através da regulação ou limitação de suas liberdades fundamentais.

Segundo desdobramento, ao ser capaz de identificar "Fake News", o indivíduo retira da comunicação o ruído e alimenta um circuito virtuoso que enriquece o debate de ideias, a percepção da sociedade sobre a real situação política, econômica e social. Tal atitude, empresta ainda mais poder ao cidadão, tornando o uso da informação descentralizada e distribuída mais relevante para a democracia. Ao mesmo tempo, eliminar o ruído alimenta o primeiro desdobramento citado, tirando dos governos, empresas e autoridades o seu principal argumento para censurar em nome do bem comum. Então, vamos ver como fazer a nossa parte.

As notícias falsas, boatos, acusações caluniosas não são novidade. O grande diferencial dos dias atuais é a facilidade de criação e propagação delas. No ambiente digital, com as benesses da informação descentralizada e distribuída qualquer faísca pode se tornar em um incêndio de grandes proporções. Em menos de alguns segundos uma única pessoa pode criar e enviar conteúdo para centenas de contatos e esses podem repassar para seus contatos, criando uma rede sob influência daquele conteúdo inicial. Assim as chamadas "Fake News" podem chegar até você disfarçadas de artigos jornalísticos, noticiário televisivo ou mensagens compartilhadas nas redes sociais. Independentemente do meio no qual elas são disseminadas, o ponto fulcral é o conteúdo que geralmente é falso, criado deliberadamente para enganar ou desinformar. As chamadas "Fake News", assim como as fofocas, se espalham rapidamente pelo boca a boca ou utilizando a comunicação online. Geralmente, elas viralizam porque são projetadas para provocar emoções fortes, atuando sobre o viés de confirmação ou disparando gatilhos ligados à crenças e preconceitos.

Discursos feitos de 2017 até 2024 demostram um aumento da citação das "Fake News" como a nova vilã da humanidade. Políticos, autoridades do judiciário e até de representantes de grandes empresas escolheram a proliferação de "Fake News" e desinformação nas mídias sociais como a nova ameaça, capaz de representar um desafio à democracia e à liberdade de expressão. A mídia tradicional também está sendo pressionada à se adaptar a esse novo cenário, buscando formas de combater a desinformação e garantir a qualidade da informação que é veiculada. A pressão é pouco efetiva, uma vez que no cenário atual a mídia tradicional desempenha um papel cada vez menos relevante como fonte de conteúdo.

Em nenhum outro momento da história da humanidade foi tão fácil e acessível ter acesso à informação ou se comunicar com pessoas de qualquer lugar do planeta. Todo esse conhecimento empresta poder aos cidadãos, tornando-os mais conscientes da realidade e mais seletivos quanto aos hábitos de consumo e escolha de representantes, no âmbito da política.

Não causa surpresa que, justamente agora, corporações e governos estejam tão preocupados em "regular" as redes. As corporações vivem da exploração de verba publicitária, enquanto governos vivem da política que nada mais é do que a exploração da boa fé dos eleitores. Em ambos os casos, não há nada de errado ou ilícito nas atividades, pelo contrário são fundamentais para gerar riqueza e exercitar a democracia. No entanto, nos dois casos sabe-se que fica extremamente mais difícil manipular audiências ou eleitores quando eles estão bem informados, conscientes e com fácil capacidade de checagem de cada detalhe divulgado nas peças publicitárias ou propagandas. Assim, passamos, em poucos anos, da postura receptiva anunciando as incríveis vantagens da chegada à era da informação ao repetitivo e sombrio discurso de que chegamos na era da desinformação online. Você já havia notado isso? Segundo essa narrativa, o fim está próximo e tudo por causa das chamadas "Fake News", que estão inundando as telas da mídia social e aplicativos de mensagem.

Caso você também acredite que o cidadão não precisa ser tutelado por nenhuma autoridade ou empresa é fundamental mudar alguns hábitos. Retirar o ruído da comunicação através da informação descentralizada e distribuída não depende de ação estatal. E essa é a beleza da coisa. Cada pessoa é parte tão importante do processo quanto qualquer grande corporação de mídia ou órgão de censura do Estado. Contribuir para melhorar o ambiente social, político ou comercial em que você vive também depende de evitar a propagação de notícias falsas através da redes. Vejamos algumas das melhores práticas:

Verifique a fonte

Antes de compartilhar qualquer artigo ou postagem, verifique a fonte. Sites de notícias e organizações respeitáveis normalmente têm mais credibilidade do que sites aleatórios. Desconfie de conteúdo de fontes desconhecidas. Aproveite para verificar o histórico de posicionamento da fonte diante de questões sobre as quais pesam o viés ideológico, político ou comercial. Dessa forma vai ser mais fácil identificar se a cobertura é fatual ou eivada de narrativa para obter algum nível de convencimento na audiência.

Leia além do título

Muitas "Fake News" usam títulos chamativos ou ultrajantes projetados para obter cliques. Leia todo o artigo antes de compartilhar, não apenas o título. O conteúdo pode não apoiar ou pode distorcer totalmente o título.

Verifique a autoria

Faça uma rápida pesquisa online sobre os autores da notícia. Verifique se eles são quem dizem ser e têm qualificações para tratar do assunto. Conteúdo de autores anônimos deve ser encarado com ceticismo.

Verifique datas de publicação

"Fake News" às vezes usam datas falsas ou distorcem a cronologia de eventos reais. Preste atenção nas datas de publicação e cronologias.

Cuidado com paródias

Muitos sites de humor possuem páginas de notícias falsas que são paródias criadas para soar como jornais reais. Antes de levar em consideração a informação, verifique cuidadosamente o URL e o design do site para ter certeza de que não é uma paródia.

Considere os vieses

Todos temos vieses inconscientes. Conteúdos que confirmam nossos preconceitos devem ser examinados com mais ceticismo. Considere perspectivas alternativas. O melhor é deixar a emoção de lado e interpretar o cenário da informação com distanciamento. Compartilhe apenas o que julgar capaz de acrescentar contexto aos amigos, familiares e demais pessoas.

Verifique as evidências

Notícias falsas raramente citam fontes confiáveis ou fornecem evidências concretas. Verifique se alegações extraordinárias são corroboradas por evidências sólidas de fontes respeitadas. Reflita se as conexões propostas são razoáveis ou extrapolam para o campo da imaginação.

Pense bem antes de compartilhar

Antes de compartilhar qualquer coisa online, faça uma pausa. Pergunte a si mesmo: Isso parece falso ou exagerado? Posso verificar isso? Compartilhar essa informação vai espalhar desinformação? Por que vou compartilhar isso? Quais as possíveis consequências para as pessoas ou empresas citadas?

No geral, sempre vai valer a regra que já salvou muitas vidas, mesmo antes do surgimento das tecnologias modernas: Não confie, verifique! Não importa se uma notícia vem de uma fonte supostamente confiável, como um grande jornal, ainda assim vale a pena verificar reivindicações questionáveis. Mesmo fontes respeitadas podem cometer erros ocasionalmente, ser influenciadas por interesses econômicos, possuir viés político ou ideológico.

Usando diligência e ceticismo, podemos evitar ser enganados por informações falsas. Seguir as práticas citadas acima pode ajudar a deter não apenas a onda de "Fake News" mas também deter o avanço da narrativa de que precisamos aceitar regulação estatal e assim abrir mão de nossa liberdade de expressão ou do pleno uso da informação descentralizada e distribuída. Nos dois cenários estaremos promovendo um discurso público melhor informado, o que sempre fortalece a democracia.

INTERESSES ESTRANGEIROS

Interferência estrangeira

Interferência estrangeira em assuntos internos de outros países não é uma novidade. Pelo contrário, tem sido um fenômeno recorrente na história. A interferência pode ocorrer de maneira radical, através do uso da força em uma intervenção militar, por exemplo, ou pode se manifestar de maneira mais sutil através de influência e negociações de bastidores, veremos isso em profundidade mais à frente. Existem múltiplos motivos e interesses por trás dessas ações, mas como sempre acontece no ambiente das Relações Internacionais, nem sempre a verdadeira intenção é a revelada para a sociedade. Da mesma forma, os objetivos, em geral, são multidimensionais e possuem diferentes desdobramentos para o curto, médio e longo prazo. Então, para oferecer mais clareza na abordagem desse assunto, tenho a obrigação de lançar luz sobre alguns dos principais motivos que, alegadamente, levam países a interferir nos assuntos internos de outras nações.

Interesses geopolíticos: Muitas vezes, países interferirão nos assuntos internos de outras nações para proteger seus próprios interesses geopolíticos. Isso pode incluir a busca por influência em regiões estratégicas, acesso a recursos naturais ou rotas comerciais, a busca por vantagens estratégicas militares. Por exemplo, durante a Guerra Fria, a União Soviética e os Estados Unidos interferiram em vários países do mundo, buscando expandir sua esfera de influência e promover seus respectivos sistemas políticos.

Idealismo e promoção de valores: Algumas vezes, países interferirão em outros para promover seus próprios valores e ideologias. Isso pode incluir a promoção da democracia, direitos humanos, liberdade de expressão ou qualquer outro valor que o país interventor considere importante. Por exemplo, os Estados Unidos e a União Europeia frequentemente condicionam a concessão de ajuda financeira e cooperação a aperfeiçoamentos no respeito aos direitos humanos e na democracia em países em desenvolvimento.

Proteção de minorias e grupos vulneráveis: Em alguns casos, a interferência estrangeira pode ser justificada pela necessidade de proteger minorias ou grupos vulneráveis que estão sofrendo perseguição ou discriminação em seu próprio país. Por exemplo, o que foi alegado para justificar a intervenção militar da OTAN na ex-Iugoslávia nos anos 1990. Segundo a OTAN, a intervenção buscou proteger a população albanesa-kosovar do genocídio e expulsões forçadas.

Interesses econômicos: Muitas e muitas vezes, a interferência estrangeira tem motivações econômicas, buscando garantir acesso a recursos naturais, mercados de consumo ou investimentos estratégicos. Um exemplo disso é o histórico de intervenções estrangeiras na América Latina durante os séculos XIX e XX, que visavam garantir o acesso a recursos naturais e influência política na região.

Embora a interferência estrangeira, sob quaisquer dessas alegações, em algumas situações possa até parecer ser justificável, ela pode gerar consequências negativas para o Estado que sofre a intervenção, repercutindo a médio e longo prazo também em toda a comunidade internacional. São transbordamentos imprevisíveis, fenômenos sociais que transcendem a lógica dos planejamentos e acabam concorrendo para futura desestabilização social, econômica e militar em todo o planeta. Esses impactos vão muito além da óbvia violação do princípio da soberania nacional, intrínseca a qualquer tipo de interferência estrangeira, independente do quanto nobres e populares sejam os motivos alegados.

Nem sempre é fácil perceber que está ocorrendo interferência internacional, isso porque ela pode ser exercida através de diferentes formas de poder, sendo os mais notórios o "hard power" e o "soft power". Quando falamos em "hard power", estamos nos referindo à influência política exercida através de meios coercitivos, como a força militar, a coerção econômica e a imposição de sanções. Esse tipo de poder visa forçar outras nações a tomarem decisões ou ações em conformidade com os interesses do país que está exercendo o poder. O chamado "hard power" é frequentemente associado à capacidade de um país de impor sua vontade sobre outros através de medidas punitivas ou da ameaça de força militar.

Em contrapartida o termo "soft power" foi cunhado pelo cientista político Joseph Nye para descrever a habilidade de um corpo político, como um Estado, de influenciar indiretamente o comportamento ou interesses de outros corpos políticos por meios culturais ou ideológicos. Em contraste com o "hard power", que envolve o uso da força militar e sanções econômicas, o "soft power" se baseia na atração e persuasão e por esse motivo pode ser difícil de ser percebido pela população afetada.

Nas relações internacionais, o "soft power" é geralmente manifestado através de elementos culturais bem-sucedidos no exterior, seja no cinema, na música, na dança ou mesmo na culinária. A ideia é que os países invistam em produtos culturais com o foco em sua exportação para atração de turismo, dominação cultural ou mesmo estreitamento de laços, sem a necessidade de estabelecer alianças com fins puramente econômicos e militares. No contexto da interferência estrangeira, o "soft power" pode ser uma ferramenta eficaz para influenciar a política, a economia e a sociedade de outros países. Por exemplo, a promoção de valores democráticos, direitos humanos e liberdades individuais pode ser uma forma de "soft power". Da mesma maneira, a exportação de cultura e ideias através de filmes, música e literatura pode moldar as percepções e atitudes em outros países. Quando isso acontece ao longo de várias décadas, pode resultar em cenários políticos e sociais mais favoráveis aos interesses de outras Nações.

A história mostra que a interferência estrangeira tem ocorrido em diferentes épocas e regiões do mundo e quase sempre sem sucesso na promoção dos objetivos declarados. Muito pelo contrário, a interferência estrangeira inevitavelmente causou impactos inesperados, criando ressentimento, ascensão de líderes populistas, surgimento de regimes de força e instabilidade nas nações afetadas. Esses "efeitos colaterais" acabam por transbordar para a comunidade internacional, o que varia é o tempo até as consequências surgirem. Vejamos alguns exemplos históricos de interferência estrangeira em assuntos internos de outros países, para você relembrar e tirar suas próprias conclusões:

A Revolução Russa e a subsequente Guerra Civil Russa: Após a Revolução Bolchevique de 1917, várias potências estrangeiras, incluindo os Estados Unidos, a Grã-Bretanha, a França e o Japão, interferiram na Guerra Civil Russa, fornecendo apoio militar e financeiro aos "Brancos" anti-bolcheviques. Apesar dessa interferência, os bolcheviques prevaleceram, e o governo soviético emergiu como a força dominante na Rússia.

A Guerra do Vietnã: Os Estados Unidos interferiram significativamente no Vietnã, apoiando o governo sul-vietnamita contra os comunistas do Vietnã do Norte e seus aliados no Vietnã do Sul, os vietcongues. A interferência estadunidense incluiu um enorme desdobramento militar, mas não impediu o avanço comunista e acabou custando milhares de vidas e causando uma profunda divisão interna nos Estados Unidos.

A Crise do Suez: Em 1956, o Egito nacionalizou o Canal de Suez, o que levou à intervenção militar da França, do Reino Unido e de Israel. A intervenção estrangeira visava proteger os interesses econômicos e políticos desses países no canal, mas provocou uma crise diplomática e um conflito armado.

A Crise dos Mísseis de Cuba: Em 1962, os Estados Unidos interferiram na política interna de Cuba e da União Soviética ao opor-se à instalação de mísseis nucleares soviéticos em Cuba, o que levou a uma crise diplomática e militar conhecida como a Crise dos Mísseis de Cuba. A interferência estadunidense foi justificada como uma medida de segurança nacional, e a crise foi resolvida após a remoção dos mísseis nucleares de Cuba.

A invasão soviética do Afeganistão: Em 1979, a União Soviética interferiu nos assuntos internos do Afeganistão ao invadir o país e apoiar o governo comunista local. A invasão soviética levou a uma longa guerra civil no Afeganistão e o desgaste econômico gerado contribuiu para a subsequente queda da União Soviética.

Invasão do Iraque em 2003: Em março de 2003, os Estados Unidos lideraram uma coalizão internacional que invadiu o Iraque com o objetivo de depor o regime do presidente Saddam Hussein, alegando que ele possuía armas de destruição em massa (ADM) e que tinha ligações com grupos terroristas. No entanto, após a invasão, não foram encontradas ADM no Iraque e a justificativa da invasão foi amplamente questionada. A invasão e a subsequente ocupação do Iraque resultaram em uma série de conflitos e violência sectária que continuam a afetar o país até hoje.

As Primaveras Árabes: Durante o movimento popular conhecido como Primaveras Árabes, que começou em 2010, várias potências estrangeiras, incluindo os Estados Unidos e países europeus, interferiram em diferentes graus nas políticas internas de nações árabes, apoiando ou condenando os regimes existentes e influenciando o rumo das revoltas populares.

As guerras civis na Líbia e na Síria: Na Líbia e na Síria, várias potências estrangeiras, incluindo a Turquia, o Qatar, a Arábia Saudita, Irã, Rússia, e Estados Unidos, interferiram em diferentes graus nas guerras civis que afligem esses países desde 2011 e 2013, respectivamente. Essa interferência incluiu o fornecimento de armas, financiamento, e apoio diplomático a diferentes facções e grupos armados.

A crise da Ucrânia: Em 2014, a Rússia interferiu nos assuntos internos da Ucrânia, anexando a região da Crimeia e apoiando separatistas na região do Donbas. Essa interferência russa levou a sanções internacionais e a uma crise diplomática entre a Rússia e a comunidade internacional.

Invasão da Ucrânia pela Rússia em 2022: Em fevereiro de 2022, a Rússia lançou uma invasão militar da Ucrânia, violando a soberania e a integridade territorial do país. A Rússia justificou sua ação alegando a necessidade de proteger a população russa e as minorias étnicas na Ucrânia, bem como garantir sua segurança estratégica. No entanto, a invasão foi amplamente condenada pela comunidade internacional como uma violação do direito internacional e uma ameaça à paz e à segurança global.

Esses exemplos ilustram a diversidade de motivações e interesses que levam as nações a interferir em outros países. A interferência estrangeira pode ter efeitos duradouros e imprevisíveis nos países afetados, incluindo conflitos armados, movimentos migratórios, crises diplomáticas, instabilidade política e econômica, e ressentimento contra as nações intervencionistas. A legitimação ou condenação dessas intervenções depende de uma variedade de fatores, incluindo o contexto histórico e político, o consentimento das partes envolvidas, e o equilíbrio entre os interesses nacionais e os direitos e princípios internacionais.

O atual fluxo migratório que atinge a Europa e também os Estados Unidos é um fenômeno com raízes em uma variedade de fatores socioeconômicos e políticos, entre os quais podemos citar o reflexo da interferência indevida em países soberanos. Basta uma análise isenta e detalhada para perceber que as décadas de interferência estrangeira em países do Oriente Médio e África podem ter desempenhado um papel significativo nesse fenômeno. Os dados mais recentes indicam que o fluxo migratório para a Europa, por exemplo, tem aumentado exponencialmente nos últimos anos. Em 2022, foram registradas 958.800 solicitações de asilo na União Europeia, um aumento de 52% em comparação com 2021. Até novembro de 2023, foram registradas 264.000 entradas irregulares na UE. Esses números, estão longe da realidade. O caos migratório pode ser comprovado por um simples passeio nas ruas das principais cidades européias. Mais do que os relatórios, a realidade nua e crua avisa aos berros que a migração, para a Europa, já é uma questão de calamidade pública. Nos Estados Unidos da América a questão não está muito diferente. De acordo com os dados mais recentes disponíveis, em maio de 2024 a população de imigrantes ilegais nos Estados Unidos era estimada em cerca de 11 milhões de pessoas, segundo a Migration Policy Institute (MPI).

A conexão entre todo esse fluxo migratório e as décadas e décadas de interferência estrangeira, muitas vezes orquestradas justamente por países da União Européia ou Estados Unidos, pode ser obtida analisando as consequências sócio-econômicas e transbordamentos políticos nas Nações afetadas. É comum ocorrer uma fragilização do Estado, muitas vezes resultante da interferência estrangeira, o que pode levar à fuga humana e ao declínio econômico.

Desde 2015, apenas cinco países (Afeganistão, Somália, Sul do Sudão e Síria) geraram mais de 60% dos 15 milhões de refugiados que hoje estão espalhados pelo planeta. Esses países têm experimentado altos níveis de violência, muitas vezes exacerbados pela interferência estrangeira. Além disso, a ingerência de outros países em assuntos internos pode contribuir para criar instabilidade política, o surgimento de conflitos armados, destruição da econômia, infraestrutura e finalmente gerar o caos social. Essa condições, criadas artificialmente devido à interferências internacionais, incentivam ou impõem a migração como solução emergencial. Por exemplo, a guerra civil na Síria, que começou em 2012, levou a um êxodo massivo de refugiados. Muitos desses refugiados buscaram asilo na Europa, contribuindo para o aumento do fluxo migratório. Mas, apesar de todas as consequências humanitárias, as intervenções na Síria continuam. São vários os países, com as mais variadas justificativas, todos intervindo na Síria de alguma forma. Os países que promovem as ações de interferência deixam claro, através de suas ações, que em alguns casos o conceito de soberania é apenas isso um conceito.

O fato é que a interferência estrangeira no Oriente Médio tem sido uma constante ao longo das últimas décadas. Países como os Estados Unidos têm participado ativamente de conflitos na região, muitas vezes apoiando facções opostas ao governo, realizando operações secretas para desestabilizar governantes e influenciando agências multilaterais para suspender qualquer tipo de apoio, ajuda externa e outros financiamentos. Embora seja difícil estabelecer uma ligação direta e inequívoca entre a interferência estrangeira no Oriente Médio e na África e o atual fluxo migratório para a Europa e Estados Unidos da América, é evidente que a instabilidade política e social resultante dessa interferência criou condições que incentivam a migração. Portanto, é mais do que razoável sugerir que a interferência estrangeira no Oriente Médio e África, ao longo de décadas, é um dos muitos fatores que contribuem para o atual fluxo migratório anômalo.

Os exemplos que acabamos de citar, obviamente não esgotam o assunto. Enquanto você está lendo esse livro, centenas de ações estarão sendo desencadeadas com o objetivo de "projetar poder" sobre Estados soberanos, isso faz parte do ambiente das Relações Internacionais. Os casos supracitados são apenas alguns exemplos da longa história da interferência estrangeira em assuntos internos de outros países e quase todos eles ligados ao chamado "Hard Power", ou seja quando a interferência acontece com o uso da força bruta. Acredito que tenha ficado claro que em muitos casos, a interferência estrangeira traz consequências imprevisíveis, podendo agravar conflitos e tensões já existentes em vez de resolvê-los. Além disso, a interferência estrangeira pode violar o princípio da soberania nacional e o direito internacional, podendo, em última análise, ser percebida como uma forma de imperialismo ou dominação de uma nação sobre outra.

#

Interferência nas eleições

As eleições presidenciais brasileiras de 2022 foram cercadas por controvérsias, mudanças indevidas de regras entre o primeiro e o segundo turno, censura prévia, desequilíbrio fiscalizatório, forte polarização dos eleitores e debates políticos acalorados. Passado o pleito, foi ficando cada vez mais nítida a sombra da interferência estrangeira pairando sobre todo o processo e até mesmo muito antes do início do período eleitoral. São muitos os indícios, relatos e notícias que apontam para a possibilidade de interferência estrangeira nas eleições brasileiras de 2022, alguns deles incluem:

Pressão do governo dos EUA: Segundo reportagens do Financial Times, o governo dos Estados Unidos pressionou para garantir a realização de eleições estritamente dentro do que o TSE havia planejado e sem contestações. O governo dos

Estados Unidos, durante a gestão Biden, promoveu a intervenção alegando supostas preocupações com o aumento do autoritarismo e de ameaças à democracia no país. Segundo o jornalista Tucker Carlson, da Fox News, revelou, a Agência Central de Inteligência (CIA) dos Estados Unidos foi acionada para participar da interferência indevida nas eleições brasileiras de 2022. Diversos membros do governo dos Estados Unidos teriam participado ativamente, mas de maneira discreta, de uma ofensiva diplomática para convencer membros das Forças Armadas, políticos e autoridades a aceitarem o resultado das eleições em 2022, sem questionamentos. Dessa maneira, um governo estrangeiro atuou furtivamente para esvaziar a autoridade do Presidente da República em exercício, junto à importantes ministros, assessores e integrantes do governo brasileiro. Segundo uma reportagem da Gazeta do Povo, o presidente da Câmara dos Deputados, Arthur Lira, o então vice-presidente Hamilton Mourão e Tarcísio de Freitas, na época ministro da infraestrutura, teriam sido procurados por Washington para levar a "mensagem" de que os Estados Unidos reprovariam qualquer tentativa de interferência nas eleições de 2022.

Influência das Big Techs: Plataformas digitais como Facebook, o X e YouTube podem ter sido utilizadas para a disseminação de desinformação, restrição direcionada de postagens, propaganda política e ataques direcionados contra candidatos específicos. No entanto o problema fica ainda maior quando, alegando falta de regulamentação, autoridades do judiciário usam medidas inconstitucionais para favorecer determinados candidatos. Para piorar, as empresas controladoras dessas plataformas digitais são estrangeiras, o que pode favorecer contaminação ideológica ou interferência de seus governos. As chamadas Big Techs possuem o controle de uma quantidade imensa de dados sobre hábitos, opiniões e tendências de populações de vários países. Toda essa informação se traduz em significativo poder concentrado nas mãos de poucas empresas estrangeiras, o que gera preocupações sobre respeito à privacidade e também sobre a possibilidade de manipulação da opinião pública e influência no resultado de eleições.

Participação de observadores internacionais: A participação de observadores internacionais nas eleições brasileiras de 2022, como a missão da União Europeia, pode ser considerada uma forma de interferência estrangeira. A presença desses observadores pode influenciar o processo eleitoral e criar uma percepção de legitimidade das eleições, mesmo que na prática seja impossível auditar ou conferir os detalhes do processo.

Desinformação e ataques cibernéticos: Foram registrados casos de desinformação coordenada e ataques cibernéticos durante as eleições brasileiras de 2022. Algumas das investidas podem ter sido perpetradas não por grupos nacionais mas sim por estrangeiros com o objetivo de influenciar o resultado das eleições.

Como é padrão nas intervenções estrangeiras, as evidências conclusivas nunca são encontradas à tempo e qualquer tentativa de investigá-las resulta em entraves burocráticos, barreiras de segurança nacional ou até mesmo em perseguição política, como a que está em curso no Brasil. Considerando que a interferência estrangeira nas eleições pode assumir várias formas e graus de impacto, além de fazer uso de estratagemas de difícil detecção e qualificação, apenas o tempo será capaz de clarificar os eventos.

Talvez, nos próximos cinquenta ou cem anos a interferência americana e de outros países nas eleições brasileiras de 2022 e suas consequências sejam estudadas por cientistas políticos e historiadores. No futuro, assim como fazemos hoje ao analisar a interferência norte-americana na América Latina durante a década de setenta, será possível avaliar o quanto tal interferência, se realmente ocorreu, afetou a vida de milhões de brasileiros e as relações entre os dois países.

#

Alinhamento que importa

Vamos analisar qual dos presidentes do Brasil, Jair Bolsonaro ou Lula, possuía um perfil mais alinhado aos interesses da Europa e Estados Unidos no contexto político, social e econômico do ano de 2022 e vizinhança. Para isso, vamos considerar alguns aspectos relevantes, como a agenda ambiental, os direitos humanos, a visão de democracia, a flexibilidade para negociação e a abordagem para a economia.

No processo iremos compreender como o movimento alinhado ao chamado globalismo foi favorecido com a vitória do presidente Lula no Brasil. Para isso é preciso estar ciente de que as análises não são feitas pelo que cada um dos governantes realmente fez ou pretende fazer quando estiver no poder, mas sim pelo que é anunciado, noticiado, difundido ou pela percepção criada sobre cada um deles.

Apenas para ilustrar uma das dimensões do imenso "prêmio"que o país representa, para aqueles que desejam manipular seu destino, iremos dimensionar o volume financeiro das relações comerciais entre o Brasil e seus principais parceiros comerciais, citando números das últimas décadas.

O presidente Lula, durante seus governos entre 2003 e 2010, teve uma postura mais flexível às demandas dos países europeus e dos Estados Unidos, principalmente nas questões relacionadas ao meio ambiente. Ele assinou o Protocolo de Kyoto, que estabelecia metas de redução das emissões de gases de efeito estufa, e participou ativamente das negociações da Conferência de Copenhague, em 2009, onde se comprometeu a reduzir o desmatamento na Amazônia em 80% até 2020, mesmo sabendo que algumas dessas métricas importavam em prejuízo à capacidade futura de desenvolvimento de setores estratégicos para o país.

Os produtores rurais enfrentaram um clima constante de insegurança jurídica e ataques ao direito de propriedade devido à invasões promovidas pelo Movimento dos Sem Terra, o MST. Além disso, Lula fez repercutir na mídia que investiu em fontes de energia renováveis, como o etanol e a energia eólica, e criou o Fundo Amazônia. Assim, fortaleceu ONGs e transformou a Amazônia em questão internacional, passando a receber doações de países como Noruega e Alemanha para preservar a floresta, em uma espécie de perigosa relativização da soberania nacional.

Por outro lado o Presidente Jair Bolsonaro, que assumiu o poder em 2019, demonstrou uma visão oposta à de Lula sobre o tema ambiental. Ele se retirou do Acordo de Paris, que substituiu o Protocolo de Kyoto, e criticou as metas de redução das emissões. Bolsonaro também enquadrou órgãos de fiscalização ambiental, como o Ibama e o ICMBio para realizarem trabalho fiscalizatório não em prol de interesses de ONGs estrangeiras mas objetivando a preservação dos interesses da população local e suas fontes de renda. Sob sua gestão houve incentivo para o avanço do agronegócio, viabilizando melhor aproveitamento de áreas que já haviam sido desmatadas. As invasões de terras pelo MST foram reduzidas a quase zero e o clima de segurança, junto aos demais incentivos, favoreceu o agronegócio brasileiro que alcançou sucessivos recordes de produtividade.

Tamanho sucesso no mercado de commodities desagradou os interesses de mercados onde os produtores são menos competitivos. Os produtores europeus, por exemplo, precisam de subsídios estatais para continuar a existir. Portanto, eles jamais conseguiriam competir com os produtos da agroindústria brasileira. Assim, o governo do Presidente Jair Bolsonaro entrou em conflito, coincidentemente, com os países europeus, em especial a França. Os críticos não citavam o êxito da produção agrícola brasileira ou as dificuldades para competir com tais produtos.

O subterfúgio utilizado, na tentativa de neutralizar o avanço da agroindústria nacional, foi cobrar uma postura mais responsável do Brasil em relação à Amazônia. Diante das acusações da Alemanha e da França, Bolsonaro não negociou contra os interesses nacionais ou sequer abriu concessões. O Presidente brasileiro questionou o porquê países que não possuem mais suas próprias áreas de floresta nativa e que usam grandes proporções do território para exploração comercial se achavam no direito de se meter na gestão de recursos naturais no Brasil. Bolsonaro chegou a acusar o presidente francês Emmanuel Macron de ter uma "mentalidade colonialista" e de tentar interferir na soberania brasileira.

Em relação aos direitos humanos, a democracia e a economia, também há diferenças significativas entre os dois presidentes. Muitas das políticas adotadas pelo governo Lula estavam perfeitamente alinhadas com a agenda Globalista e objetivos traçados pela ONU. Assim como o partido Democrata nos Estados Unidos, Lula foi um presidente com discurso engajado na promoção dos direitos das minorias, como os negros, os indígenas, as mulheres e a comunidade LGBTQ+s. As políticas que vão dividindo artificialmente a população em fatias cada vez mais finas para gerar controle, assistencialismo e direcionamento ideológico foram colocadas em prática por Lula com ajuda da extrema Esquerda.

Foram criadas políticas públicas de combate à discriminação e à violência, como a Secretaria Especial de Políticas para as Mulheres e o Programa Brasil sem Homofobia. Lula também promoveu a participação social e o diálogo com os movimentos sociais, como o MST e as centrais sindicais, fortalecendo ambos os movimentos financeira e politicamente, além de muitas vezes garantir a impunidade de ações violentas destes. Lula atuou para enfraquecer as instituições democráticas, como o

Congresso Nacional e o Supremo Tribunal Federal, ao atuar nas relações políticas através da compra de votos e outros mecanismos de corrupção.

As indicações de magistrados para a suprema corte abandonou o requisito do profundo "saber" jurídico para apenas acomodar nomes favoráveis à ideologia de Esquerda ou "amigos de confiança". O legado em termos de direitos humanos, democracia e economia foi tão lastimável, devido à corrupção sistêmica implementada durante os anos de governo Lula, que quase levou o Brasil ao caos. Os recursos públicos desviados alcançam cifras incalculáveis, da mesma maneira que as vidas que poderiam ter sido salvas, as melhorias no saneamento, educação, saúde e segurança são impossíveis de calcular. Apesar do discurso e da imagem positiva no exterior, a corrupção dos governos Lula condenaram milhões de brasileiros à miséria, sofrimento e até mesmo à morte devido aos elevados índices de violência pública.

Bolsonaro, por sua vez, tem um histórico de declarações aparentemente preconceituosas e autoritárias. Quase todas as suas falas foram aproveitadas pela imprensa de Esquerda, que é a maioria esmagadora no Brasil. O Presidente Jair Bolsonaro também deixou claro sua postura hostil contra movimentos sociais de extrema Esquerda, que ele considera que agem, muitas vezes, como "terroristas" e possuem forte influência "comunista". Bolsonaro também sempre exaltou a importância da ação que resultou na instauração do regime militar, que governou o Brasil entre 1964 e 1985, elogiando o fato dela ter evitado uma revolução comunista.

Apesar de todas as declarações polêmicas, nenhuma ação foi desencadeada para prejudicar ou perseguir minorias ou desafetos políticos. Muito pelo contrário, mesmo durante a Pandemia, o Presidente Jair Bolsonaro lutou contra determinações do STF que considerou abusivas. Bolsonaro tentou garantir que as pessoas pudessem exercer direitos básicos e invioláveis assegurados pela Constituição como o direito de ir e vir, liberdade de expressão e o direito de não ser obrigado a fazer uso de medicação experimental como no caso da vacinação obrigatória contra COVID-19. Durante o governo do Presidente Jair Bolsonaro a assistência social através do Auxílio Brasil atingiu em 2022 o maior valor, passando a ser de R$ 600, em contraste com o valor de R$ 242 do último ano do governo Lula.

Na economia, Lula aproveitou um ciclo virtuoso da economia global, adotando uma política de incentivo ao desenvolvimento sempre atrelado à execução de grandes obras. Ele manteve a estabilidade macroeconômica herdada do governo anterior, mas foi pouco a pouco ampliando os gastos para sustentação da máquina pública e os investimentos públicos. Ações como o PAC (Programa de Aceleração do Crescimento) 01 e depois o PAC02, supostamente deveriam financiar obras de infraestrutura pelo país.

No entanto, conforme foi revelado durante as investigações da Operação Lava Jato, as obras eram apenas justificativas para manter fluindo os "rios de dinheiro público" que eram desviados através da corrupção e das relações criminosas com grandes empreiteiras e grupos empresariais. Com gastos públicos crescentes e ineficiência do Estado para investir, a solução foi aumentar a arrecadação, principalmente através do aumento de impostos. Com isso, Lula conseguiu fazer o Brasil crescer a uma média de 4% ao ano, quando poderia ter sido de pelo menos o dobro, se não fosse a visão estatizante, o abuso das verbas públicas e consequente criação de um ambiente que afastou capital produtivo estrangeiro.

Durante os dois mandatos do Presidente Lula, assim como nos primeiros anos do terceiro, o agronegócio não recebeu o apoio necessário. As demandas protecionistas internacionais se sobrepuseram aos interesses dos produtores rurais brasileiros, com anuência do governo. Assim, a economia sob os governos Lula deixou de colher os benefícios da máxima capacidade produtiva da agroindústria. Essa foi preterida para agradar o protecionismo estrangeiro, para defender o discurso de prestígio da produção em pequenas cooperativas ou da redistribuição de terras através de reforma agrária.

Por outro lado, o Presidente Jair Bolsonaro seguiu uma orientação neoliberal na economia. Ele nomeou o ministro Paulo Guedes, um economista formado na Universidade de Chicago, que atuou na defesa da redução do Estado, das privatizações, das reformas estruturais e do ajuste fiscal. Ele também reduziu os gastos sociais de menor alcance e os investimentos públicos, para obter o equilíbrio das contas públicas sem a necessidade de aumento de tributos.

Bolsonaro reduziu a influência dos sindicatos e flexibilizou as leis trabalhistas, obtendo maior dinamismo na economia. Essa base, obtida já no primeiro ano de mandato, foi fundamental para enfrentar as gravíssimas consequências sociais e econômicas causadas pela Pandemia de COVID-19. Desde o segundo ano de mandato, o Presidente Bolsonaro precisou administrar a crise sanitária interna e manobrar a economia em meio à paralização global, tudo isso enfrentando ferrenha oposição oportunista, que fez uso de cada morte para tirar proveito político. Agravando a situação, Bolsonaro teve de reagir à invasão de competências de um STF cada vez mais imbuído em assumir tarefas do Executivo e Legislativo, além de fazer militância política.

Mesmo com todos esses desafios conjunturais o Brasil foi capaz de garantir assistência financeira para as milhares de famílias que não puderam exercer atividades econômicas durante a pandemia, manter as contas públicas saneadas mesmo criando uma estrutura de guerra, para realizar a maior operação de imunização da história do país e ainda obter uma espantosa recuperação em "V" no ano de 2022. Tudo isso sem aumento de impostos ou medidas exóticas. A confiança de investidores na seriedade e honestidade da administração do Presidente Jair Bolsonaro, aliado aos excelentes resultados da agroindústria, contribuíram, de maneira decisiva, para que o Brasil fosse um dos poucos países do mundo a se recuperar rapidamente das consequências da Pandemia. Esse fato veio a ser reconhecido por diversos organismos internacionais, inclusive pelo FMI. Segundo o Fundo Monetário Internacional, o desempenho econômico do Brasil foi melhor do que o esperado "em parte devido à resposta enérgica das autoridades".

Diante desses aspectos, podemos concluir que o presidente Lula possui um perfil mais alinhado às políticas da Europa e Estados Unidos do que o Presidente Jair Bolsonaro. As motivações de cada um deles podem estar relacionadas às suas origens, trajetórias, ideologias, interesses pessoais e valores morais. Certamente, o movimento alinhado ao chamado globalismo foi favorecido com a vitória do presidente Lula no Brasil, pois o petista representa maior subserviência do país em relação aos interesses estrangeiros. No cenário internacional, tanto no âmbito político quanto no econômico Lula possibilita o acesso de grandes interesses ao recursos do Brasil. Vamos, então, dimensionar o volume financeiro das relações comerciais entre o Brasil e seus principais parceiros comerciais, citando alguns valores das últimas décadas.

Segundo dados do Ministério da Economia, os principais parceiros comerciais do Brasil em 2023 foram a China, os Estados Unidos e a União Europeia. A China foi o maior destino das exportações brasileiras, com um valor de US$ 105,75 bilhões, e também a maior origem das importações brasileiras, com um valor de US$ 53,18 bilhões. A União Europeia foi o segundo maior destino das exportações brasileiras, com um valor de US$ 59,95 bilhões, e também a segunda maior origem das importações brasileiras, com um valor de US$ 45,42 bilhões. Os Estados Unidos foram o terceiro maior destino das exportações brasileiras, com um valor de US$ 39,382 bilhões, e também a terceira maior origem das importações brasileiras, com um valor de US$ 13,3 bilhões.

Esses números mostram que o Brasil tem uma forte dependência comercial da China. Esse país asiático é responsável por uma parcela cada vez maior do comércio exterior do Brasil. Essa relação se intensificou principalmente durante os governos Lula e Dilma Rousseff, voltando a crescer no terceiro mandato de Lula. Os petistas apostaram na exportação de commodities agrícolas e minerais para o país asiático, assim como na parceria com a União Européia. Essa posição está alinhada aos esforços comerciais ditados pelos principais agentes do Fórum Econômico Mundial.

Os Estados Unidos e a União Europeia têm uma participação menor no comércio exterior brasileiro, mas ainda são importantes parceiros econômicos e políticos. Uma relação que se manteve relativamente estável nas últimas décadas, enquanto os governantes brasileiros eram pessoas alinhadas aos interesses globalistas. Tal relação de alinhamento ficou evidenciada pela ruptura de padrão ocorrida durante os governos do Presidente Jair Bolsonaro e de Donald Trump (2017-2021). A posição independente de ambos Presidentes em temas como o meio ambiente, defesa dos interesses nacionais, e protecionismo causaram impactos semelhantes nas dinâmicas das relações comerciais com a China e União Européia.

#

Esquerda decadente

O cenário político na América do Sul até 2024 foi marcado pela ascensão meteórica da Esquerda nas décadas anteriores e depois por uma gradual decadência diante da opinião pública. A percepção é de que a Esquerda, que ainda governa muitos dos países da região, caiu em desgraça e está gradualmente sendo substituída pela Direita ou por Libertários. Dos doze países que compõem a região, oito ainda são governados por líderes que se identificam com agendas progressistas, globalistas ou de extrema Esquerda.

Na Colômbia, o presidente de extrema Esquerda, o ex-guerrilheiro Gustavo Petro foi o primeiro presidente de seu espectro político no país. No entanto, seu governo em pouco tempo ficou marcado por sucessivos escândalos de corrupção, desapontamento da população devido ao abandono da agenda social e pelo aumento da pobreza, desigualdade, inflação, endividamento e déficits fiscais. Suas tentativas de impor uma agenda de extrema Esquerda enfrentaram forte oposição dos setores mais tradicionais da sociedade e também do Congresso, que possui a maioria dos seus integrantes de orientação conservadora.

Gabriel Boric, o atual presidente do Chile, também desiludiu a população chilena e por isso tem enfrentado cada vez mais dificuldades para implementar sua proposta de reforma constitucional. Desde que assumiu, Boric, ex-líder estudantil, transformou a próspera economia do Chile em um zumbi cambaleante. Sob as políticas de Esquerda, com sua tradicional ineficiência na gestão da coisa pública, o Chile passou a conviver com inflação ultrapassando a casa dos 10%. Com o descontrole das contas públicas a solução de todos os governantes de Esquerda surgiu: Aumentos de impostos! Mas a população reagiu de maneira enérgica, contendo os avanços autoritários da extrema Esquerda. Entretanto, o Chile ainda segue tendo que conviver com as consequências de ter um governo que caducou desde os primeiros meses de mandato.

No Brasil, Luiz Inácio Lula da Silva, também de Esquerda, tem enfrentado uma série de crises econômicas, sanitárias, sociais e políticas desde que assumiu o governo, para seu terceiro mandato. A ascensão de Lula foi vista por alguns analistas como a oportunidade para reforçar a integração regional, a cooperação entre os países sul-americanos e reacender a chama dos movimentos de Esquerda no continente. Aparentemente vai ser preciso muito esforço para reconquistar a tal confiança, levando em consideração que os demais países da América do Sul que já tiveram ou ainda possuem governos de extrema Esquerda ou Esquerda estão chafurdando em casos de corrupção e crises econômicas.

Diante deste legado maligno, a rejeição às propostas sedutoras de igualdade social, comumente usadas pela Esquerda, está aumentando na América do Sul. Para superar esse obstáculo e se manter no poder, muitas das vezes, a Esquerda tem utilizado o artifício de aparelhamento do Estado, obtendo através de interferência judicial as vantagens que não consegue mais obter junto ao voto popular ou ao Legislativo. Esse fenômeno político cria representações democráticas de papel, ancoradas no autoritarismo e restrições à liberdade de expressão, sempre sob o pretexto de defesa das instituições democráticas e do combate às "Fake News".

Por outro lado as experiências positivas de governos conservadores ou de Direita, como o do Paraguai, Uruguai e do Equador, estão inspirando a população de países tradicionalmente explorados pela Esquerda. O exemplo da Argentina é bastante claro. Cansados de sucessivas experiências negativas, os argentinos decidiram romper o ciclo de miséria e exploração elegendo Javier Milei, um presidente de Direita com propostas libertárias para a economia do país.

Esses governos de Direita enfrentam desafios comuns, como a recuperação econômica e desequilíbrio das contas públicas, além de ter que reparar o legado de corrupção, pobreza e desigualdade social deixado pela Esquerda. Todos eles estão encontrando no judiciário um enclave dos governos passados. Apesar de terem sido eleitos democraticamente para resgatarem os valores conservadores, modernizarem a economia e trazer prosperidade à sociedade, esses Presidentes de Direita estão sofrendo uma espécie de "sabotagem" de Cortes e magistrados com atuação ideológica ou partidária. Superados esses obstáculos, a América do Sul até 2030 será um continente em transformação, com potencial para se tornar um polo de resistência ao globalismo e ao autoritarismo da extrema Esquerda no mundo.

#

Direita criminalizada

A perseguição global aos partidos e líderes de Direita é um fato, já não é possível "varrer para baixo do tapete"esse fenômeno político. Nas últimas décadas, tem se intensificado ao redor do mundo uma preocupante tendência de perseguição e obstrução às agremiações e personalidades políticas de vertente conservadora e de Direita. Essa hostilidade parte de setores progressistas ou da Esquerda, que detêm grande influência em instituições como Judiciário, mídia tradicional e redes sociais.

Ao tentar demonizar e até mesmo censurar ideias de Direita ou conservadoras, esse sistema de poder informal tem como objetivo calar a voz de milhões de cidadãos que desejam defender valores tradicionais na sociedade. É uma espécie de democracia invertida, na qual a opinião de uma minoria se impõe sobre a da maioria. Se alguém discorda da minoria, automaticamente vira radical e sua opinião política perde credibilidade. Ou seja só existe democracia se todos concordarem o tempo todo com tudo que uma minoria deseja implementar em nome da maioria.

Nos Estados Unidos, a criminalização da Direita e dos conservadores ficou evidente durante a presidência de Donald Trump. Sua agenda conservadora foi combatida não apenas pela oposição democrata, mas também pela imprensa militante, por gigantes da tecnologia e pela indústria do entretenimento em Hollywood. Ele também contrariou imensos interesses econômicos dos globalistas, ao defender um maior nacionalismo, priorização do fortalecimento da cadeia produtiva em solo americano além de ter ignorado os discursos de substituição da matriz energética por fontes limpas.

Trump sofreu acusações descabidas durante todo o seu mandato. Até um processo de impeachment com justificativas frágeis foi iniciado contra ele como forma de pressão política e desgaste. Donald Trump teve contas banidas das redes sociais em momento decisivo para a campanha de reeleição, seus apoiadores passaram a ser rotulados jocosamente de "Trumpistas" e tratados como racistas ou extremistas pela mídia liberal. Mas a perseguição foi além, mesmo depois de supostamente perder as eleições, Donald Trump continuou a ser perseguido.

A estratégia para destruir Trump passou por acusações de que ele promoveu atos antidemocráticos, ao incitar um ataque ao Capitólio, chegando até centenas de processos judiciais criando restrições absurdas ou exigindo quantias milionárias. Os democratas tentaram até torna-lo inelegível, no entanto a Suprema Corte do Estados Unidos, que não atua de maneira ideológica e nem compactua com qualquer tipo de perseguição política, impediu que tamanho ataque à democracia fosse perpetrado pelos Progressistas financiados pelos interesses globalistas.

Na Europa, vários partidos e políticos de Direita enfrentam obstáculos semelhantes. Quando lemos notícias da Europa a impressão é que só existe "extrema Direita". Qualquer partido ou político que discorde das políticas Globalistas ou da agenda de destruição dos valores familiares ou religiosos é automaticamente rotulado como "extrema Direita". Na Alemanha, por exemplo, o partido Alternativa para a Alemanha (AfD) sofre com uma campanha de marginalização e descrédito. Seus membros são investigados pelo serviço secreto sob acusações de extremismo. Qualquer informação que os políticos de Direita passem para a sociedade é rotulada como sendo "Fake News" e portanto tem o alcance restringido nas redes sociais.

Na França, Marine Le Pen enfrenta há anos a resistência da imprensa. Por lá, setores do Judiciário também militam contra suas propostas de reforço à soberania nacional. Le Pen propõe políticas mais rigorosas sobre imigração, priorizar casas e empregos para cidadãos franceses, aumento do controle de fronteiras, estabelecer prisão perpétua, expulsão automática de criminosos estrangeiros, a saída do euro e a realização de um referendo sobre a permanência na União Europeia. Com essas propostas Marine Le Pen foi imediatamente enquadrada como "extrema" e todo um ruído padronizado passou a ser incluído em qualquer notícia contendo o seu nome.

No Brasil, esse padrão se repete contra a Direita. Se você é do Brasil ou acompanha notícias sobre o país, deve ter identificado, nos exemplos supracitados, várias semelhanças com o que está acontecendo com a Direita e conservadores. O Presidente Jair Bolsonaro, assim como Donald Trump, desagradou os interesses dos globalistas e da Esquerda ao adotar políticas de controle de gastos públicos, pautas conservadoras, incentivos à produção da agroindústria, exploração das riquezas minerais e fortalecimento dos valores patrióticos. Desde então, autoridades, políticos e partidos de extrema Esquerda foram patrocinados para desencadear a destruição de reputação.

As pautas de costumes e segurança defendidas pela Direita brasileira são constantemente distorcidas pela mídia. Mas depois de 2018 a reação do sistema ficou muito mais intensa. As pautas da Direita e conservadores, além de distorcidas pela imprensa de Esquerda, passaram a ser ridicularizadas por artistas, empresários e celebridades como verdadeiros retrocessos aos direitos humanos. As ações do governo, mesmo em questões humanitárias e urgentes, foram sistematicamente sabotadas por outros Poderes controlados pela Esquerda.

Bolsonaro foi alvo de uma série interminável de notícias falsas, calúnias, pedidos de impeachment, abertura de investigações e exigência de esclarecimentos, com prazos impraticáveis, feitas pelos ministros do STF. Seus aliados políticos e eleitores são frequentemente acusados de serem extremistas, desinformados, golpistas e de disseminar "Fake News". Também, assim como é feito em todo o mundo, foram rotulados como sendo de extrema Direita, apelidados jocosamente de "bolsonaristas" e mantidos sob algum tipo de "vigilância" ou restrições.

Mesmo o apoio ao Presidente Jair Bolsonaro representando quase 50% da população brasileira, a opinião dessas pessoas deixou, magicamente, de importar. Pelo contrário, as pessoas que contestam o status quo atual são acusadas de incitar violência política, atentar contra instituições e desestabilizar a democracia. Podem ser presas sem o devido processo legal ou até condenadas em processos com julgamentos coletivos. Muitas das pessoas que ousam questionar a democracia de papel, na qual apenas um lado pode se manifestar livremente, passam a sofrer algum tipo de perseguição do Estado policialesco, da imprensa ideologizada ou das empresas que controlam as redes sociais e aceitaram se curvar à determinações arbitrárias.

Diferente dos Estados Unidos, no Brasil os verdadeiros inimigos da Democracia atuam impunemente e já estão infiltrados em todos os níveis do Estado. Por esse motivo, no Brasil apenas alguns dias depois de terminado o seu mandato o Presidente Jair Bolsonaro passou a ser perseguido com pesadas multas, restrições na comunicação e livre direito de ir e vir, uma vez que seu passaporte foi retido pelo STF, culminando na sua inelegibilidade.

Estranhamente, apesar de tantas acusações e supostos escândalos, o Presidente Jair Bolsonaro mantém imensa popularidade, arrastando multidões em qualquer lugar do país aonde apareça em público. O que não pode ser feito por Lula, que apesar do mandato não pode fazer nenhum evento público devido à rejeição, optando por falar apenas em cerimônias com público escolhido à dedo entre apoiadores filiados à partidos de Esquerda e sindicalistas.

Ao perseguir e até criminalizar os partidos e políticos de

Direita com acusações falsas, investigações seletivas e narrativas mentirosas, essa frente ideológica busca basicamente tornar inviável que a Direita democrática alcance e exerça o poder. São forças econômicas advindas do globalismo que se aliaram à Esquerda política com a pretensão de manter o monopólio sobre o debate público. É essencial combater essa perseguição, antes que se normalize. A diversidade de visões políticas é fundamental para a democracia. Setores de Esquerda devem respeitar as instituições e a alternância de poder. Caso contrário, é o próprio Estado democrático que entra em risco frente a essa intolerância contra valores importantes para milhões de cidadãos.

#

Globalismo x Globalização

Globalismo e Globalização são termos frequentemente utilizados como se fossem sinônimos, mas que na verdade escondem diferenças conceituais cruciais. Ao entender melhor cada um desses conceitos e suas implicações para o que hoje é o Estado brasileiro, você perceberá a ameaça que um deles pode representar para a soberania do país. Como disse acima, Globalismo e globalização são dois termos distintos, embora relacionados, que se referem a processos e fenômenos econômicos, políticos e culturais que transcendem as fronteiras nacionais. No entanto, há diferenças importantes entre eles, tanto em termos de significado quanto de implicações para o mundo contemporâneo.

Globalização é um processo histórico de integração e interdependência econômica, política e cultural entre países e regiões. Ele vem sendo impulsionado por fatores como o avanço tecnológico, a redução dos custos de transporte e comunicação, e a liberalização do comércio e dos mercados financeiros. A globalização resultou em uma maior conectividade global, a criação de cadeias de suprimentos globais e a disseminação de ideias e valores através das fronteiras nacionais.

Já o globalismo é uma ideologia ou uma visão de mundo que promove a integração global e a cooperação internacional para supostamente resolver problemas globais como a pobreza, a desigualdade, o aquecimento global e a segurança internacional. Os defensores do globalismo acreditam que os governos, as empresas e as organizações internacionais devem trabalhar juntos para construir um mundo mais justo, pacífico e sustentável, baseado em valores e princípios universais como os direitos humanos e a democracia. Seus adeptos acreditam que a interdependência entre países é benéfica para todos e questões como a relativização da soberania são decorrências naturais do processo de aperfeiçoamento da sociedade global.

Em outras palavras, a globalização é um processo econômico, político e cultural, enquanto o globalismo é uma ideologia ou uma abordagem política para lidar com os desafios do mundo globalizado. Embora ambos os termos envolvam a integração global, eles têm ênfases diferentes e podem ser entendidos como dois lados da mesma moeda.

No entanto, vale ressaltar que os dois termos também têm sido objeto de controvérsias e críticas. A globalização tem sido criticada por supostamente beneficiar apenas as elites econômicas e por aumentar a desigualdade e a insegurança econômica. Já o globalismo tem sido alvo de ataques por parte de conservadores e partidos de Direita, que o acusam de minar a soberania nacional e de não levar em consideração as particularidades culturais e históricas de cada país.

O Fórum Econômico Mundial (FEM) e o globalismo estão intrinsecamente ligados, já que o FEM é uma das principais plataformas para a promoção do globalismo e da cooperação internacional. A ligação entre os dois pode ser entendida por meio da análise dos objetivos e atividades do FEM e de sua relação com os princípios do globalismo.

O FEM é uma organização internacional fundada em

1971 que busca promover o diálogo e a cooperação entre líderes políticos, empresariais e sociais de todo o mundo. Sua missão é "melhorar o estado do mundo" por meio da cooperação público-privada e do envolvimento das várias partes interessadas na busca de soluções para os principais desafios globais. Dessa maneira a ligação entre o FEM e o globalismo pode ser vista na própria missão do FEM e nas iniciativas que ele promove. Por exemplo, o FEM é conhecido por sua reunião anual em Davos, na Suíça, que reúne líderes mundiais para discutir questões globais, promover o diálogo e buscar soluções conjuntas. Além disso, o FEM promove iniciativas e parcerias que visam, supostamente, aumentar a cooperação internacional em áreas como meio ambiente, saúde, educação e governança.

No entanto, o globalismo e o FEM pregam consistentemente medidas e soluções que podem levar a uma diluição da soberania nacional, o caos global e a um aumento das desigualdades econômicas e sociais. Propostas de cunho elitista e excêntricas que não representam os interesses das pessoas comuns tem frequentemente vindo a luz, causando espanto e certa repulsa. São aberrações como a ideia de redução forçada da população mundial para níveis iguais aos de centenas de anos atrás, para solucionar ou atenuar as mudanças climáticas. Ou ainda a substituição dos governantes eleitos democraticamente por uma Inteligência Artificial de caráter global. Surpreendentemente, coisas ainda mais exóticas são promovidas pelos principais representantes do Fórum, como por exemplo a transferência da consciência humana para dispositivos tecnológicos de armazenamento, como forma de estender indefinidamente a existência humana, sem causar impactos negativos ao planeta, já foi proposta durante reuniões recentes. Ou, para finalizar a lista de bizarrices, a substituição da carne por insetos como base de proteína para alimentar a humanidade.

Até a Organização Mundial da Saúde (OMS) se aproveitou do ambiente permeado por excentricidades do Fórum Econômico Mundial para disseminar o medo num futuro hipotético, para assim, talvez, manter ou aumentar o seu poder de interferência nos países ao redor do mundo. Tedros Adhanom Ghebreyesus, diretor-geral da OMS, apresentou um estudo alarmista promovendo a "doença X" que é uma generalização capaz de representar qualquer novo patógeno desconhecido ou mesmo algum dos já presentes na lista de agentes patogênicos que podem causar surtos ou pandemias nos próximos anos. Sob o novo clima de terror sanitário criado, o Fórum Econômico Mundial e a Organização Mundial da Saúde já estão usando a "doença X" como alavanca para mudanças. Apelando para a possibilidade de uma infecção desconhecida que, supostamente, pode ser 20 vezes mais mortal que a Covid-19, estão promovendo esforços de preparação dos sistemas de saúde de todos os países para os múltiplos desafios representados pela nova pandemia.

Assim, apesar dos objetivos aparentemente obscuros, o Fórum Econômico Mundial continua avançando em sua influência. O FEM atua sob o disfarce de ser apenas uma plataforma para o diálogo e a cooperação internacional ou para a promoção dos princípios do Globalismo. Se desejarmos classificar, informalmente, podemos dizer que no extremo desse espectro, encontramos pessoas e organizações promovendo uma espécie de "Hiperglobalismo", defendendo a integração global sem reservas, o que seria algo como um governo mundial centralizado. Ou seja, promovem o fim dos Estados Nação como os conhecemos hoje. A Direita e o pensamento conservador, entretanto, são contrapontos naturais ao Globalismo. Conservadores e a Direita política ao priorizar os interesses nacionais, respeito às diferenças culturais regionais e defender a proteção da economia local contra os excessos da competição internacional, reduzem o avanço e minimizam os impactos do Globalismo.

#

Organismos da agenda

Os organismos multilaterais internacionais desempenham um papel crucial na promoção de agendas progressistas ou globalistas. Eles atuam através de entidades como a Organização das Nações Unidas (ONU), a Organização Mundial do Comércio (OMC) e o Banco Mundial. Atualmente, são atores centrais na chamada governança global, sempre atuando como catalisadores para o avanço de temas como direitos humanos, meio ambiente, desenvolvimento sustentável, paz e segurança, entre outros.

Estes organismos possuem interfaces para contato com organizações intergovernamentais, agências especializadas e fóruns de diálogo. Uma estrutura que deveria fornecer plataformas para a discussão e ação coletiva entre países, permitindo que vozes individuais fossem amplificadas e que interesses comuns pudessem ser defendidos. Entretanto, diferente do prometido, a percepção majoritária é a de que estes organismos têm sido usados para projetar poder sobre os países de maneira a impor novos padrões de consumo, comportamento, valores morais e escolha política.

Por definição, soberania nacional é um princípio fundamental que sustenta a existência do modelo de Estado Nação como conhecemos hoje. Em determinadas circunstâncias, a atuação de organismos multilaterais pode representar riscos para essa soberania. Basta que esses organismos atuem contra os interesses nacionais, por exemplo, criando medidas sanitárias que afetem a autonomia de um país em tomar decisões que beneficiem seus próprios cidadãos. Outro exemplo seria a situação na qual políticas econômicas ou ambientais impostas por organismos internacionais conflitam com as necessidades ou objetivos específicos de um país. Parece familiar para você? Calma que tem mais. A influência ideológica exercida por organismos multilaterais internacionais pode levar à mudanças na identidade política de um país, sem que esse fenômeno, necessariamente, reflita a vontade da maioria de seus cidadãos. Nos dois cenários citados, a atuação de organismos multilaterais internacionais pode representar uma ameaça à soberania, resultando em tensões sociais e políticas.

Inicialmente, a atuação de organismos multilaterais não foi percebida como ameaça. Principalmente porque eles foram concebidos para trazer importantes benefícios, como a promoção da cooperação internacional e a resolução de conflitos. Inicialmente eles ajudaram a criar um ambiente propício para o desenvolvimento e a inovação, facilitando a cooperação e o comércio internacional. Isso porque os organismos multilaterais começaram atuando em áreas onde não existiam leis internacionais fortes ou claras, como direitos de propriedade intelectual, comércio eletrônico e padrões para a indústria.

No entanto, com o passar do tempo alguns exemplos de aparelhamento ideológico foram sendo identificados. Mesmo em atribuições eminentemente técnicas dos organismos multilaterais como a criação e a promoção de normas internacionais, foram identificados avanços escusos que visavam alcançar outros interesses que não os declarados. Seja por meio de tratados, convenções e acordos, assumir compromissos com essas entidades passou a representar um risco à soberania. Elas podem desejar estabelecer padrões de comportamento anômalos ou contrários aos interesses nacionais e os Estados membros ou signatários estariam compelidos a seguir.

A insistência em determinados assuntos e metas por parte dos organismos multilaterais internacionais permitiu que analistas e cientistas políticos desenhassem os contornos da agenda progressista ou globalista. Trata-se de um conjunto de ideias e políticas que supostamente teriam como objetivo promover a integração global, a justiça social, a sustentabilidade ambiental e os direitos humanos. Essa tal agenda é proposta de maneira a poder ser defendida por diferentes grupos e organizações.

Em geral, apesar de ser apresentada com diferentes nuances e prioridades, a agenda progressista ou globalista utiliza minorias ou o medo como alavanca para penetração nas sociedades. O apelo de integração global está sempre presente. A agenda progressista ou globalista sempre impõe abertura comercial, facilitação do fluxo de capital e pessoas, e cooperação internacional em áreas como segurança, saúde e meio ambiente. Para tornar mais difícil a resistência de governantes e políticos a agenda utiliza a narrativa da promoção da Justiça social. Afinal quem diria não para a redução da pobreza e da desigualdade, promoção da igualdade de gênero e dos direitos humanos, e combate à discriminação em todas as suas formas? Mas, depois de dividir e conquistar a simpatia, vem o medo!

Antes o apelo da agenda progressista ou globalista tinha como foco o aquecimento global, isso não funcionou como deveria. Então buscaram algo mais abrangente, capaz de comportar qualquer tipo de manifestação violenta da natureza, daí surgiu a ideia de sustentabilidade ambiental para combater as chamadas "mudanças climáticas". Mas, pelo visto essa falácia não emplacou, de tal maneira que em 2024 surgiu um argumento misto: As mudanças climáticas podem acelerar o, inevitável, surgimento de uma doença extremamente letal chamada X. Incrível! Não existe ainda, mas já tem nome, índice de letalidade e até causa aparente. Se era para adicionar um pouco de terror e medo, visando forçar o alinhamento à agenda dos organismos multilaterais internacionais, a coisa toda pareceu meio amadora demais. No entanto, isso só demostra o quanto vale tudo para atingir os objetivos da agenda progressista ou globalista, até mesmo substituir a ciência pela futurologia genérica.

Muitos países, principalmente os com menor nível de desenvolvimento econômico são atraídos pelas promessas de que esses organismos multilaterais têm a capacidade de mobilizar recursos para enfrentar desafios globais. Por exemplo, a Organização Mundial da Saúde (OMS) que deseja coordenar respostas a pandemias, enquanto o Programa Alimentar Mundial (PAM) desenvolve ações contra a fome em todo o mundo.

São organizações que trabalham ativamente para garantir a obtenção de recursos. Infelizmente, as organizações ficam vulneráveis à manipulações e infiltração política ou ideológica, justamente, devido aos esforços para assegurar recursos financeiros. Dessa maneira, todo o trabalho de promoção de resiliência e capacidade de resposta em situações de crise, fica sob suspeita. Na dúvida, chefes de Estado preferem ficar fora da área de influência de organismos multilaterais internacionais, para preservar a soberania de seus países além de respeitar a cultura e valores da população.

MANIFESTAÇÕES POPULARES

Fortalecendo a democracia

Cidadãos precisam expressar suas opiniões e ideias. Ditaduras 2.0 farão todo o possível para impor medo, coagir as pessoas a não se manifestarem. Regimes resultantes de Golpes de Estado Híbridos temem a participação cidadã, enquadram opiniões sobre questões públicas ou políticas contrárias aos seus interesses como "ameaças à democracia".

O direito à liberdade para se manifestar é fundamental em qualquer democracia e o cidadão é o responsável por mantê-lo intocável. E de que maneira? Se manifestando. Quanto mais ameaçada estiver a democracia, maior precisa ser a multidão com cartazes repetindo palavras de ordem. Desistir, aceitar promessas vazias ou justificativas mentirosas não são opções das quais você sentirá orgulho num futuro próximo. A democracia depende de participação dos indivíduos. Através da diversidade de opiniões, busca pela verdade e ação fiscalizatória, a sociedade promove respeito e responsabilidade governamental, que são observáveis pelo pleno cumprimento do compromisso de respeito aos direitos e garantias constitucionais.

Ditaduras 2.0 enganam observadores desatentos ao, aparentemente, conviver bem com as manifestações populares. No entanto, observando com mais atenção, vai ficar evidente a seletividade dos governantes e autoridades. Enquanto as manifestações servirem ao propósito de aliviar tensões sociais e políticas, como se fossem uma espécie de válvula de escape, tudo bem. De maneira parecida, são apreciadas manifestações que levem à segmentação da sociedade, representando minorias ou grupos artificialmente criados para fomentar ódio e dependência de ações do Estado para sua manutenção. Da mesma forma, são aceitas manifestações que passem para a população a sensação de que algum recado foi enviado ao governo. Nos exemplos acima, as manifestações são observadas como inconvenientes necessários para manter as "massas" na ilusão de participação democrática ou para dividir a sociedade tornando-a mais suscetível a influências políticas ou ideológicas.

Você só percebe a diferença entre as manifestações consentidas e as que realmente são fruto do exercício da cidadania, quando nota o esforço desproporcional do regime para silenciar a segunda. Mesmo que seja manifestação de um único cidadão em uma rede social, vídeo caseiro ou questionamento dirigido a alguma autoridade usando aplicativo de mensagens, a reação será brutal! As instituições de Estado serão usadas por autoridades corruptas ou a serviço da ditadura 2.0 para coagir, reprimir e criminalizar com uma eficiência anormal.

Outro indicativo de que a manifestação cidadã foi legítima, vai ser a rapidez com a qual os diversos setores que compõem o cinturão de suporte do regime irão reagir. Os mesmos artifícios usados no ambiente que viabilizou o Golpe de Estado Híbrido serão empregados com força total. A imprensa corrompida vai iniciar a campanha de desinformação, destruindo a reputação, distorcendo fatos ou simplesmente ignorando a ocorrência, negando à população a informação de que aquilo aconteceu. Por sua vez, autoridades agindo em nome do Estado utilizarão o poder coercitivo para enquadrar a manifestação ou opinião como "extremismo", ataque à democracia, discurso de ódio ou "Fake News".

Depois de legitimada diante da opinião pública, começa a fase de repressão policial, visando amedrontar ou isolar a dissidência. Enquanto você, que está acordado e possui conhecimento, terá percebido tudo isso acontecer, a maioria das pessoas à sua volta estará ou aplaudindo a ação das autoridades, acreditando que elas protegeram a democracia, ou estará alienada por algum entretenimento de massa, alguma polêmica mesmerizante que viralizou nas redes sociais, exatamente naquele momento, para desviar a atenção da população.

Defender seus direitos jamais será atribuição de alguma autoridade do Estado. Quem acredita em algo parecido e terceiriza a própria segurança e de sua família está correndo sérios riscos. O mesmo é válido para as democracias. Nenhuma autoridade ou lei está 100% certa ou íntegra para ser capaz de decidir e agir em nome de toda a população, contrariando a vontade da maioria.

Então, sempre desconfie quando diante de críticas ou simples questionamentos, em um quadro de normalidade democrática, alguma autoridade responder, em nome de toda a população, caracterizando o exercício da cidadania como uma grave ameaça. Pior ainda, se a tal autoridade nem sequer tiver sido escolhida pelo voto popular. Caso isso ocorra, você está em meio a um Golpe de Estado Híbrido ou já experimentando uma ditadura 2.0, para a qual toda oposição à "verdade oficial" pode representar "uma batalha de vida ou morte contra o extremismo".

#

Ciclo das manifestações

Existe um padrão usado por governos diante de manifestações populares. Inicialmente partidos, autoridades, mídia marrom e setores da sociedade, simpáticos ao regime, empreendem esforços para tirar a legitimidade das manifestações, dos manifestantes ou da causa. Nessa fase são abertas as janelas para interpretar ou rotular manifestações, transformando-as em atos de violência, ação antidemocrática, minoria descontrolada, negacionistas, vândalos ou extremistas. O importante é criar a percepção de algo negativo na mente da audiência, não há preocupação se é verdade ou não. Caso seja oportuno, novas leis podem ser criadas para limitar as comunicações, a disseminação de ideias ou manifestações. Depois, caso a oposição ou a denúncia persista vem a fase da repressão e criminalização com todo o poder do Estado. Podem ocorrer restrições à liberdade de expressão, liberdade de reunião, direitos políticos, ações policiais de busca e apreensão ou prisões em massa.

A reação dos governantes, principalmente em ditaduras 2.0, sempre vai ocorrer disfarçada de defesa da democracia. A preocupação desses regimes é a seguinte: Eles sabem que nenhum ardil ou até mesmo o apoio incondicional das Forças Armadas é capaz de deter a população enfurecida. Quando esse gigante acorda e algum lunático acredita ser capaz de detê-lo, as consequências são terríveis. Então, para evitar a perda do poder ou coisa pior, se os protestos e manifestações tomarem dimensões que fuja ao controle, ocorrerá um apelo à razão e ao diálogo. Algum pacote, com medidas superficiais ou reformas, será prometido para enganar a população e apaziguar os ânimos. O real objetivo não será atender às demandas, mas sim desmobilizar a sociedade. Passado o perigo, é necessário atuar furtivamente para enrijecer leis, neutralizar lideranças e fortalecer a propaganda até que a "verdade oficial" volte a prevalecer. Tudo isso precisa ser feito antes que as promessas ou concessões feitas caduquem e a população perceba o engodo.

Caso obtenha sucesso, o regime da ditadura 2.0 consegue uma sobrevida. Pelo menos até o início de um novo ciclo de rejeição. Isso porque, apesar da "verdade oficial" martelar na cabeça da população que a democracia é pujante, que o sistema eleitoral é perfeito e que todas as limitações criadas são para proteger a democracia contra "extremistas" e "radicais", a verdade sempre irá prevalecer. O tempo pode variar, mas pouco a pouco, cidadãos despertos da ilusão e do engano passarão a reagir contra os desmandos ou corrupção do regime. Um novo ciclo de manifestações terá início e isso ocorrerá quantas vezes for preciso até que a verdade prevaleça e a democracia seja restabelecida.

#

Fenômeno social replicado

São muitas as teorias que relacionam a invasão do Capitólio dos Estados Unidos em 6 de janeiro de 2021 com os atos ocorridos em 8 de janeiro de 2023 em Brasília. Grande parte delas não foi inspirada apenas pelas incríveis coincidências nos fatos ou no modus operandi das autoridades e forças policiais. Também não foi a inegável importância simbólica dos cenários nos quais os eventos transcorreram.

Acredito que as comparações e análises, que deram origem às teorias que vamos apresentar, foram baseadas na intrigante semelhança das conveniências políticas. Os dois eventos desencadearam consequências benéficas para governos recém eleitos e prejudicaram líderes com alta popularidade. Esse fenômeno se estende para o ambiente pós eleitoral que ambos os casos compartilham. Afinal, nos dois eventos havia forte polarização, suspeitas de fraude eleitoral e o governo recém eleito parecia não possuir popularidade, nem mesmo, para tomar posse. Vamos, então, citar as principais teorias e analisar as origens de suas alegações.

Existe a teoria chamada de "QAnon" por conta do grupo que a divulgou. Essa teoria afirma que o poder nos Estados Unidos seria, na verdade, exercido por algo chamado "Estado Profundo". Esse, por sua vez, seria controlado por grandes interesses econômicos ligados à esquemas de corrupção e diversas organizações criminosas. Segundo a teoria, os Democratas receberam apoio de grupos que exploram corrupção, lucros da indústria bélica, pedofilia e satanismo. Tudo porque Donald

Trump não aceitou a influência de pessoas poderosas ligadas ao "Estado Profundo". Assim a invasão ao Capitólio teria sido um ato de resistência ou desobediência civil contra a posse de Biden e tudo o que ele supostamente representaria.

Em outra interpretação a cadeia de eventos teria sido meticulosamente planejada e executada como uma operação de "bandeira falsa". Para os defensores dessa teoria o objetivo dos Democratas seria, com uma única ação, obter conquistas em duas frentes. De um lado Biden conquistaria apoio popular junto a uma parcela dos eleitores com forte sentimento patriótico, ao apelar para os danos à imagem da Nação devido ao ataque a um símbolo nacional. Por outro lado, o evento criaria um precedente capaz de deslegitimar as alegações de Trump sobre a fraude eleitoral e destruir seu legado político nos meses subsequentes. Para isso teriam sido utilizados agentes infiltrados junto aos manifestantes, facilitação de acesso ao interior do Capitólio e participação direcionada da cobertura de mídia.

A outra teoria está perfeitamente alinhada com a narrativa estabelecida tanto pelas autoridades quanto pela maioria da imprensa norte-americana. Ou seja, ocorreu uma tentativa de Golpe de Estado, incitada por Trump, e a invasão do Capitólio seria um ato para impedir que Biden assumisse o governo. A ação antidemocrática, teria usado as alegações de fraude eleitoral para convencer manifestantes e apoiadores do partido Republicano da necessidade de obstruir a transição e eles fizeram isso desarmados e fantasiados enquanto gravavam em vídeo ou faziam fotos para compartilhar em suas redes sociais.

#

Misteriosas semelhanças

Dois anos e dois dias, separados por um 2022 esquecido...

Os eventos da invasão do Capitólio dos Estados Unidos em 6 de janeiro de 2021 e os de 8 de janeiro em Brasília foram ambos motivados por alegações de fraude eleitoral e forte comoção social. Nas duas ocasiões, segundo muitos analistas, os cidadãos acreditaram ser possível, através do apoio popular, impedir a confirmação dos resultados das eleições. Os dois eventos podem ter sido provocados pelas ações e discursos de líderes políticos que, de uma maneira ou de outra, se recusaram a reconhecer a derrota. Ambos, Presidentes derrotados na tentativa de reeleição, questionaram acontecimentos ou decisões institucionais que interferiram direta ou indiretamente no processo eleitoral. Tais posicionamentos, somados ao ambiente politicamente polarizado, podem ter, sim, incentivado seus apoiadores a protestar contra o resultado do pleito eleitoral. Mas, até que ponto o acirramento dos ânimos foi desejado e manipulado por forças antagônicas para gerar resultados totalmente diferentes daqueles expressamente declarados pelos manifestantes? Essa parece ser uma questão fundamental e ao mesmo tempo tratada como tabu ou tóxica por analistas e jornalistas.

É inegável que, em termos de percepção e formação de opinião, ter violência e vandalismo espetacularmente exibidos para o mundo, direto do interior de prédios públicos e no coração do poder de cada um dos países, de imediato transferiu o chamado "padrão moral" para bem longe dos mandatários recém derrotados nas urnas. Desde o primeiro instante, ambos os eventos foram reputados como gravíssimos por uma imprensa simpática ao governo recém eleito e estrategicamente posicionada para cobrir todos os detalhes.

Seguindo a narrativa repetida à exaustão, enquanto imagens impactantes de perturbação da ordem eram exibidas, representantes de instituições nacionais e internacionais, autoridades e de outros atores políticos fizeram questão de concordar, demonstrando indignação. Em pouco tempo, ninguém ousaria contrariar a "verdade oficial" retransmitida para todo o planeta pelos mesmos canais de notícias que passaram os últimos quatro anos combatendo os governos conservadores ou de Direita. Mas isso não importava mais. A prioridade era seguir a histeria coletiva e ser politicamente correto, julgando os fatos apressadamente, com a profundidade de uma gilete.

Incontáveis celebridades e políticos aproveitaram o momento para condenar a violência, vandalismo e defender o respeito à Constituição e, consequentemente, à vontade popular expressa pelo resultado das urnas. Assim, veja só que conveniente o que aconteceu nos dois países: Doravante, qualquer cidadão que ousasse exercer o direito democrático de manifestação e se opusesse ao Presidente recém eleito, passaria a ser empacotado e rotulado como terrorista, de extrema Direita ou inimigo da democracia.

No desenrolar dos fatos, pessoas foram mantidas presas sem o cumprimento do devido processo legal. Presas e empilhadas em presídios, algumas adoeceram ou faleceram ainda enquanto aguardavam para saber do que estavam sendo acusadas. Depois, as que sobreviveram à tortura e ao terror psicológico, descobriram que as acusações eram coletivas e genéricas. Muitas foram levadas a julgamentos show, julgamentos coletivos, ocorridos já e, acredite, apenas em última instância, sem qualquer possibilidade de respeito à individualização de suas ações durante os protestos. Advogados foram proibidos de ter acesso à detalhes importantes da acusação contra seus clientes e da mesma maneira não puderam fazer a defesa presencialmente.

Por fim, muitas pessoas foram condenadas à penas extremas, tratados como terroristas e sem direito a recorrer. Nos dois países manifestantes desarmados foram condenados à penas superiores ao homicídio, após sofrerem uma espécie de tortura psicológica pelas mãos do próprio Estado.

Tanto nos Estados Unidos da América quanto no Brasil o Estado, supostamente democrático, que portanto deveria proteger os cidadãos agiu como um algoz. Ignoraram direitos e liberdades fundamentais, em completo e inexplicável desprezo a um ordenamento jurídico assentado e consolidado por milênios de desenvolvimento humano. E tudo sob os holofotes da imprensa e conivência de diversos setores da sociedade civil organizada. Até a execração pública obtida nos primeiros meses foi semelhante nos dois países. Claro, sempre facilitada devido à cobertura de uma mídia estranhamente interessada em expor apenas um lado dos fatos.

Assim, os eventos da invasão do Capitólio dos Estados Unidos em 6 de janeiro de 2021 e os de 8 de janeiro de 2023 em Brasília cumpriram uma função similar: Tornaram crime se opor ao status vigente, fazendo de qualquer pessoa, que ousasse questionar o sistema ou seus agentes, um alvo para o poder opressivo do Estado. Isto só foi possível devido ao apoio conivente de grande parte da sociedade, imprensa e das chamadas Big Techs.

Autoridades agiram em nome do regime para usar e abusar da capacidade de censura. Aproveitando-se da escalabilidade e facilidade de exercer pressão sobre as plataformas de vídeo, mensagens instantâneas e redes sociais o governo fez mais do que censurar. Cidadãos tiveram perfis bloqueados, postagens com alcance limitados e seus dados e interações nas redes foram coletados pelo governo. Tudo sem o devido processo legal, violando princípios constitucionais e sem que as vítimas desconfiassem que sua privacidade estava sendo violada. No Brasil, por exemplo, a justiça chegou ao absurdo de obrigar que as empresas mentissem para os usuários que tiveram postagens apagadas. Por orientação do magistrado, a empresa deveria justificar a exclusão de conteúdo dizendo que era decorrência de violação de regras da plataforma e não dizer a verdade, que se tratava de demanda judicial.

Palavras-chave, assuntos e nomes de políticos sofreram censura prévia, sendo em alguns casos até proscritos de certas redes sociais e de outras ferramentas de comunicação que deveriam ser livres para servir ao debate de ideias. Em nome de uma suposta "democracia" o Estado atuou através de grandes conglomerados de tecnologia e ao que restou de imprensa tradicional para estabelecer a "verdade oficial", única, inquestionável e absoluta. Tudo em nome da "democracia" e para proteger as pessoas da desinformação. A lógica é a seguinte: matem o paciente para salvá-lo! Falar sobre o que realmente aconteceu ou questionar fatos é discurso de ódio! Divulgar fatos contrários aos interesses de governo é "Fake News".

Os esforços do regime, aparentemente, surtiram efeito. Isso porque, para muitas pessoas, o rótulo de "Fake News" parece transformar, instantaneamente, informação em mentira. A lavagem cerebral fez parte da população acreditar que qualquer narrativa que contrarie a "verdade oficial" possui o irresistível poder transcendental de contaminar corações e mentes, apodrecendo-os. Assim, para evitar que algo tão terrível se alastre e contamine toda a sociedade, está justificado limitar a liberdade de expressão, eliminar conteúdo, bem como a perseguir as fontes. Ser contrário ao governo é ser facista, extremista, radical ou conspiracionista. A verdade é aquela permitida pelo governo. Democracia é concordar com o governo e jamais questionar nada! Parece normal para você?

Em um escopo ampliado, existe outra coincidência, sobre a qual precisamos nos debruçar para, somente então, avistar a face do monstro que emerge do abismo sombrio. Sim, o monstro existe! Os parágrafos acima descrevem os rastros deixados por suas garras afiadas e imundas. Negar sua existência, desprezar sua presença ou achar que é possível uma coexistência pacífica, só irá facilitar que ele saia vitorioso em um futuro próximo. Então, voltando a análise das circunstâncias da invasão do Capitólio nos Estados Unidos em 6 de janeiro de 2021 e do 8 de janeiro em Brasília, será mera coincidência que os mesmos factoides tenham sido administrados da mesma maneira com apenas dois anos de intervalo? E justamente quando ambos os países estavam consolidando os resultados eleitorais para a transição de governos nacionalistas, com perfis mais à Direita do espectro político, para governantes mais à Esquerda, alinhados com agendas globalistas? Estaríamos diante de evidências de Golpe de Estado Híbrido?

Precisamos entender de que maneira, em pleno século XXI, nas duas maiores democracias da América, permitiu-se a implementação de medidas próprias à regimes de exceção, bárbaros e totalitários. Tudo isso feito em nome da própria democracia, sem nenhum pudor. Seria possível a ascensão de ditaduras 2.0 no coração da América? Será que a censura e a perseguição política foram transformadas em show pela imprensa? Jornalistas que não questionam ou fingem não ver os absurdos cometidos por agentes públicos são parte do regime? Como isso pode ter acontecido e quais são os ensinamentos que podem ser úteis para previnir ações semelhantes?

#

Desdobramentos diferentes

Nos Estados Unidos, a invasão do Capitólio foi contida depois de algumas horas pelas forças de segurança. Das dezenas de manifestantes presos, a grande maioria só veio a ser capturada nos dias posteriores aos eventos de 6 de janeiro. Cerca de 15 horas depois da confusão criada pelos manifestantes, o Congresso retomou a sessão e certificou a vitória de Joe Biden. Donald Trump foi banido de algumas redes sociais, teve o nome praticamente proscrito em plataformas digitais e foi submetido a um segundo processo de impeachment.

As acusações eram de que Trump, supostamente, teria incitado uma insurreição. O impeachment do ex presidente foi a julgamento e no dia 13 de fevereiro de 2021 o Senado Norte Americano absolveu Trump. Apesar das seguidas tentativas de destruição de reputação e investidas judiciais, Donald Trump não perdeu o imenso apoio popular e também não foi impedido de voltar a se candidatar em 2024.

No Brasil, a invasão dos prédios públicos em Brasília, ocorrida em 2023, parecia seguir o caminho de outras ocasiões em que manifestantes ocuparam espaços públicos vestindo as cores verde e amarelo, com palavras de ordem e empunhando bandeiras do Brasil. Sim! Pois isso não foi um fato inédito, como alguns setores da imprensa querem fazer parecer. Em uma rápida revisão, limitada à última década, para não abrirmos muito o escopo, podemos citar:

Junho de 2013, período que ficou conhecido como "Jornadas de Junho", quando o "Gigante acordou", uma onda de protestos em massa que tomou conta de cidades por todo o Brasil. Em Brasília, no dia 17 de junho de 2013, alguns manifestantes romperam o cordão de isolamento mantido pela Polícia Militar e ocuparam a marquise do Congresso Nacional. Na ocasião, não ocorreu depredação. Talvez, nesse ano as pessoas estivessem mais atentas aos riscos da ação de agitadores com táticas violentas. Os mesmos cuidados não evitaram, porém, os fatos lamentáveis ocorridos em Belo Horizonte, cinco dias depois. Caso você não se lembre, vou fazer um rápido resgate histórico. Durante as manifestações do ano de 2013, na capital mineira, os quase sessenta mil cidadãos que participavam da caminhada de 22 de junho foram surpreendidos pelas ações de vandalismo executadas por integrantes de um pequeno grupo de infiltrados. Essa minoria comprometeu a narrativa resultante dos protestos ao usar táticas de violência para tomar de assalto o próprio instrumento popular, antes legítimo.

Outra ocasião na qual prédios públicos em Brasília foram invadidos ocorreu em 2017, quando manifestantes contrários ao processo de impeachment da presidente Dilma Rousseff escolheram como alvo a Câmara dos Deputados. Nas roupas e bandeiras predominava o vermelho, pois aquele grupo era composto, em sua maioria, por sindicalistas e simpatizantes de partidos de Esquerda. Eles conseguiram invadir o prédio e depredar instalações da Câmara.

Ao longo de todo o ano de 2017 ocorreram diversos outros protestos em Brasília, incluindo as vezes em que manifestantes ocuparam a Esplanada dos Ministérios, depredaram os prédios do Ministério da Fazenda, Agricultura e até mesmo da Cultura. O ano foi marcado por manifestações violentas lideradas pela Esquerda. Não havia crianças vestidas de verde e amarelo acompanhadas de seus avós, canto do hino nacional brasileiro e, muito menos, aplausos para os militares. Nestas manifestações os representantes da lei foram recebidos a pauladas e pedradas. Até mesmo banheiros químicos passaram a ser usados como "escudos" improvisados pelos manifestantes.

Vale destacar que em muitos destes protestos, organizados por movimentos de Esquerda ao longo de 2017, observou-se manifestantes responsáveis por incentivar confrontos e iniciar depredações. Pessoas agindo, sempre mascaradas, com nível acentuado de coordenação e controle. Em diversas ocasiões foram apreendidas bombas de confecção caseira com manifestantes. No entanto, graças ao trabalho de alto nível dos órgãos de inteligência, ao profissionalismo das forças de segurança e à conscientização da população brasileira, os riscos foram minorados. Cidadãos fizeram pressão, passando a repudiar abertamente os políticos ligados à essas ações da extrema Esquerda. Mesmo assim o saldo oficial de pessoas feridas em decorrência das manifestações de 2017 foi de quarenta e nove vítimas. Causa muita estranheza que, apesar de todos os fatos supracitados, quando 2017 chegou ao fim, incrivelmente, apenas oito prisões haviam sido efetuadas. Nenhum dos atos de extrema violência e risco à sociedade ou instituições foi enquadrado como terrorismo. Ninguém foi acusado de tentativa de Golpe de Estado e, muito menos, foi julgado pelo Supremo Tribunal Federal.

Agora, depois de recordamos algumas outras situações nas quais prédios públicos em Brasília foram tomados por manifestações, voltemos ao 8 de janeiro de 2023. Naquele dia, ninguém pode negar que Brasília serviu de palco para ações criminosas que desvirtuaram completamente a motivação da maioria das famílias que participavam, havia semanas e semanas, de manifestações ordeiras e pacíficas. Infelizmente, criminosos repetiram as mesmas táticas lá de 2013, usadas na caminhada de 22 de junho em Belo Horizonte. Estas pessoas infiltradas na multidão, pacífica e ordeira, desencadearam atos de vandalismo e total desrespeito aos valores intrínsecos de instituições essenciais para a própria existência de um Estado democrático. Mas, por que? Esse era o padrão de comportamento dos manifestantes que vestiram o verde e o amarelo, durante os quatro anos anteriores, e foram para as ruas diversas vezes?

Existem muitas perguntas sem resposta e boa parte delas ignoradas pelas autoridades que deveriam investigar. Houve facilitação de acesso aos prédios públicos? Por qual motivo as recomendações de segurança, feitas com a antecedência protocolar, foram ignoradas por autoridades do Governo recém empossado? Por que houve relaxamento das medidas para estabelecimento de um perímetro de segurança dos prédios públicos, mesmo diante de relatórios de inteligência indicando o risco iminente? Por que tais medidas não foram acatadas pelos responsáveis legalmente constituídos para tal? As consequências de possíveis incidentes advindos da negligencia das forças de segurança de Brasília eram previsíveis? E caso fossem, quais seriam as forças políticas direta ou indiretamente beneficiadas? Qual foi a principal conseqüência do 8 de janeiro de 2023 para o cenário político do Brasil pós eleições? Estas são algumas perguntas que nos ajudam a compreender melhor o cenário no entorno do caos.

Manifestação de rua é uma forma de expressão coletiva que visa chamar a atenção para uma causa ou reivindicação. Durante o período entre 2017 e 2022 foi possível notar o crescente engajamento de pessoas de todas as idades em manifestações cívicas. No Brasil, durante esses quatro anos históricos ocorreram "motociatas", com inédito volume de participação, imensas passeatas que coloriram as principais cidades do país com o verde e o amarelo, além de aglomerações cívicas de dimensões épicas, muitas delas expontâneas. Todo este poder popular para, simplesmente, reafirmar posições da sociedade brasileira e o apreço à democracia.

No entanto, essa mobilização social mantida logo após uma eleição presidencial, representava, aos olhos dos Democratas nos Estados Unidos ou da Esquerda no Brasil, um imenso risco à governabilidade do país. Sob suspeitas de manipulação eleitoral e sem apoio popular, haveria forte resistência dos cidadãos, já nos primeiros dias do governo recém eleito. Por coincidência, os eventos decorrentes daquelas manifestações de 6 e 8 de janeiro encerraram, em ambos os países, a possibilidade do povo demonstrar, nas ruas, que o presidente eleito não representava a vontade da maioria.

Em poucos períodos da história do país tantas pessoas saíram de suas casas, diversas vezes, apenas para expressar apoio à determinada pauta política. Observe que elas não saíram de casa motivadas pelo ódio ou fúria, como é o comum na história da humanidade. Tamanha participação popular aconteceu no Brasil durante estes cinco anos, sempre de maneira afirmativa, com atitude ordeira e pautas patrióticas ou conservadoras. Obviamente, esse fenômeno social foi percebido como uma grave ameaça à manutenção do poder por certos grupos que, há séculos, se beneficiam da divisão, ignorância e silêncio dos brasileiros. Talvez, o que mais incomodou a esses "poderosos", foi a participação popular massiva e recorrente. Forças políticas decrépitas, corruptas e setores majestosamente corrompidos, agarrados como parasitas alojados no coração do Estado brasileiro, passaram então a conspirar silenciosamente para encerrar este ciclo anômalo. Afinal, democracia com engajamento popular permanente é algo inaceitável para aqueles que foram acostumados, desde sempre, com o silêncio confortável e cordeiro das massas adormecidas ou mantidas na ignorância.

Nesse cenário, é possível que determinados grupos,

sentindo-se ameaçados pelo crescente engajamento popular, tenham percebido que a melhor maneira de combater a mobilização democrática seria descaracterizando seus valores. E como fazer isso? Talvez, algum estrategista político tenha proposto o uso do básico da comunicação: Uma boa imagem vale por mil palavras. Mais eficaz do que argumentar junto à população, seria criar uma imagem impactante, um testemunho espetacular, capaz de contradizer tudo aquilo que os opositores juram defender. Caídos em desgraça, maculados ao supostamente compactuar com atos genuinamente criminosos, os opositores seriam facilmente desmobilizados, extraídos da posição de cidadãos exercendo o direito à manifestação e arremessados na sarjeta do descrédito, sob a pecha do radicalismo antidemocrático, terrorismo ou golpismo. E nada melhor para um testemunho espetacular do que vandalismo em prédios públicos diante de câmeras estrategicamente posicionadas.

ESQUERDA E PROGRESSISTAS

Breve histórico

Vamos entender melhor a trajetória do pensamento liberal e do progressista no Brasil desde o período colonial. Sim, o pensamento liberal e progressista, sementes de parte das bandeiras da Esquerda contemporânea, também estiveram presentes na história do Brasil, embora muitas vezes com atuação inicial mais discreta frente à maioria de viés conservador.

Ao defender reformas sociais como um meio de obter progresso o chamado "Progressismo"assume o contorno de orientação política indo além de ser apenas uma doutrina com teses estabelecidas. O progressismo pode ser compreendido como um compromisso de base com transformação e superação de tudo aquilo que é considerado arbitrário ou injusto na sociedade. Antagoniza com o conservadorismo, que propõe solucionar as injustiças e falhas da sociedade transformando as pessoas e não suas estruturas. A maior relevância da abordagem racional no campo da economia, ciência, sociedade, desenvolvimento de tecnologias acompanharam as diferentes doutrinas que, ao longo do tempo, foram influenciadas pela orientação progressista.

No entanto, o progressismo, herdeiro dos ideais do Iluminismo, não ignora o indivíduo, mas dá a esse um contorno político. Sob essa orientação, as normas sociais não emanam mais de uma autoridade como o rei ou o papa, por exemplo. O progresso é então pensado como a reconciliação entre a razão, o indivíduo e a sociedade, e está fortemente ligada ao uso da razão na condução da vida em sociedade.

Margeando os ideais de progresso, em contraponto à sua implementação ao redor do mundo, fica evidente o quanto o discurso pode se afastar da realidade. O que o Iluminismo, por exemplo, chamava de progresso estava muito mais próximo a etnocentrismo, impondo cultura européia indistintamente. Fundamentado em belos discursos, o processo colonial conduzido na América Latina promoveu o genocídio sistemático de povos originários. O progressismo aveludado das Cortes européias contrasta com a barbárie promovida em seu favor e exemplifica o quanto a ideia de progresso pode ser distorcida e dissociada do discurso.

Mesmo que você não aprecie história, é interessante observar a trajetória das ideias progressistas no país desde a colônia até os dias atuais, para assim obter melhor entendimento sobre alguns dos fenômenos políticos e sociais que estão se manifestando em nosso dia-a-dia.

No período colonial surgiram movimentos contrários à escravidão e favoráveis à inclusão dos indígenas na sociedade brasileira. Entre eles, podemos destacar as ações e ideias das missões jesuítas. Posteriormente, no século XIX, os ideais iluministas impulsionaram o abolicionismo e a luta por direitos civis em boa parte do mundo.

Com a chegada da Corte Portuguesa ao Brasil em 1808, novas ideias liberais e republicanas foram difundidas por intelectuais como Benjamin Constant. Alguns movimentos estudantis espalhavam ideais progressistas e democráticos desde o Primeiro Reinado. Aliás, permita- me o parênteses, ao longo da história do Brasil, os movimentos estudantis desempenharam um papel fundamental na difusão do pensamento de Esquerda. O ativismo estudantil ajudou desde o combate ao centralismo monárquico até a luta contra as ditaduras. Estudantes brasileiros foram motivados por professores a se organizarem, protestar e mobilizar parte da sociedade para promover mudanças políticas e sociais. Falaremos mais detalhadamente sobre isso ao longo deste Capítulo.

Voltando à história, durante a segunda metade do século XIX, o idealismo abolicionista de Luís Gama e José do Patrocínio ganhava força e inspirava novos adeptos. A imprensa liberal também cresceu, defendendo as reformas urbanas e sociais necessárias para aquele período. Pouco a pouco, foi ficando mais claro o quanto a divisão da sociedade e a exploração de questões polêmicas funcionavam, como uma cunha, para calçar e alavancar o desenvolvimento da Esquerda frente a uma sociedade majoritariamente conservadora.

O início do século XX foi um período de grande efervescência intelectual e social, algo sem precedentes. Ocorreram transformações vertiginosas em diversas áreas, desde a tecnologia e a indústria até a política, passando pela cultura. Estas transformações criaram um terreno fértil para o florescimento de um amplo espectro de ideias e movimentos. Entre os quais, o chamado pensamento progressista de Esquerda, adotando discurso de transformação social e da busca por uma sociedade mais justa e igualitária. O pensamento progressista de Esquerda, neste período, se destacou por gerar uma rica diversidade de correntes de pensamento que possuíam complexidade analítica. Podemos destacar:

Socialismo - Representa um amplo leque de perspectivas para mudanças sociais.

Socialismo Marxista: Foi influenciado pelas obras de Karl Marx e Friedrich Engels, defendia a luta de classes como motor da história e a revolução proletária como caminho para a construção de uma sociedade socialista sem classes. Influenciou movimentos operários e revolucionários em diversos países, como a Revolução Russa de 1917, que resultou na criação da primeira nação socialista, a União Soviética.

Socialismo Reformista: Propunha reformas graduais dentro do sistema capitalista para alcançar uma sociedade mais justa, com maior participação do Estado na economia e na garantia de direitos sociais. Influenciou partidos socialistas e trabalhistas na Europa, como o Partido Social Democrata Alemão, que implementou políticas de seguridade social e bem-estar social.

Socialismo Anarquista: Esta corrente de pensamento rejeitava a autoridade do Estado e defendia a autogestão social, a organização horizontal da sociedade e a abolição da propriedade privada. Influenciou movimentos anarquistas em diversos países, como a Comuna de Paris de 1871, que representou uma breve experiência de autogoverno popular na França.

Liberalismo Progressista - Estabelecido através de Reformas e Livre Mercado.

Liberalismo Social: Buscava conciliar os princípios do liberalismo clássico, como a liberdade individual e o livre mercado, com a necessidade de reformas sociais para garantir justiça social e reduzir as desigualdades. Influenciou o New Deal nos Estados Unidos, implementado pelo presidente Franklin Roosevelt na década de 1930. O New Deal incluiu medidas e programas de combate à pobreza e à fome, além de regulamentações do mercado financeiro.

Liberalismo Clássico: Defendia o livre mercado para servir de principal motor do desenvolvimento econômico e a mínima intervenção do Estado na economia. Influenciou a Escola Austríaca de Economia, fundada por Ludwig Von Mises, que defendia a liberdade individual e a propriedade privada como pilares da ordem social.

Feminismo - Criando uma Luta Multifacetada pela Igualdade de Gênero.

Feminismo Sufragista: Centrava-se na luta pelo direito de voto feminino, considerado fundamental para a participação das mulheres na vida política e social. Influenciou movimentos sufragistas em diversos países, entre eles o movimento das sufragistas inglesas liderado por Emmeline Pankhurst, que conquistou o direito de voto para as mulheres no Reino Unido em 1918.

Feminismo Socialista: Associava a luta pela emancipação feminina à luta pela transformação social, buscando superar as desigualdades de gênero, tanto na esfera pública quanto na privada. Influenciou o movimento feminista na América Latina e nos países socialistas. O movimento feminista soviético, que lutou pela igualdade de direitos entre homens e mulheres no trabalho e na educação, foi fortemente influenciado pelo feminismo socialista.

Feminismo Radical: Propunha uma análise crítica da sociedade patriarcal e defendia a abolição do patriarcado e a construção de uma sociedade matriarcal, onde as mulheres assumiriam o controle da reprodução e da organização social. Influenciou o movimento feminista dos anos 1960 e 1970, que questionava os papéis tradicionais de gênero e lutava pela autonomia sexual e reprodutiva das mulheres.

O surgimento de um oceano de movimentos por mudanças.

Para além das correntes supracitadas, o início do século XX também foi marcado pelo surgimento de diversos outros movimentos progressistas, cada um com suas nuances e objetivos específicos, por exemplo:

Movimento Pacifista: Lutava contra a guerra e a violência, defendendo a resolução de conflitos por meios pacíficos. Influenciado pelas ideias de Mahatma Gandhi e do movimento pacifista internacional, ganhou força após a Primeira Guerra Mundial e se consolidou como um importante ator na defesa da paz e do diálogo.

Movimento Ambientalista: Tinha como ideia inicial buscar a conscientização sobre a necessidade de proteger o meio ambiente e os recursos naturais da exploração predatória. Influenciado por Rachel Carson e o seu livro "Primavera Silenciosa", que denunciou os efeitos nocivos dos pesticidas, o movimento ambientalista se tornou uma força global. Depois, passou a ser explorado por setores da sociedade e lideranças políticas que passaram a utilizar a luta pela sustentabilidade e pela preservação do planeta como narrativa para projetar poder.

Movimento pelos Direitos Civis: Lutava contra o racismo, a segregação racial e a discriminação de minorias étnicas. Influenciado por Martin Luther King Jr. e o movimento pelos direitos civis dos negros nos Estados Unidos, inspirou movimentos semelhantes em todo o mundo. Todos esses movimentos segmentavam a sociedade, enquanto diziam buscar a igualdade de direitos e oportunidades para todos, independentemente da raça ou etnia.

No Brasil, com a ascensão de Getúlio Vargas ao poder, os movimentos liberais perderam espaço e representatividade política. Somente na redemocratização, após 1945, é que a Esquerda progressista voltou a participar abertamente da vida política do país. Sua atuação originou as propostas de reformas de base defendidas por Jango nos anos 1960. Essas reformas progressistas estavam em desacordo com os valores de uma sociedade, majoritariamente, conservadora e levaram à uma reação popular e dos órgãos de Estado.

Depois do período do Regime militar, partidos progressistas de Esquerda como PT e PDT assumiram o discurso de que representavam as causas dos movimentos sociais e das camadas populares. Políticos viram a oportunidade de obter mais influência e poder adotando a narrativa da luta pela inclusão social e igualdade de direitos. As múltiplas divisões da sociedade passaram a ser incentivadas e exploradas, com novas minorias sendo criadas para gerar novos nichos ou redutos eleitorais.

#

Pautas e anseios

A Esquerda brasileira pode ser entendida como um conjunto de correntes políticas que, geralmente, diz lutar em defesa da construção de uma sociedade mais justa, igualitária e democrática. Atualmente ela é representada por diversos partidos políticos como PT, PSOL, PCdoB, PDT, PSTU, PCB e até mesmo por movimentos especializados na invasão de propriedades urbanas ou propriedades rurais. Esses movimentos dos "SEM" alguma coisa, pautam suas atuações na invasão e destruição de patrimônio. As principais pautas abraçadas e alardeadas pela Esquerda no Brasil são:

Redução da desigualdade social

Combate à pobreza e à extrema pobreza, através de programas assistencialistas ou de redistribuição de renda.

Implementação de políticas públicas que promovam a igualdade de oportunidades através de cotas raciais, cotas de gênero, cotas sociais nas universidades e cotas no mercado de trabalho.

Uso da reforma agrária como ferramenta para distribuir terras de forma mais justa e assim, supostamente, promover o desenvolvimento rural. Infelizmente, na realidade, invasões de propriedades produtivas acabam causando insegurança jurídica e tensão social, que afetam produtores rurais, fornecedores e consumidores.

Eliminação do chamado "homeschooling" ou da Educação Domiciliar, porque segundo algumas lideranças de Esquerda e especialistas progressistas tal prática pode gerar a falta de contato com opiniões e comportamentos diferentes durante a formação do indivíduo, trazendo consequências para a capacidade futura do cidadão. Para a Esquerda a educação na escola vai além do conteúdo formal, ensinando também valores tais quais o convívio com a diversidade sexual e a homossexualidade, o saber lidar com a frustração do ganhar ou perder, saber compartilhar e aprender a se defender. Tudo isso seria impossível em casa, segundo a Esquerda.

Fortalecimento da democracia

Defesa dos direitos humanos e das liberdades civis.

Combate à corrupção e à impunidade.

Maior participação popular nas decisões políticas.

Transparência e prestação de contas por parte dos governantes.

Redução da influência da religião na vida pública.

Proteção do meio ambiente

Combate ao desmatamento e às mudanças climáticas.

Transição para uma economia mais sustentável.

Preservação da biodiversidade.

Proteção dos recursos naturais.

Ampliação dos direitos sociais

Universalização do acesso à saúde, educação, cultura e moradia.

Melhoria da qualidade dos serviços públicos.

Valorização do trabalho e dos trabalhadores.

Redução da jornada de trabalho.

Multiplicidade de gêneros.

Igualdade racial.

Combate à informalidade.

Combate à terceirização.

Combate à chamada "uberização".

Aumento do Estado.

Fortalecimento dos sindicatos e consequente arrecadação de recursos.

Integração regional latino-americana

Fortalecimento do Mercosul e de outros blocos regionais.

Cooperação entre os países latino-americanos para o desenvolvimento regional.

Defesa da soberania nacional e da autodeterminação dos povos.

Fortalecimento de blocos Comunistas / Socialistas que alinhem lideranças de Esquerda.

Outras pautas importantes para a Esquerda

Legalização do aborto.

Legalização do casamento entre pessoas do mesmo sexo.

Desmilitarização da polícia.

Desarmamento da população.

Reforma do sistema carcerário.

Descriminalização das drogas.

Combate ao avanço dos partidos de Extrema Direita.

É claro que a Esquerda não é, de forma alguma, um bloco homogêneo. Pelo contrário! Como vimos no tópico "Breve histórico" existem diferentes correntes dentro da Esquerda que podem ter diferentes visões sobre como alcançar os objetivos comuns. As diferenças ficam um pouco menos explícitas quando analisamos o exercício do poder. Se lançamos luz sobre as ocasiões nas quais partidos de Esquerda administraram Cidades, Estados ou o País encontramos formas de agir semelhantes. Escândalos de corrupção, desvio de dinheiro público, extorsão, assassinatos, perseguição política aos opositores e não cumprimento das promessas de campanha são pontos comuns à administração da coisa pública sob os auspícios da Esquerda e seus representantes. Outro aspecto de convergência ligando todas as correntes da Esquerda é o domínio da narrativa através da imprensa tradicional, invariavelmente propagando a ideia de que defender a construção de uma sociedade mais justa, igualitária e democrática é um monopólio da Esquerda.

#

Conquistas da Esquerda

Para entender os impactos do pensamento de Esquerda nas últimas décadas, iremos explorar os detalhes de suas principais representações em diferentes países, analisando mudanças e implicações para o futuro. Nas últimas duas décadas, a Esquerda política experimentou um crescimento significativo em diversas partes do mundo, isto é um fato. Veremos que essa ascensão não se traduziu nas conquistas políticas e sociais que eram esperadas, principalmente em áreas como direitos sociais, igualdade econômica e ambientalismo.

Direitos Sociais

O discurso em defesa dos direitos sociais é um dos pilares da Esquerda e se traduziu na implementação de políticas como:

Legalização do aborto: O acesso ao aborto foi legalizado em países como Argentina, México, Portugal e França.

Casamento entre pessoas do mesmo sexo: O casamento entre pessoas do mesmo sexo foi legalizado em mais de 30 países, promovendo a igualdade de direitos para casais LGBTQIA+.

Quais foram os impactos nas sociedades onde a Esquerda exerceu liderança e atuou através dessas pautas? Bem, o mais visível foi a proliferação de minorias e acirramento de ódio em diferentes segmentos da sociedade. Exatamente! As políticas da Esquerda que deveriam assegurar direitos sociais foram distorcidas para uso eleitoreiro e acabaram ajudando a promover a multiplicação de minorias. Algumas dessas, surgidas ou criadas artificialmente, apenas para dividir eleitorado e obter maior influência política. Apesar das promessas de avanço nos direitos de minorias sociais, como mulheres, minorias raciais, imigrantes, LGBTQIA+ e pessoas com deficiência, o que se viu foi o incentivo ao acirramento do ódio e da polarização no seio de sociedades que anteriormente conviviam pacificamente.

Desigualdade Econômica

Aumento da desigualdade: A adoção de políticas públicas assistencialistas visando inclusão social não contribuiu de maneira significativa para a redução da desigualdade, chegando mesmo em alguns países a servir de desestímulo ao empreendedorismo ou à busca por qualificação profissional.

Salário mínimo: O salário mínimo foi aumentado em diversos países, como França e Espanha, com o objetivo de reduzir a pobreza e melhorar a qualidade de vida dos trabalhadores, no entanto a interferência do Estado em assunto da iniciativa privada repercutiu negativamente. O custo dessa interferência foi repassado para a sociedade através de reajuste de preços ou redução de pessoal, gerando desemprego e mais pessoas dependentes dos sistemas assistencialistas de renda mínima, bancados pelo erário público.

Programas sociais: Programas de transferência de renda, semelhantes ao Bolsa Família no Brasil, foram implementados para reduzir a pobreza e garantir um mínimo de dignidade para as pessoas mais necessitadas. Infelizmente, a falta de uma porta de saída obrigatória para os beneficiários contribuiu para a criação de uma legião de dependentes do Estado. No Brasil, por exemplo, em alguns casos, o Bolsa Família serviu de desestímulo ao empreendedorismo ou à busca por qualificação profissional. No nordeste brasileiro existem cidades com mais de 90% da população dependentes da ajuda Estatal.

De acordo com os dados mais recentes do Ministério da Cidadania, de julho de 2023, os municípios com os maiores percentuais de beneficiários do programa Bolsa Família na região Nordeste do Brasil são:

1º lugar: Sento Sé, Bahia: com 93,66% dos domicílios cadastrados no programa.

2º lugar: Brejo Santo, Sergipe: com 92,46% dos domicílios cadastrados no programa.

3º lugar: Canindé, Ceará: com 91,98% dos domicílios cadastrados no programa.

4º lugar: Lagoa do Barro do Piauí, Piauí: com 91,81% dos domicílios cadastrados no programa.

5º lugar: São José de Piranhas, Paraíba: com 91,77% dos domicílios cadastrados no programa.

O estado com o maior número de beneficiários do Bolsa Família no Nordeste é a Bahia, com 2,5 milhões de famílias. Atualmente, o valor médio do benefício no Nordeste é de R$ 670,99. (Dados de Março de 2023)

Considerando que o programa Bolsa Família beneficia mais de 14 milhões de famílias em todo o Brasil, podemos ter uma ideia do impacto nos cofres da União e principalmente para a sociedade que acaba sendo estimulada à pura dependência do Estado, ao invés de gerar riqueza por meio do empreendedorismo ou da qualificação profissional, buscando recolocação no mercado de trabalho.

O ciclo de dependência criado pelas políticas assistencialistas, a longo prazo, acaba por beneficiar unicamente os interesses daqueles que desejam o controle e a manipulação das massas. Verifica-se que a desigualdade econômica, como fenômeno social, persiste e se aprofunda, mesmo com a implementação de tais políticas. Vamos entender melhor os motivos do fracasso de iniciativa fundamentada em ideais tão nobres:

Armadilha da Assistência

Dependência e enfraquecimento: As políticas assistencialistas, quando mal estruturadas, podem criar uma armadilha de dependência, onde os indivíduos se tornam dependentes do Estado para suprir suas necessidades básicas. Isso pode levar à perda de autonomia e iniciativa individual, fragilizando a capacidade de desenvolvimento pessoal e profissional.

Controle Social e Manipulação: A dependência da assistência social torna os indivíduos mais suscetíveis ao controle e manipulação por parte de grupos e indivíduos com interesses políticos ou sociais específicos. A promessa de benefícios pode ser utilizada como ferramenta para cooptar o apoio popular e perpetuar desigualdades.

Persistência da Desigualdade

Ineficiência e Ineficácia: As políticas assistencialistas, por si só, não são suficientes para eliminar a desigualdade econômica. Frequentemente, são mal direcionadas, com recursos públicos sendo desviados para fins indevidos ou mal administrados, perpetuando a pobreza e a marginalização.

Falta de Mobilidade Social: A dependência da assistência social pode dificultar a ascensão social dos indivíduos, pois não garante o acesso a oportunidades de educação de qualidade, qualificação profissional e geração de renda. A falta de investimento em políticas públicas que promovam a inclusão social e a igualdade de oportunidades perpetua o ciclo de pobreza e desigualdade.

Então como romper este Ciclo perverso de dependência e pobreza?

Adoção de Políticas Públicas mais eficazes pode ser uma solução: Diferente do pensamento majoritário na Esquerda, a solução pode vir do investimento em políticas públicas que promovam a autonomia e o desenvolvimento individual, como educação de qualidade, saúde universal, qualificação profissional e geração de renda. O foco deve estar na emancipação dos indivíduos e na construção de uma sociedade mais justa e igualitária.

Incentivo ao empreendedorismo e inovação: O incentivo ao empreendedorismo, à criação de micro e pequenas empresas, e à inovação tecnológica podem gerar oportunidades de emprego e renda, promovendo a inclusão social e a redução da pobreza.

Combate permanente à Corrupção: O combate à corrupção e à má gestão dos recursos públicos é fundamental para garantir a eficiência e a efetividade das políticas públicas, assegurando que os recursos cheguem aos seus reais destinatários. Este parece ser o calcanhar de Aquiles quando o assunto é a Esquerda no poder.

Enfim, para superar o ciclo de dependência e desigualdade, criado por algumas das Políticas Públicas da Esquerda e seu estilo de governança, é necessário um compromisso real. Um compromisso com a construção de uma sociedade mais justa e igualitária, muito além dos discursos ou das teorias encantadoras de pensadores do século passado. Essa ideologia comunista e socialista parece promissora no papel, mas quando aplicada não oferece resultados práticos na geração de riqueza e prosperidade.

Promoção do Ativismo Ambiental

Diversos grupos de interesse estão associados à Esquerda na utilização e radicalização dos argumentos de defesa do meio ambiente. Tal discurso serve para obter mais adesão política, através de ativismo, além de representar uma ferramenta que permite a interferência supranacional, por meio de uma narrativa de emergência global. Assim, a Esquerda tem se esforçado para impor suas bandeiras a outros países, mesmo que esses possuam governos não alinhados aos pensamentos progressistas. O ativismo ambiental resultou em medidas como:

Acordo de Paris: A assinatura do Acordo de Paris por mais de 190 países foi um marco na promoção de ações transnacionais para supostamente combater as chamadas "mudanças climáticas". Os Estados signatários relativizaram a soberania com o objetivo de reduzir as emissões de gases de efeito estufa. No entanto, o verdadeiro objetivo, implícito, é ampliar o escopo da influência do modelo progressista de Esquerda em nível global, negando aos países em desenvolvimento o acesso a recursos fundamentais para obtenção da prosperidade econômica. Além de tudo isso, acordos semelhantes ao de Paris permitem a criação de regulamentações e incentivos para novos mercados de interesse. Veremos exemplos disso no próximo tópico.

Transição forçada para energias renováveis: Fruto da criação de regulamentação e incentivos advindos de grandes grupos de poder econômico e da Esquerda progressista a demonização do modelo energético baseado em combustíveis fósseis obteve resultados significativos até 2022. Após o Acordo de Paris a transição para energias renováveis, cito a solar e a eólica, foi acelerada em diversos países. No início as iniciativas voltadas à transição para energias renováveis miravam a redução da dependência dos combustíveis fósseis, mas depois até fontes de geração de energia em grande escala ao estilo das usinas nucleares também tornaram-se alvos.

Protocolos de proteção da biodiversidade: Biodiversidade, ou diversidade biológica, é a própria variedade de vida existente no nosso planeta. Ela abrange a diversidade de genes, espécies e ecossistemas, incluindo desde os microrganismos mais simples até os animais mais complexos. Assim, partindo do senso comum de que é muito importante que a biodiversidade seja preservada, foram criadas áreas protegidas. Depois, o conceito avançou, impondo a implementação de políticas de proteção da biodiversidade em diversos setores tanto Governamentais quanto na iniciativa privada. Aparentemente essas foram medidas importantes para preservar o meio ambiente, não é mesmo? Entretanto, mais uma vez a Esquerda utilizou a oportunidade para projetar e ampliar influência, derivando a execução para obter resultados diversos da real proposta. Desta maneira, a burocracia atrelada à obtenção de licenças ambientais passou a ser um instrumento de comércio ou interferência ideológica. Também utilizou-se a criação de áreas protegidas para privilegiar determinados grupos de interesse econômico ou ainda negar o acesso de países à imensas reservas de recursos minerais ou terras produtivas para expansão da capacidade da agroindústria.

O clima como vilão transnacional: No arrasto do ativismo climático surgiram as medidas de proteção ambiental que deveriam contribuir para o combate às mudanças climáticas. Segundo a Esquerda progressista e alguns grupos de interesse econômico, controlar o clima tornou-se um dos maiores desafios da humanidade. A promessa é combater o fantasma do "Aquecimento Global" que depois passou a se chamar "Mudanças Climáticas", por servir basicamente para enquadrar qualquer manifestação do clima no planeta, que cause danos ou que gere imagens espetaculares. Basicamente, o que importa é o medo. Nesse sentido, imagens de tragédias como inundações ou terremotos passaram a ser utilizadas para alimentar a máquina de propaganda de ONGs como a ONU. Por conta de tal posicionamento alarmista, governos e empresas estão sendo pressionados a adotarem medidas lesivas aos seus interesses originários.

A promoção da sustentabilidade por meio da adoção de práticas mais sustentáveis deveria contribuir para a preservação do meio ambiente para as futuras gerações. Mas tem servido para reduzir a lucratividade e circulação de riqueza na iniciativa privada. A adoção de governança corporativa baseada no ESG é um bom exemplo de impacto econômico negativo. Quando Estados adotam as "práticas sustentáveis" impostas por organismos internacionais, na maioria das vezes o resultado é a inviabilização de projetos de infraestrutura de grande porte, fundamentais para o desenvolvimento econômico, o bem-estar de sua população ou para a exploração de algum recurso estratégico. Esse é um cenário que vem se repetindo no planeta, atingindo principalmente países ainda em desenvolvimento.

Relativização da Democracia e dos Direitos Humanos

Na última década a atuação da Esquerda no Brasil e no mundo foi marcada por um crescente relativismo quando o assunto é democracia e os direitos humanos. Essa tendência se caracteriza pela ideia de que não existe um modelo único de democracia, mas toda e qualquer participação da Direita representa um risco à própria democracia. Outro ponto é que os direitos humanos devem ser interpretados de acordo com o contexto cultural, político e histórico de cada país. A ascensão de regimes autoritários é um do fatores que contribuem para essa relativização da democracia e dos direitos humanos. Isto se deve ao fato de que a ascensão de regimes autoritários em países como China, Rússia, Venezuela e agora, aparentemente, no Brasil, cria uma área cinzenta que desafia a compreensão do modelo ocidental de democracia. Isso permite, supostamente em um ambiente democrático, modular a atuação do Estado com o preconizado por pensadores e líderes políticos que defendem uma visão mais "pragmática" dos direitos humanos.

Alimentados por crises econômicas e sociais, os líderes de Esquerda expandem influência e desafiam a lógica. Sim, desafiam a lógica, pois quando existe alternância de poder a Esquerda deixa para trás uma terra arrasada. Pavimentando, assim, o caminho para sua volta, uma vez que seus opositores terão de adotar medidas de austeridade econômica que são sabidamente impopulares. E quando não existe a alternância de poder, são implementados sistematicamente, mas com intensidades variáveis, os preceitos contidos no "Decálogo Comunista", sobre o qual falaremos a seguir. Esse fenômeno ocorreu em diversos países da Europa nas últimas décadas e também no Brasil durante os 13 anos, de 2003 a 2016, período que o PT governou o país de forma consecutiva. É óbvio que crises econômicas e sociais podem atingir qualquer país e elas, invariavelmente, levam ao aumento da pobreza, da desigualdade e da insegurança. O problema aqui é a utilização dessa fragilização artificial das instituições de Estado e do tecido social, sob o manto de democracia pujante, para gerar um terreno fértil para o populismo e o autoritarismo.

Ainda percorrendo o caminho aberto pela Esquerda política nas últimas décadas, rumo à Relativização da Democracia e dos Direitos Humanos, vemos diferentes construções de narrativas no entorno do nacionalismo e do populismo. Apesar de usar o populismo para alcançar o poder, a Esquerda aponta para os riscos do crescimento do nacionalismo e do populismo, sempre que se depara com a negação de acesso ao poder pelas vias democráticas. Ou seja, quando a maioria da população escolhe legitimamente representantes ligados à Direita, aos conservadores ou Anarcocapitalistas, essa maioria deixa de ser representativa e é de imediato rotulada como Facista, Nazista, extremista, Bolsonarista, Trumpista ou qualquer outro adjetivo que segregue e divida.

Assim, a Esquerda tem, repetidas vezes, relativizado a democracia sempre que a sociedade opta pela valorização da identidade nacional e pela soberania. Talvez, a reação desproporcional e nervosa da Esquerda seja pelo fato de que tais valores se opõem frontalmente ao preconizado no Decálogo Comunista, como veremos mais à frente.

Algumas das consequências da relativização da democracia, promovida pela Esquerda, podem ser observadas tanto no âmbito internacional quanto interno. O enfraquecimento das normas internacionais é uma consequência direta da relativização da democracia e dos direitos humanos. Isso pode enfraquecer sistemas criados ao longo da história para proteger valores iguais aos da liberdade, liberdade de expressão e direitos, voto com transparência e a propriedade privada. Com normas e princípios internacionais enfraquecidos, aumenta a dificuldade para a ação da comunidade internacional na identificação ou repúdio aos casos de violações e abuso de poder.

E por falar em poder, a legitimação de regimes autoritários tem sido uma tendência articulada de forma dissimulada pela Esquerda. Tal oportunidade, neste exato instante em que você lê essas linhas, pode estar sendo utilizada por regimes autoritários para legitimar suas práticas repressivas, sob a alegação de que estão agindo de acordo com uma "democracia". Ela é apenas diferente das demais, porque espelha cultura e valores próprios de determinado país.

Em pouco tempo, se não houver conscientização e busca de conhecimento, as referências de valor serão perdidas ou substituídas. Tudo isso em detrimento dos interesses da sociedade e dos princípios democráticos, que deveriam reger um mundo livre. Foi assim na China durante a chamada "Revolução Cultural". Primeiro ocorreu a mobilização da Juventude pela destruição de símbolos da cultura tradicional chinesa. Depois veio o período marcado por violentos confrontos entre facções rivais do Partido Comunista e por perseguições políticas à intelectuais, artistas e outros grupos, que, simplesmente por pensarem diferente ou criticarem qualquer autoridade e suas ações, eram considerados "inimigos do Estado". Os dissidentes jovens, que tiveram sorte, foram enviados para o campo para serem "reeducados", enquanto os mais velhos foram assassinados por familiares, conhecidos e vizinhos sob o incentivo ideológico do regime comunista.

O aumento das violações de direitos humanos é uma consequência direta da relativização da democracia. A Esquerda relativiza a importância desses direitos fundamentais, tornando mais difícil a sua defesa, enquanto aponta o dedo para os conservadores e lideranças de Direita acusando-os justamente de promoverem tais ataques à democracia. Percebam que os mesmos direitos humanos e garantias alardeados pela Esquerda para defender infratores, criminosos e aliados políticos não se aplicam aos policiais, autoridades ou desafetos políticos.

#

Decálogo comunista

Você já ouviu falar sobre o chamado "Decálogo Comunista"? Existem duas versões, ambas amplamente divulgadas e debatidas por acadêmicos e historiadores em todo o mundo. A primeira que vamos analisar foi supostamente idealizada por Karl Marx e Friedrich Engels em 1847. O texto constitui um conjunto de dez princípios que sintetizam os ideais do comunismo e as medidas necessárias para alcançar uma sociedade sem classes. Já o segundo texto chamado "Decálogo de Lenin", supostamente foi escrito em 1913 pelo próprio líder da Revolução. Esse segundo texto apresenta 10 ações que os comunistas devem seguir visando a preparação de um país para uma revolução.

Apesar de datados e de declarar abertamente uma ameaça à estrutura da sociedade livre e democrática, a Esquerda e suas principais lideranças políticas trabalham há décadas para, sorrateiramente, colocar em prática cada uma de suas instruções. Vamos apresentar os dois Decálogos. Analisaremos, juntos, cada item do primeiro Decálogo, explorando suas implicações históricas, sociais e políticas, com ênfase em exemplos e detalhes para uma melhor compreensão. No segundo Decálogo, apenas apresentaremos o texto pois devido à sua natureza tática dispensa qualquer comentário para contextualização.

Faça o seguinte exercício mental: Enquanto passamos por cada um dos dez princípios, tente associa-los com acontecimentos recentes e mudanças sociais lideradas pela Esquerda no Brasil, Estados Unidos, Canadá e alguns países Europeus. Você irá se surpreender com a escala e abrangência de suas descobertas. Quanto mais informação e conhecimento você possuir sobre as dinâmicas sociais, processos políticos, economia e relações internacionais mais conexões fará.

O DECÁLOGO COMUNISTA

1. Abolição da propriedade privada

A propriedade privada dos meios de produção, segundo Marx e Engels, gera exploração e desigualdade social. A abolição dessa propriedade visa eliminar a concentração de riqueza nas mãos de uma minoria e garantir a distribuição equitativa dos recursos entre todos os membros da sociedade.

Exemplos de implementação:

Nacionalização de empresas e setores estratégicos da economia, como ocorreu na União Soviética, Venezuela, Argentina e em Cuba.

Redistribuição de terras e propriedades, como no caso da reforma agrária implementada em diversos países socialistas e promovida no Brasil.

Implementação de um sistema de produção e distribuição socialista, como o modelo de cooperativa de produção agrícola soviética.

2. Imposto progressivo

Um sistema de tributação progressiva, onde os mais ricos pagam proporcionalmente mais impostos, objetiva reduzir a desigualdade de renda e financiar programas sociais que beneficiem toda a população.

Exemplos de implementação:

Instituição de alíquotas de imposto de renda mais elevadas para os mais ricos, como na Suécia e na Dinamarca.

Financiamento de programas de saúde, educação e assistência social com os recursos arrecadados, como no caso do Sistema Único de Saúde (SUS) no Brasil.

3. Expropriação dos emigrantes

A expropriação dos bens dos emigrantes, que abandonam o país para escapar da miséria e da exploração, visa evitar a fuga de capital e garantir que os recursos sejam utilizados para o desenvolvimento do país de origem.

Exemplos de implementação:

Controle do fluxo de capital e fuga de divisas, como na China durante o regime maoísta.

Reinvestimento dos recursos na economia local através de programas de incentivos e repatriamento de capital.

Desestímulo à emigração por motivos econômicos através da criação de oportunidades de trabalho e melhores condições de vida no país de origem.

4. Confisco da propriedade de todos os rebeldes e conspiradores contra a comunidade

Confiscar propriedade privada daqueles que se opõem ao regime comunista visa garantir a manutenção do poder e da ordem social.

Exemplos de implementação:

Limitação da liberdade de expressão e de organização, como na antiga União Soviética, na China contemporânea, Venezuela, Nicarágua e recentemente no Brasil.

Repressão da dissidência política através de prisões, censura e exílio.

Concentração de poder nas mãos do Estado e do partido comunista.

Cooptação do judiciário.

Purga nos altos escalões das Forças Armadas.

5. Centralização do Crédito nas Mãos do Estado

O controle do crédito pelo Estado visa direcionar investimentos para áreas prioritárias para o desenvolvimento do país e evitar a concentração de poder nas mãos de bancos e instituições financeiras privadas.

Exemplos de implementação:

Controle da inflação e dos juros através de políticas monetárias e fiscais.

Direcionamento do crédito para setores estratégicos da economia, como a indústria pesada e a agricultura.

Redução da dependência do capital privado e do mercado financeiro internacional.

Adoção de moedas digitais controladas pelo Estado.

6. Nacionalização dos Bancos

A nacionalização dos bancos visa eliminar o lucro privado e direcionar o crédito para o desenvolvimento da economia nacional.

Exemplos de implementação:

Nacionalização do sistema bancário, como na Venezuela e em Cuba.

Maior controle do Estado sobre a economia e o fluxo de capital.

Acesso ao crédito para todos os cidadãos, independentemente de sua classe social.

7. Criação de Exércitos Proletários

A criação de exércitos proletários visa defender a revolução comunista e proteger o Estado contra seus inimigos internos e externos.

Exemplos de implementação:

Criação de milícias populares e exércitos compostos por trabalhadores, como na Guerra Civil Espanhola, na Revolução Cubana ou no MST no Brasil.

Militarização da sociedade e doutrinação política das forças armadas para garantir a lealdade ao regime comunista.

8. Educação Gratuita e Obrigatória para Todas as Crianças

A educação gratuita e obrigatória para todas as crianças visa promover a igualdade de oportunidades, formar cidadãos conscientes e inculcar os valores comunistas desde a infância.

Exemplos de implementação:

Sistema educacional público e gratuito, como em Cuba, na antiga União Soviética e Brasil.

Currículo escolar centrado na ideologia comunista e na história do movimento operário.

Formação de professores comprometidos com a revolução e disseminação dos ideais socialistas.

Combate à Educação Domiciliar.

9. Unificação da Agricultura com a Indústria

A unificação da agricultura com a indústria visa romper a divisão de classes entre trabalhadores rurais e urbanos e criar um sistema econômico integrado e eficiente.

Exemplos de implementação:

Coletivização da terra e a criação de fazendas estatais (incentivo ao modelo de cooperativa de produção agrícola).

Mecanização da agricultura e uso de técnicas industriais para aumentar a produção.

Êxodo rural e migração da população para as cidades para trabalhar nas indústrias estatais.

10. Igualdade de Direitos e Deveres para Homens e Mulheres

A igualdade de direitos e deveres para homens e mulheres visa eliminar a discriminação de gênero e promover a participação feminina em todos os setores da sociedade.

Exemplos de implementação:

Criação de leis que garantem a igualdade de direitos trabalhistas, políticos e civis entre homens e mulheres.

Incentivo à participação feminina na força de trabalho e na vida política.

Oferta de serviços públicos de creche e assistência social para facilitar a conciliação entre trabalho e vida familiar para as mulheres.

Depois de lermos todos os ítens desse Decálogo Comunista podemos perceber o maniqueísmo e a manipulação dos ideais de uma sociedade sem classes e igualitária, preconizada pelo marxismo utópico, para chegar à conquista e manutenção do poder absoluto. Nos últimos cem anos, todas as tentativas de implementação desses princípios geraram sofrimento, escravização e a morte de milhões de pessoas ao redor do mundo. O cerceamento das liberdades individuais, o autoritarismo estatal e as dificuldades na gestão econômica centralizada evidenciam a inviabilidade do modelo comunista.

Vamos, agora, conhecer o chamado "Decálogo de Lenin", supostamente escrito em 1913. Ele apresenta uma natureza ainda mais controversa do que o primeiro. Não há como comprovar a veracidade do Decálogo de Lenin, pois segundo afirmou o The New York Times, o documento mais antigo que faz referência a ele data de 1946 e mesmo assim não afirma que a autoria seja de Lenin. Alguns historiadores afirmam que o Decálogo foi confiscado pelos aliados em 1919, na Renânia do Norte-Vestfália, mais precisamente na cidade de Dusseldorf, na Alemanha. Entretanto, em consulta aos arquivos Nacionais, à Biblioteca do Congresso e às bibliotecas das universidades alemães nenhuma versão desse documento jamais foi encontrada. O mistério sobre suas origens só faz aumentar a curiosidade. Principalmente quando percebemos que cada um dos seus mandamentos representa uma ameaça real e imediata à democracia. As táticas indicadas no decálogo são incrivelmente semelhantes à diversas políticas e eventos modernos, todos desencadeados, sistematicamente, sob a batuta da Esquerda. Então, vamos conhecer o controverso documento, nas duas versões mais comumente encontradas :

DECÁLOGO DE LENIN (Versão A)

1. Corrompa a juventude e dê-lhe liberdade sexual.

2. Infiltre e depois controle todos os veículos de comunicação de massa.

3. Divida a população em grupos antagônicos, incitando-os a discussões sobre assuntos sociais.

4. Fale sempre sobre democracia e em Estado de Direito, mas, tão logo haja oportunidade, assuma o poder sem nenhum escrúpulo.

5. Colabore para o esbanjamento do dinheiro público.

6. Coloque em descrédito a imagem do país, especialmente no exterior e provoque o pânico e o desassossego na população por meio da inflação.

7. Promova greves, mesmo ilegais, nas indústrias vitais do país.

8. Promova distúrbios e contribua para que as autoridades constituídas não as coíbam.

9. Contribua para a derrocada dos valores morais, da honestidade e da crença nas promessas dos governantes.

10. Procure catalogar todos aqueles que possuam armas de fogo, para que elas sejam confiscadas no momento oportuno, tornando impossível qualquer resistência à causa.

DECÁLOGO DE LENIN (Versão B)

1. Corromper a juventude e dar-lhes liberdade sexual absoluta.

2. Infiltrar-se e tomar o controle dos meios de comunicação de massa.

3. Promover uma educação estatal obrigatória e fomentar a mediocridade.

4. Destruir a moral, a virtude e o patriotismo.

5. Criar desordem e promover a imoralidade.

6. Eliminar gradualmente os direitos privados de propriedade.

7. Promover a insatisfação e o ressentimento social.

8. Infiltrar e tomar controle de organizações sindicais.

9. Transferir os poderes judiciais para o Estado.

10. Fomentar a dependência estatal através de programas sociais.

Ao ler as duas versões apresentadas acima é impossível não perceber que muitas das ações da Esquerda no Brasil e no mundo possuem um método bastante definido. A questão é que talvez estejamos tempo demais parados sob a sombra do Decálogo Comunista, o que pode representar um risco mortal à democracia.

#

A força da infiltração

Infiltração ideológica se refere à influência de uma determinada ideologia sobre a produção de conhecimento ou de informação. Essa influência pode ser sutil ou explícita, e pode se manifestar de diversas maneiras. Ao longo da história do Brasil, desde o Primeiro Reinado, os movimentos estudantis desempenharam um papel crucial na difusão de ideais progressistas e democráticos. Através de mobilizações, debates e ações políticas, os estudantes foram incentivados a se manifestar contra o autoritarismo e em defesa de reformas sociais. Inspirados por professores, muitos jovens abraçaram narrativas e ideais de Esquerda, pois foram levados a crer que esse era o único caminho na luta por um país mais justo e igualitário.

Quando tratamos da influência no meio acadêmico o alcance e eficácia são enormes. Imagine que, para alterar percepções, basta o professor nas ciências sociais, por exemplo, ao selecionar temas de pesquisa, escolher desigualdade social ou questões de gênero e raça em detrimento de outros temas que não se encaixam na narrativa dominante. Nas humanidades, por exemplo, a simples ênfase na interpretação de obras literárias e históricas de doutrinação ideológica da Esquerda, ignorando outras perspectivas válidas, pode influenciar os estudantes e sua perspectiva como eleitores.

Outro caminho para influenciar sutilmente os alunos reside na escolha de métodos de pesquisa que favorecem resultados pré-determinados. Isso pode comprometer a qualidade e a confiabilidade da pesquisa. Também é comum a manipulação de dados e a omissão de informações relevantes, defendendo assim uma visão ideológica específica. No mesmo caminho, a apresentação de resultados de uma pesquisa pode ser utilizada para manipular percepções. Por exemplo, a linguagem utilizada para apresentar os resultados de uma pesquisa pode ser carregada de viés ideológico, influenciando a interpretação do público. E finalmente, até a divulgação seletiva de resultados que confirmam uma visão ideológica específica pode distorcer a percepção da realidade.

Não é nenhuma novidade que os meios acadêmicos, especialmente em áreas como as ciências sociais e as humanidades, são dominados por uma ideologia de Esquerda. Essa hegemonia tem contribuído para censura de ideias divergentes, promoção de um "pensamento único", chegando até à marginalização de pesquisas que não se encaixam na narrativa da Esquerda.

Muitos estudantes no Brasil tem relatado dificuldade para publicar artigos, em algumas revistas acadêmicas, quando as conclusões são contrárias à visão dominante da Esquerda ou progressista. Outro fenômeno é a exclusão de autores com visões divergentes, principalmente conservadores ou de Direita, de debates e eventos acadêmicos. Existe uma imensa pressão para que os alunos se alinhem à ideologia dominante nas universidades. A Esquerda faz isso tudo, enquanto domina a narrativa, alardeando a importância da defesa do debate e do pluralismo de ideias nos meios acadêmicos, para evitar a hegemonia de ideologias radicais como a da Direita. Isso significa negar o acesso de conservadores e simpatizantes da Direita a um espaço que deveria servir para diferentes perspectivas ideológicas, promoção do diálogo construtivo e de promoção ao combate à censura de ideias divergentes.

Observando os movimentos estudantis brasileiros ao longo da história, podemos perceber a força ou o poder ao qual a infiltração da Esquerda e Progressistas conseguiu ter acesso e manipular, gerando mudanças sociais. O mérito da Esquerda foi perceber, desde muito cedo, a importância da participação da juventude na vida política do país e assim cooptá-la, utilizando a infiltração de professores, funcionários e reitores. Vamos ver um pequeno resumo da participação dos jovens na construção de mudanças sociais do país.

O Primeiro Reinado (1822-1831)

O chamado "Clube da Esquina" formado por estudantes de Direito em Olinda, Pernambuco, defendeu a autonomia provincial e a liberdade de expressão. Contou com a participação de José de Anchieta da Silva, Cipriano Barata e Francisco do Rego Barros, o movimento utilizou debates, panfletos e manifestos para criticar o centralismo imperial e a concentração de poder nas mãos de Dom Pedro I. Segundo alguns historiadores o Clube da Esquina foi um dos primeiros movimentos a contestar o regime monárquico e por conta disso plantou as sementes do republicanismo no Brasil.

A "Confederação do Equador" reuniu estudantes e liberais em Pernambuco, o grupo contestava o centralismo imperial e exigia maior representatividade política. Frei Caneca, João Ribeiro e Manuel de Carvalho Paes de Andrade entre outros estavam à frente dos revoltosos que, em 1824 levantaram-se contra o governo imperial, reivindicando a criação da chamada república confederada no Nordeste. A Confederação do Equador, foi reprimida militarmente, mas a mobilização social obtida contribuiu para o debate sobre a organização político-administrativa do Brasil e influenciou movimentos posteriores.

A República Velha (1889-1930)

Ocorreu a "Reforma de Ensino" liderada por Benjamin Constant, que era Ministro da Instrução Pública em 1890, culminando na modernização do ensino superior e na promoção da liberdade de cátedra. A reforma de Constant introduziu o ensino laico, a autonomia universitária e a profissionalização do ensino, abrindo caminho para a modernização da educação brasileira.

Em defesa da moralização política, a "Campanha Civilista" mobilizou estudantes em favor da candidatura de Rui Barbosa à presidência da República. O movimento, liderado por figuras como Eduardo Prado e Alberto Torres, reuniu estudantes de diversas universidades e capturou o interesse da sociedade, formando a opinião pública contra a oligarquia dominante. Apesar da derrota de Rui Barbosa, a Campanha Civilista contribuiu para o fortalecimento da democracia e da participação popular no Brasil.

O Estado Novo (1937-1945)

Fundada em 1937, a "União Nacional dos Estudantes (UNE)" integrou a luta contra a ditadura Vargas e pela redemocratização do país.

Escrito por estudantes da Universidade Federal de Minas

Gerais (UFMG) em 1943, o "Manifesto dos Mineiros" denunciou as atrocidades da ditadura e exigiu liberdade de expressão. O manifesto, redigido por nomes como Oscar Niemeyer, Hélio Pellegrino e Fernando Sabino, teve grande repercussão nacional e internacional, pressionando o governo a abrandar a repressão. O Manifesto dos Mineiros foi um marco na luta contra o Estado Novo e contribuiu para o processo de redemocratização do país.

Regime Militar (1964-1985)

Em 1968 estudantes promoveram protestos contra o Regime Militar e a repressão. O movimento mobilizou milhares de pessoas e resultou em confrontos com a polícia. Segundo alguns historiadores, estas ações marcaram o início da resistência armada contra o regime militar.

A "União Brasileira dos Estudantes Secundaristas (UBES)" fundada em 1977, organizou diversas mobilizações contra o Regime Militar e a favor de uma anistia para os presos políticos.

A República Nova (1985-atualidade)

O "Movimento pelo Impeachment de Collor" mobilizou estudantes em 1992 e contribuiu para a renúncia do presidente Fernando Collor de Mello em 29 de dezembro, na tentativa de evitar que seus direitos políticos fossem cassados. Collor estava sob suspeita de corrupção.

Em 2013 as chamadas "Jornadas de Junho" reuniram milhões de jovens em todo o país, em protestos contra o aumento das tarifas de transporte público e por melhores serviços públicos. Com o movimento impulsionado pela utilização de tecnologias como as redes sociais, a mobilização de rua foi exponencialmente maior do que em ocasiões anteriores. Diante da oportunidade, as lideranças ampliaram suas pautas para reivindicar melhorias no transporte público, na saúde e na educação. O Movimento Passe Livre demonstrou o poder da mobilização estudantil na era digital e mais uma vez deixou claro a capacidade dos estudantes e jovens de influenciar o debate público.

Ao analisarmos o papel dos movimentos estudantis ao longo da história, fica ainda mais evidente o porquê da motivação da Esquerda para obter o máximo de influência nos meios estudantis e acadêmicos. Os jovens formam uma grande massa com muita energia, capacidade criativa e tempo. São muito mais facilmente influenciados ou cooptados, seja pela falta de experiência, seja devido ao maior ímpeto idealista ou romântico, comum aos adolescentes. Canalizada corretamente essa massa pode fazer grande diferença, ainda mais nos dias atuais com o efeito multiplicador gerado pela invulgar capacidade dos jovens de utilizar inúmeros recursos tecnológicos para alavancar e repercutir qualquer questão.

Mas, como veremos a seguir, a infiltração também visou outros importantes setores da sociedade. Os outros alvos foram a imprensa, judiciário e as grandes corporações de tecnologia controladoras de plataformas e aplicativos de rede social, vídeo, mensagens e outros conteúdos. Ou seja, exatamente como preconizado no Decálogo Comunista, a Esquerda mantém forte influência sobre os veículos de comunicação de massa e autoridades estatais que podem exercer poder coercitivo.

Nesse ponto, o trabalho da Esquerda foi facilitado devido à configuração do mercado que engloba os meios de comunicação de massa. Quando analisamos a mídia tradicional, como jornais, revistas e emissoras de televisão, percebemos que esse modelo de negócio, por uma série de fatores comerciais, sobre os quais não cabe um maior aprofundamento agora, passou por transformações e adaptações que resultaram em alta concentração nas mãos de um pequeno número de empresas. Isso favorece à influência ideológica de grupos poderosos na produção de notícias, na escolha dos temas que são abordados e na forma como esses temas são apresentados. Nas chamadas "Big Techs" ou grandes corporações de tecnologia a coisa também não é diferente. A necessidade de investimentos massivos em infraestrutura, inerente ao setor de alta tecnologia, gera uma tendência de concentração. Essa concentração de poder nas mãos de alguns poucos executivos, geralmente ainda muito jovens, é uma oportunidade que vem sendo explorada pela Esquerda de maneira competente nas últimas décadas.

Sabemos que a imprensa e a mídia tradicional exercitaram, por anos, o poder de influenciar a opinião pública, ao determinar quais temas deveriam ser abordados e como eles seriam apresentados. Na atualidade as "Big Techs" assumiram boa parte do papel de comunicação e informação. Essas empresas utilizam moderação ou filtros baseados em Inteligência Artificial para restringir ou impulsionar o alcance de determinados assuntos, opiniões ou influenciadores. É óbvio que toda essa influência pode e está sendo utilizada para promover agendas políticas específicas, para manipular a opinião pública em favor de determinados interesses econômicos ou moldar a adesão à determinadas ideologias.

DIREITA E CONSERVADORES

Breve histórico

O pensamento conservador tem como princípio a ideia de que a sociedade e a cultura não devem ser transformadas ou alteradas e sim preservadas para seguirem seu curso natural. O chamado "Conservadorismo" encontrou grande representação nos textos do filósofo Edmund Burke. Aflorados da necessidade de oferecer uma resposta à Reforma protestante e à Revolução Francesa, os ideais conservadores e o progressivismo ganharam espaço. Edmund Burke, no texto intitulado "Reflexões sobre a Revolução na França", criticava de maneira incisiva a Revolução e todo o processo político social relacionado, ganhando grande notoriedade e reconhecimento.

Enquanto o conservadorismo privilegia as ações dos indivíduos e de suas responsabilidades frente às situações da vida, geralmente dando maior ênfase à ideia da escolha, o pensamento progressista enfatiza as condições nas quais as pessoas vivem suas vidas e tomam decisões. Devido à tendência de enfatizar o valor do indivíduo e suas ações, a posição conservadora pode ser facilmente interpretada, de maneira equivocada, como de base meramente individualista.

Valores relacionados à religião, à família tradicional, à conservação do status quo da ordem social, aos princípios morais já consolidados alicerçam o pensamento conservador. Donde podemos resumir que o conservadorismo visa a preservação de instituições, formações sociais e do modelo familiar tradicional. É incrível o quanto o pensamento conservador esteve presente nas grandes transformações da sociedade brasileira, acabando por moldar o destino do Brasil até os dias atuais.

Então chegou a hora de conhecermos, um pouco melhor, a trajetória do pensamento conservador no Brasil com suas lutas e desafios. O que pode ser rotulado como pensamento conservador esteve presente na sociedade brasileira desde o embrião do que viria a ser o país. Percorrendo alguns momentos da história, desde o período colonial até a atualidade, e já tendo lido o Capítulo sobre a Esquerda e Progressistas, ficará mais fácil compreender alguns dos fenômenos sociais em andamento no mundo de hoje. Existe um conjunto de valores e comportamentos que é inerente à espécie humana, seja por razão de autopreservação ou seja devido ao amadurecimento de condutas que geravam melhor adequação ao convívio em sociedade. Muitos desses valores são hoje identificados na corrente de pensamento conservadora ou nas políticas da Direita.

Durante o período colonial, a sociedade brasileira foi fortemente inspirada pelo conservadorismo social e político. Originário dos séculos de amadurecimento civilizacional ocorrido no continente europeu, o pensamento conservador era a primazia, tanto na Coroa Portuguesa quanto na Igreja Católica. Para manter a ordem, naquele momento da história da humanidade, a solução era adotar uma rígida estrutura hierárquica, norteando as políticas públicas nos valores tradicionais.

No Brasil colônia ainda havia exploração da mão de obra escrava e as sementes do que viria ser um movimento político começavam a ser plantadas por grandes proprietários de terra. Desde o início, as pessoas comprometidas com o pensamento conservador tinham um visão pragmática e direcionadas à efetividade. Não se buscava repercussão através de discursos floridos e contorcionismos ideológicos nas esquinas de palavras encantadoras. Os conservadores deram início a uma política baseada na possibilidade de utilização imediata, tendo em vista a resolução de problemas reais. No entanto, foi com a chegada da família real ao Brasil que as ideias conservadoras passaram a ser mais fortemente disseminadas junto à população em geral.

Um bom exemplo do impacto da presença da Corte Portuguesa nas terras do Brasil, para popularizar o acesso às ideias Conservadoras e Liberais, foi o aumento da disponibilidade de textos em língua portuguesa. Além de trazer acervo da Real Biblioteca Pública da Corte para o Brasil, uma coleção de obras que teve início no reinado de Dom José I (1570-1777), também vieram pessoas com nível cultural diferenciado, para os padrões da época. Juntamente com a Corte de Dom João VI chegou ao Brasil o economista José da Silva Lisboa. Conhecido por Visconde de Cairu, esse economista se destacou no trabalho de popularização do conservadorismo no Brasil, principalmente por traduzir para o português as obras de Edmund Burke, considerado o pai do conservadorismo, e também os textos abordando liberalismo econômico, entre os quais os escritos por Adam Smith.

A manutenção da unidade do império português foi, em grande parte, defendida por políticos influenciados pelo pensamento conservador. A unidade deveria ser mantida devido a fatores ligados à coesão social criada pelo compartilhamento da cultura luso-brasileira, um patrimônio lapidado ao longo de séculos de colonização. O espírito de pertencimento ao mesmo império, no qual todos falam a língua portuguesa, professam a religião católica e seguem as mesmas tradições comuns, funcionaria de maneira semelhante ao amálgama, para através da identidade cultural compartilhada justificar a unidade do império português.

Em um período de grande instabilidade política e Relações Internacionais baseadas muito mais na força do que no diálogo, contar com a força militar portuguesa era um fator que também pesava positivamente para manutenção da unidade. O Brasil ainda não dispunha de capacidade de dissuasão suficiente para afastar a cobiça de outros impérios coloniais ou, até mesmo, para garantir a ordem e a segurança interna. Sob o ponto de vista econômico, elevar o Brasil à condição de Reino Unido, junto a Portugal e Algarves, era uma estratégia defendida pelos políticos conservadores brasileiros, para acomodar os interesses comerciais de ambos os lados que foram sendo amadurecidos durante a longa história de interdependência econômica.

É importante reconhecer que a manutenção da unidade do Império Português, por quase três séculos, não teria sido possível sem a influência das diferentes correntes que compunham o pensamento conservador do período. Mas no caso do Brasil, especificamente, a transferência da Corte para a colônia trouxe consequências únicas, exigindo uma solução diferente das demais colônias sob o julgo de Portugal. Seja devido a defesa da interdependência econômica, da identidade cultural compartilhada ou da segurança e estabilidade, a ideia de que o futuro da coroa portuguesa dependia da manutenção da colônia foi bastante debatida. A corrente de pensamento vitoriosa entendia a independência do Brasil num contexto garantidor de uma dualidade capaz de comportar a manutenção do desenvolvimento e também da autonomia do novo país, enquanto os laços com Portugal eram mantidos.

A independência, em 1822, não resultou imediatamente em grandes mudanças no cenário ideológico das forças dominantes no ambiente político e social. Durante o período conhecido como "Primeiro Reinado", o regime manteve a primazia do conservadorismo monárquico, como forma de manter a unidade nacional. Conservadores trabalharam a favor da união nacional, cuidando para que o poder continuasse centralizado no monarca e houvesse o fortalecimento de Dom Pedro I. Em contrapartida, os liberais promoveram ideias para a adoção do modelo federalista, objetivando conceder maior autonomia aos estados. E foi nesse contexto que a primeira constituição brasileira, a Constituição de 1824, foi elaborada, possibilitando um período de relativa estabilidade política ao Brasil, o que foi fundamental para permitir a consolidação da sua independência.

A Constituição de 1824 estabeleceu as bases para o funcionamento do Estado brasileiro, com a criação de instituições da envergadura do Parlamento e o Supremo Tribunal de Justiça, também garantiu alguns direitos civis básicos, como a liberdade de expressão e a liberdade de reunião. As críticas ao documento ocorreram devido à grande centralização de poder nas mãos do imperador, à proteção a escravidão e, por fim, ao voto censitário que restringia o direito de voto a uma pequena parcela da população, excluindo a maioria dos cidadãos.

O cenário de estabilidade começou a mudar durante o chamado "Segundo Reinado", com a inicial ascensão da representatividade dos Liberais e de parte do setor agrário. Logo depois que Dom Pedro I do Brasil saiu do país e abdicou do trono em favor de seu filho Dom Pedro II o poder foi assumido por uma regência eleita pelo parlamento brasileiro. A partir desse ato teve início o chamado Período Regencial, com forte influência do partido liberal. Aproveitando-se do herdeiro, Dom Pedro II, não estar apto a assumir a coroa por ser menor de idade, os Liberais impuseram uma série de medidas que desafiavam o equilíbrio de poder, até então existente. São exemplos do avanço dos Liberais: A remoção do poder moderador do Imperador da Constituição, descentralização do poder, implementação do federalismo com o fortalecimento do sistema jurídico e legislativo de cada província. Tais medidas fortaleceram autonomias regionais, enquanto escancaravam a fragilidade do poder central.

Assim, revoltas provinciais eclodiram por toda a parte durante o período regencial, fazendo o país retroceder em seu marco civilizatório e organizacional. A situação também revelou o quanto as ideias liberais e progressistas podiam ser perigosas, quando dissociadas da realidade prática. O Brasil ficou à beira da anarquia, sendo necessário reverter todas as medidas de cunho federalizante, instituídas pelo liberais e progressistas, para que a ordem fosse restabelecida, no que ficou conhecido como o regresso conservador.

Ponto de grande tensão no Brasil do século XIX, a exploração da mão de obra escrava agradava parte do setor agrário. Precisamos compreender que os produtores rurais, por razões históricas, já se estabeleceram na colônia sob um modelo de completa dependência do trabalho escravo para obter competitividade no mercado internacional. Não inventaram ou instituíram a prática, apenas se beneficiaram do modelo de negócio utilizado há décadas, por impérios coloniais iguais a Inglaterra, Holanda, França, Espanha e Portugal. A produção de cana de açúcar e posteriormente a produção de café utilizaram massivamente o trabalho escravo oriundo da Itália e também de colônias conquistadas na África. Os produtores rurais, por óbvio, resistiam a qualquer tentativa de mudança que ameaçasse seus interesses. Por outro lado, setores urbanos da sociedade, profissionais liberais e ex-escravos clamavam pela abolição da escravatura, reconhecendo toda a crueldade e ineficiência de um modelo econômico que só obtinha competitividade explorando, através da força, vidas humanas.

Foi a partir da década de 1880 que o mercado internacional do café começou a entrar em crise. A queda dos preços e o aumento da concorrência estavam intrinsecamente relacionados, formando condições perfeitas para estabelecer uma crise que afetou diretamente a economia brasileira. Os efeitos da chamada "Crise do café" foram amplificados pela falta de diversificação da matriz comercial do país, extremamente dependente da produção e exportação do café, o que tornava-o muito vulnerável a flutuações no mercado internacional. A industrialização e o fim do tráfico negreiro, unidos ao crescimento das cidades, favoreceram o surgimento de uma nova classe social chamada de classe média urbana. A massa composta por profissionais liberais, empregados das indústrias, funcionários públicos e pequenos comerciantes desejava maior participação ou representatividade política, contestando o poder dos produtores rurais.

Lembrando que a Constituição outorgada por D. Pedro I concentrava quase todo o poder nas mãos do Imperador. De início, sem a influência de correntes políticas ou movimentos sociais bem estruturados, a forte concentração de poder não pareceu representar ameaça ao Regime. No entanto, as coisas começaram a mudar no decorrer do chamado "Segundo Reinado". Com o crescimento de novas forças políticas e setores da sociedade civil o antigo modelo de poder passou a ser questionado. Havia a necessidade de um rearranjo que permitisse a inserção da parte da população que desejava maior autonomia e participação nas decisões políticas.

Outro componente que elevou o alcance da oposição foi o descontentamento entre os militares de alta patente. Havia insatisfação com o regime monárquico na caserna. A mesma vitória brasileira na Guerra do Paraguai (1864-1870) que fortaleceu o Exército brasileiro e deu aos militares maior poder político também gerou um grave efeito colateral ao evidenciar algumas fragilidades do Exército e por consequência intensificar o descontentamento no setor militar. Oficiais passaram a reivindicar melhores condições de trabalho, melhores salários e maior reconhecimento por seu papel na defesa do país. No entanto, o descontentamento dos militares ia além dessas questões internas. Eles questionavam a própria estrutura de poder da monarquia por considerá-la um sistema ultrapassado. Influenciados pela filosofia positivista, que era popular entre os militares e intelectuais da época, os Oficiais defendiam a ideia de que o progresso social dependia da ciência e da razão, sendo a república o modelo mais moderno e eficiente de governo.

Esse momento da história foi marcado pelo aumento do poder de pressão social e econômico dos grandes proprietários de terra e produtores rurais, que passaram a colher os frutos das sementes plantadas ao longo das décadas anteriores. Assim, o conservadorismo brasileiro ganhou dissidências que defendiam um modelo mais oligárquico e escravocrata. Essa ala, movida por interesses econômicos e de ampliação de poder, resistiu aos movimentos abolicionistas e promoveu ideias de implantação de uma República.

O que pode ser considerado o fim da monarquia no Brasil, chegou através da Proclamação da República em 1889. Oligarquias regionais assumiram o poder político, aproveitando múltiplos pontos de tensão social não administrados adequadamente pelo Imperador. A crise do café, a influência do positivismo, do pensamento liberal e dos progressistas sobre uma classe média urbana, que estava em ascensão, se juntaram ao descontentamento de parte dos militares de alta patente. Essas questões criaram oportunidades que foram muito bem exploradas pelos conspiradores para derrubar o Império.

A Proclamação da República em 15 de novembro de 1889, para muitos historiadores foi além de um golpe militar, liderado pelo Marechal Deodoro da Fonseca, um ato de traição da confiança depositada pelo Imperador D. Pedro II nas lideranças militares. Deodoro da Fonseca proclamou a República Federativa do Brasil, enquanto o imperador e sua família foram obrigados a buscar exílio na Europa. Representando uma grande mudança para o país, o novo regime trazia como promessa modernização e fortalecimento da democracia. A República Federativa do Brasil nasceu sob a bandeira da solução mágica para os problemas que a monarquia não havia conseguido resolver. Essas promessas tiveram um alto preço para toda a sociedade ao longo das décadas seguintes.

Saltando no tempo, chegamos a período que ficou conhecido como a "Era Vargas". O conservadorismo fortalecido colaborou para a ascensão de Getúlio Vargas. Esse período iniciou com a Revolução de 1930, que derrubou a chamada "República Velha". A economia brasileira foi impactada pela crise de 1929 o que intensificou as tensões sociais e políticas internas, criando o ambiente favorável à mudanças. E foram marcantes as alterações trazidas por Getúlio Vargas, um líder político extremamente carismático que governou o país ao longo de 15 anos. O Brasil experimentou forte industrialização, urbanização e significativas alterações na legislação trabalhista durante as três fases distintas da "Era Vargas". Essas fases podem ser divididas da seguinte maneira: Governo Provisório (1930-1934), Governo Constitucional (1934-1937) e a fase do Estado Novo (1937-1945).

Nos anos 1960, diante da rejeição da maioria da população às profundas mudanças na estrutura social e econômica do país, que seriam resultantes da implementação das Reformas de Base propostas pelo governo de João Goulart, o Brasil voltava a viver imensa agitação política e social. Para defender o Brasil de um alinhamento ideológico e organizacional com o comunismo e o modelo de Estado da União Soviética a sociedade, de maioria conservadora, clamou que os militares reagissem. A população brasileira entendia como tentativa de Golpe contra a democracia o conjunto de medidas preconizados nas reformas de base anunciadas por Jango.

O resultado foi um longo período de governo sob tutela dos militares. Isso, supostamente, foi necessário pois simpatizantes de Esquerda e agentes soviéticos infiltrados agiram de maneira enérgica na tentativa de impor uma revolução comunista no Brasil. Muitos militantes de Esquerda pegaram em armas, participando de sequestros de autoridades, assaltos a bancos, execuções de desafetos políticos e militares, criação de movimentos de guerrilha armada e até mesmo execução de ações de terrorismo em território nacional.

Com a estabilização política do país veio, tardiamente, o

fim do Regime Militar. Desde então, a Direita se manteve na defesa do liberalismo econômico e dos valores tradicionais. O conservadorismo, ao longo dos anos, ganhou ainda mais representatividade no legislativo por conta do amadurecimento da bancada evangélica e do agronegócio.

Desde 2018 a Direita brasileira e os conservadores são fortemente influenciados pela participação política da família Bolsonaro. O fenômeno social representado pela informação descentralizada e distribuída permitiu que Bolsonaro, mesmo contando com poucos recursos financeiros, derrotasse a Esquerda, se elegendo para o seu primeiro mandato como Presidente da República. A população brasileira se identifica, cada dia mais, com os valores patrióticos, o apoio à família, aos preceitos cristãos e são exatamente esses os motivos pelos quais o Presidente Jair Bolsonaro é um fenômeno de popularidade. Mesmo sofrendo todos os ataques, que foram descritos ao longo desse livro, Bolsonaro em 2024 possui aparente mais aprovação entre os cidadãos brasileiros do que o atual presidente.

Podemos notar que ao longo da história brasileira o conservadorismo e a Direita evoluíram, ombro a ombro, mantendo-se relevantes no cenário político e econômico devido à grande representatividade diante dos anseios da maioria da população. Assim, defendendo valores tradicionais, focando mais na prática do que no discurso panfletário e resistindo às mudanças da Esquerda ou de progressistas, a Direita e os conservadores têm o legado moldado pelos próprios anseios da sociedade brasileira.

E, finalmente, quando olhamos para o contexto externo encontramos na Direita e no conservadorismo brasileiro contemporâneo um alinhamento pragmático com os valores e práticas comerciais do mundo ocidental, particularmente Estados Unidos e Israel. Favorecendo o desenvolvimento econômico do país, as relações comerciais são pautadas nos interesses estratégicos, deixando de lado questões ideológicas. A diplomacia condutora das Relações Internacionais, sob orientação da Direita, sempre buscou a neutralidade, respeito ao multilateralismo, ênfase na comunicação protocolar de alto nível e o respeito à soberania.

#

Pautas e anseios

Direita brasileira e o pensamento conservador passaram por constante aperfeiçoamento, sofrendo modificações ao longo da história. Hoje são representados por um conjunto de correntes políticas que defendem, entre outras coisas, os valores cristãos, a família, a liberdade individual, os valores patrióticos, a livre iniciativa e a propriedade privada. Espelhando o contexto e os anseios da sociedade atual e dos desafios políticos gerados pela atuação da Esquerda ou de grupos de poder semelhantes aos Globalistas, as principais pautas do Movimento Conservador e da Direita no Brasil são:

Redução do papel do Estado

Menor intervenção estatal na economia.

Privatização de empresas estatais.

Desregulamentação do mercado.

Redução de impostos.

Redução de privilégios.

Segurança pública

Combate ao crime organizado.

Revisão do Código Penal e do Código de Processo Penal, visando endurecimento das penas.

Redução da maioridade penal.

Fim das saídas temporárias de presos.

Maior investimento nas Forças Armadas e na polícia.

Liberação do porte de armas.

Valorização da família tradicional

Oposição à políticas públicas de incentivo ou liberação do aborto.

Incentivo à natalidade.

Combate à ideologia de gênero nas escolas.

Fortalecimento dos valores religiosos e morais.

Livre mercado

(Livre Mercado é um sistema econômico onde a oferta e a demanda, sem interferências externas, ditam os preços.)

Abertura comercial.

Facilitação do comércio exterior.

Redução de barreiras comerciais.

Redução da burocracia estatal.

Estimulo ao empreendedorismo.

Atração de investimentos estrangeiros.

Fortalecimento dos valores nacionais

(Valores nacionais definem a identidade de um país e servem como base para a construção da sociedade.)

Civismo.

Patriotismo autêntico que transcenda aos interesses políticos e partidários imediatistas.

Valorização das diferentes culturas, etnias, religiões e formas de pensar presentes no país.

Incentivo e apoio à participação popular nas decisões políticas e sociais.

O progresso como busca permanente por melhorias na qualidade de vida da população.

Liberdade de expressão, de opinião e de ir e vir.

Igualdade de todos os brasileiros perante a lei.

Imparcialidade da justiça.

Solidariedade.

Resolução pacifica de conflitos.

Valorização do trabalho como forma de desenvolvimento individual e social.

Outras pautas importantes

Manutenção do equilíbrio Previdenciário.

Reforma trabalhista.

Regulamentação do "homeschooling" (ensino domiciliar).

Podemos dizer que a Direita, apesar de não ser um bloco homogêneo, basicamente defende os valores familiares, a liberdade individual, a livre iniciativa e a propriedade privada. Vários desses pontos coincidem com o que é desejado pelos setores da sociedade que valorizam o pensamento conservador. As chamadas pautas de costume e segurança representadas no ambiente político pela Direita e movimentos conservadores podem impactar profundamente a realidade social e institucional do Brasil, uma vez que saiam da teoria e sejam colocadas em prática. Hoje existe uma série de pautas relacionadas a costumes, valores tradicionais e segurança pública que visam resgatar princípios importantes para a sociedade e controlar a criminalidade endêmica no país. Vamos conhecer algumas dessas pautas e analisar sucintamente sua relevância ao longo do tempo.

Armamento da população

A flexibilização do porte e posse de armas para cidadãos, sem antecedentes criminais, é uma pauta cara à Direita. Ela tem impacto de curto prazo na segurança, permitindo que as pessoas se protejam. A médio prazo, expande uma cultura de autodefesa e independência do cidadão. E no longo prazo, inibe o crime ao sinalizar que a sociedade não será mais uma presa fácil.

Endurecimento de penas

O endurecimento das penas e restrições à saidinhas e progressões de regime visam combater a impunidade. No curto prazo, mantém presos perigosos longe do contato com a sociedade. A médio prazo, desestimula a reincidência criminal. E no longo prazo, transmite credibilidade ao combate à criminalidade e traz mais paz social.

Valorização das polícias

Investir em treinamento, equipamentos e salários das polícias traz ganhos imediatos no combate ao crime. Também melhora a autoestima policial. No longo prazo, profissionaliza as corporações, reduz corrupção e violência, aproximando polícia e população.

Proteção à família tradicional

Pautas semelhantes ao combate à ideologia de gênero no ensino primário ou banir o debate sobre sexualidade nas escolas visam proteger valores cristãos, preservar a inocência infantil e manter a autoridade dos pais na educação moral dos filhos. Isso impacta toda a sociedade imediata e futuramente.

Vida desde a concepção

Restringir o aborto e proteger a vida humana, desde a concepção, afirma o direito universal à vida. Também evita traumas psicológicos em mulheres. É uma pauta urgente, ética e moralmente necessária. Seus efeitos permeiam gerações, reforçando o respeito à vida e incentivando uma posição mais responsável quanto ao sexo e suas consequências.

Liberdade religiosa

Garantir a liberdade de culto, crença e expressão religiosa é essencial contra radicalismos. Preserva valores espirituais e une a nação em torno da fé. Tem efeito unificador imediato, além de impacto cultural e social no longo prazo.

Escolas cívico-militares

O modelo cívico-militar traz disciplina e valores cívicos à educação. Combate a evasão e violência escolar no curto prazo. Forma cidadãos mais responsáveis a médio prazo. E reduz criminalidade no futuro, por meio da instrução baseada em valores éticos e cívicos.

Em resumo, as pautas da Direita e dos movimentos Conservadores visam resgatar princípios essenciais da sociedade, como ética, família e disciplina. Eles também atuam na minoração da violência e libertinagem, que se alastram atualmente. Defender essas bandeiras tem efeito positivo em todos os prazos, construindo uma nação mais justa, próspera e pacífica para as futuras gerações.

#

Conquistas da Direita

Nas últimas duas décadas, a Direita política experimentou um crescimento significativo em todo o mundo. Essa ascensão se traduziu em conquistas políticas e sociais em diversas áreas, impactando a vida de milhões de pessoas. Vamos explorar as principais conquistas da Direita em diferentes países, analisando seus impactos e implicações para o futuro, para obter uma visão mais ampla em termos de representatividade e dimensão.

Avanço do Neoliberalismo e da Economia de Mercado

Um dos principais pilares da Direita para as questões relacionadas à economia é o neoliberalismo. Você sabe o que isso significa? Neoliberalismo é uma corrente de pensamento político e econômico caracterizada pela defesa da livre iniciativa, do livre mercado e da mínima intervenção estatal na economia. Ele experimentou um grande avanço a partir da década de 1970. O Neoliberalismo influenciou políticas econômicas em diversos países, como Estados Unidos, Reino Unido, Chile e Brasil, sempre na defesa da mínima intervenção estatal na economia, priorizando o livre mercado como sendo o motor para alcançar desenvolvimento sustentável.

São princípios fundamentais no Neoliberalismo:

Livre Mercado, que existe através da livre iniciativa e da competição entre empresas.

Privatização obtida pela transferência de empresas e serviços públicos para o setor privado.

Desregulamentação promovida por meio da redução das leis e normas que regulam a atividade econômica.

Abertura das fronteiras para o livre fluxo de capital, bens e serviços.

As principais conquistas obtidas nas últimas duas décadas graças ao Neoliberalismo foram:

Ganho de competitividade e qualidade nos serviços prestados devido à privatizações. Quando empresas estatais passam para o setor privado elas deixam de ser um custo para os contribuintes e ao mesmo tempo tornam-se mais produtivas, para conseguir sobreviver à concorrência. Essa foi uma das principais medidas neoliberais, com exemplos de sucesso semelhantes a privatização da Petrobras no Brasil e da British Telecom no Reino Unido.

Redução de impostos, fruto da diminuição da carga tributária para empresas e indivíduos. Essa foi outra medida frequentemente adotada com o objetivo de estimular o investimento e o consumo.

A flexibilização de leis e normas que regulamentam a atividade econômica, também chamada de desregulamentação, foi implementada em diversos países, com o intuito de reduzir custos e aumentar a competitividade.

E quais foram os impactos gerados pelo Neoliberalismo?

Maior crescimento econômico em alguns países, especialmente nas décadas de 1990 e 2000. O neoliberalismo é frequentemente creditado por contribuir para esse crescimento econômico.

Redistribuição de renda sustentável ao criar um ambiente favorável ao empreendedorismo e movimentação social.

Redução da inflação em alguns países.

Aumento da eficiência em alguns setores da economia.

Fortalecimento das Forças Armadas e Segurança Pública

A Direita possui uma postura rigorosa em relação à segurança pública e à defesa nacional. Isso se traduziu em um aumento dos investimentos nas Forças Armadas, na intensificação do policiamento ostensivo e na adoção de leis mais rigorosas contra o crime.

Conservadorismo Social e Moral

A postura mais conservadora em relação à questões sociais e

morais, se traduziu em oposição ao aborto, ao casamento entre pessoas do mesmo sexo e à legalização das drogas. Algumas sociedades fortaleceram os valores tradicionais, resgatando sua autoestima e pacificando questões históricas. Cresce, em todo o mundo, a conscientização e a oposição ao uso politiqueiro das chamadas "minorias sociais". Evitando, assim, que temas sérios e importantes para determinados segmentos da sociedade, como questões migratórias ou de gênero sejam usadas para obter votos ou manipular tensões sociais.

Enquanto isso no Brasil...

Analisar a participação da Direita e do pensamento conservador no Brasil é mergulhar no cerne da própria sociedade. Caso você more no Brasil, vai compreender os processos e transformações descritos aqui no livro com ainda mais facilidade. É muito provável que, entre os fatos e dinâmicas de poder citados, existam alguns que fizeram parte de seu dia-a-dia ou até mesmo afetaram, de alguma forma, a sua vida. Na última década, a Direita no Brasil conquistou importantes vitórias políticas e sociais. Um dos principais marcos foi a eleição presidencial de Jair Bolsonaro em 2018, que representou a ascensão da Direita e conservadorismo no país. Durante o governo do Presidente Bolsonaro foi possível aprovar uma série de reformas econômicas e sociais, como a reforma da previdência, a flexibilização das leis trabalhistas, avanço no processo de privatização e a redução da carga tributária.

Outra conquista importante da Direita foi a própria derrota do Partido dos Trabalhadores (PT), que ocupava o poder há quase duas décadas no país. Isso representou a consolidação da queda de uma das maiores forças políticas de Esquerda na América Latina, em grande parte devido à percepção popular de que a administração do PT estava intrinsecamente ligada à corrupção. A ascensão da Direita abriu caminho para a implementação de políticas mais alinhadas com o liberalismo econômico visando a modernização da economia.

Além dessas conquistas políticas, a Direita também obteve êxitos sociais, como a criminalização do aborto, Regulamentação do "homeschooling" (ensino domiciliar) e banimento da educação de gênero para crianças nos primeiros anos escolares. Foram avanços que representaram a ascensão de valores conservadores, alinhados aos anseios da maioria da população brasileira. Os mesmos avanços também indicaram a rejeição da sociedade brasileira à políticas progressistas de gênero e sexualidade que foram importadas de pautas globalistas ou da Esquerda progressista internacional.

No entanto, é importante notar que essas conquistas não foram obtidas sem resistência. As políticas propostas pelo governo Bolsonaro enfrentaram forte oposição de movimentos sindicais, partidos de Esquerda e setores minoritários da sociedade. Essa oposição se manteve indiferente ao fato de que o voto na Direita também representou a insatisfação da maioria da população com as quase duas décadas perdidas sob a administração da Esquerda (PT). Os cidadãos brasileiros, que viveram no país durante os mandatos de Lula e Dilma, ficaram marcados por sucessivos escândalos de corrupção, caos econômico, aumento da criminalidade e a prisão do ex-presidente Lula.

Assim a Direita e os conservadores obtiveram um número expressivo de deputados federais e senadores no pleito eleitoral de 2018. Ao passo de que a luta pela hegemonia política no Brasil continuou aberta, uma vez que as conquistas da Direita passaram a ser constantemente contestadas judicialmente por forças progressistas, partidos de Esquerda radical e comunistas. Essa estratégia de aparelhamento do Estado para impor a vontade de uma minoria sobre a maioria, enfraquece a democracia e aumenta a polarização política.

Devido a diversos fatores a legislatura, que teve início em 2019 não obteve avanços em pautas conservadoras que eram desejadas pela sociedade. Comparado com as expectativas iniciais o resultado foi modesto. Poucos foram os projetos de lei aprovados, dentre os muitos que eram esperados para aperfeiçoar áreas como a defesa da vida e da família, segurança pública, políticas de saúde pública, políticas anticorrupção, combate à ideologia de gênero nas escolas, controle fiscal, liberdades individuais e controle do judiciário. Contribuíram para essa baixa produtividade parlamentar o bloqueio deliberado de pautas de costumes pelo presidente da Câmara, a pandemia da Covid-19, que de 2020 até 2022 ocupou a pauta do Congresso, além de que durante os momentos mais críticos da pandemia todas as comissões das duas casas legislativas foram paralisadas.

Entretanto é importante perceber que a baixa produtividade da Direita no Congresso Nacional também se deveu à desorganização interna. Fruto da inexperiência e despreparo dos próprios parlamentares de Direita, muitos dos anseios da sociedade deixaram de ser atendidos, gerando frustração em significativa parcela dos novos eleitores. Acentuando as dificuldades enfrentadas pela Direita no Congresso, ocorreram disputas internas desnecessárias. Demorou bastante tempo até que surgisse uma liderança parlamentar forte o suficiente para promover, com ênfase, as discussões sobre temas sensíveis e importantes ao conservadorismo. Para piorar, muito ruído foi ocasionado por parlamentares que se elegeram pegando carona com a chamada "onda Bolsonaro" em 2018 e depois decidiram abandonar as pautas conservadoras e de Direita, traindo os companheiros de partido no Congresso e a confiança de seus eleitores.

Outro ponto interessante e que merece ser analisado foi o aumento da representatividade cristã na política nacional. A ascensão da Direita no Brasil foi acompanhada pelo aumento da influência dos cristãos, particularmente dos evangélicos. Representando quase um terço da população brasileira, os evangélicos foram fundamentais para a eleição de Bolsonaro, de grande parte dos deputados, senadores e posteriormente para a aprovação de políticas sociais conservadoras. Isso representa um deslocamento no panorama religioso brasileiro em termos de representação política, uma vez que historicamente a maior influência era da Igreja Católica.

No entanto, em um escopo ampliado considerando que católicos e evangélicos possuem base cristã comum, podemos compreender melhor o apoio massivo à Direita nas eleições de 2018. Este foi um movimento de reação dos cristãos e conservadores aos sistemáticos ataques da Esquerda aos valores tradicionais, através de pautas semelhantes à liberação do aborto, ideologia de gênero nas escolas, liberação da eutanásia, segmentação da sociedade em minorias e até mesmo o combate à cristandade.

Apesar do pouco tempo no poder, de frustrar algumas expectativas e de enfrentar com altivez todos os obstáculos supracitados, a Direita conseguiu avanços significativos principalmente na área econômica. A redução de impostos, privatização de estatais ineficientes e a flexibilização das leis trabalhistas foram importantes vitórias para o liberalismo econômico. Sob a batuta da equipe liderada pelo Ministro Paulo Guedes a Direita colocou em prática a redução do estado e a valorização do livre mercado. Além disso, a reforma da previdência, que foi aprovada ainda em 2019, foi uma conquista importante para a sustentabilidade fiscal do país, apesar das controvérsias artificialmente criadas pela Esquerda e da oposição de setores minoritários da sociedade.

Outra prioridade acertada e que rende frutos para o país até os dias atuais (2024) foi investir na escolha técnica de alto nível para a direção do Banco Central do Brasil (BCB). Aliás, quando o Presidente Jair Bolsonaro nomeou Roberto Campos Neto para ser o novo presidente do Banco Central, além dos sete diretores que também cumpririam mandatos fixos na diretoria da instituição, ele fez mais do que uma escolha. Bolsonaro estava fazendo história pois essa nomeação só ocorreu devido à Lei Complementar nº 179, sancionada em fevereiro de 2021, que estabeleceu a autonomia para o Banco Central do Brasil com mandatos para os dirigentes da autarquia.

O BCB tem sido uma instituição fundamental para a estabilidade econômica do país. Ao longo dos últimos anos alcançou importantes conquistas, tais como:

Trabalhou em conjunto com o Governo para manter a inflação brasileira sob controle, mantendo a taxa de inflação anual dentro da meta estabelecida pelo Conselho Monetário Nacional (CMN).

Inspirou estabilidade do sistema financeiro brasileiro, garantindo a confiança dos investidores e a solidez das instituições financeiras.

Investiu na modernização do sistema de pagamentos brasileiro, com a criação do sistema de pagamentos instantâneos (PIX) e a implementação de novas tecnologias, como a blockchain.

Tem contribuído para a responsabilidade fiscal do país, com o controle do endividamento público e a garantia da sustentabilidade fiscal.

Fomentou o desenvolvimento sustentável através do financiamento de projetos de infraestrutura, saúde, educação e meio ambiente.

A ascensão da Direita no Brasil também representou um realinhamento internacional do país, com um aumento da proximidade com os Estados Unidos e a OTAN. Por outro lado, levou a uma redução da influência da China e de países da América do Sul. Isso tem implicações significativas para a política externa brasileira, relações comerciais e para a dinâmica regional. A proximidade com os Estados Unidos e a OTAN representou um afastamento das políticas de integração regional promovidas por governos anteriores, especialmente durante o período do governo do Partido dos Trabalhadores (PT). Isso significou uma redução da participação do Brasil em organismos regionais, como a União de Nações Sul-Americanas (UNASUL) e o Mercosul, e um distanciamento de países como Argentina, Bolívia e Venezuela.

Essa mudança de orientação externa teve implicações significativas para a dinâmica regional na América do Sul. Por um lado, o alinhamento com os Estados Unidos pode representar maior apoio econômico e político para o Brasil, além de maior acesso a tecnologia e investimentos. Por outro lado, o distanciamento de países do bloco regional pode representar uma perda de influência brasileira na América do Sul e um aumento de tensões com países como Argentina e Venezuela.

Além disso, a redução da influência da China no Brasil representou uma mudança de orientação comercial do país. O governo Bolsonaro buscou se aproximar dos Estados Unidos e da União Europeia, reduzindo a dependência comercial da China. Isso pode representar uma oportunidade de diversificação das relações comerciais do Brasil, mas também trazer riscos econômicos e diplomáticos, considerando a importância da China como parceiro comercial.

Podemos concluir que as conquistas da Direita no Brasil representam um momento de virada na história política do país, com importantes vitórias e avanços na área econômica, social e internacional. No entanto, essas conquistas estão ameaçadas pelo retorno prematuro da Esquerda ao poder e consequente retorno às velhas práticas de corrupção e descontrole fiscal.

#

Estado mínimo

O Estado Mínimo é uma concepção política e econômica que defende a minimização da intervenção do governo na economia e na sociedade. Esse conceito é baseado na crença de que o livre mercado é a melhor forma de alocar recursos e gerar riqueza. A intervenção estatal deve ser limitada a certas funções essenciais, como a segurança nacional, a proteção dos direitos individuais e a manutenção da lei e da ordem.

As vantagens do Estado Mínimo incluem:

Maior liberdade individual, pois com menos intervenção estatal, os indivíduos têm maior liberdade para tomar decisões econômicas e pessoais, o que pode levar a uma sociedade mais dinâmica e inovadora.

Maior eficiência econômica com base no livre mercado que é considerado mais eficiente do que a alocação de recursos pelo governo. O livre mercado permite a alocação de recursos baseada na demanda e na oferta, o que leva a uma produção mais eficiente e consequentemente a preços mais baixos para os consumidores.

Com menos gastos públicos, os impostos tendem a ser menores, o que pode beneficiar os contribuintes e a economia como um todo ao gerar menores custos para o contribuinte.

Menos burocracia é sempre melhor! Com uma intervenção estatal menor, há menos burocracia e menos obstáculos para empresas e indivíduos, o que pode facilitar a criação de empregos e a geração de riqueza.

Com menos regulamentações e impostos, as empresas são mais livres para inovar e competir no mercado, o que pode levar a uma maior produtividade e a uma melhoria na qualidade dos produtos e serviços oferecidos. O ambiente de maior competitividade é sempre mais saudável para a sociedade.

O Estado Mínimo pode ser uma ferramenta da Direita para superar o ciclo de dependência e desigualdade criado por algumas das Políticas Públicas equivocadas da Esquerda e seu estilo corrupto de governança. Nesse sentido é necessário um compromisso real com a construção de uma sociedade mais justa e igualitária, o que vai muito além dos discursos ou das teorias encantadoras de pensadores abarrotados de ideologia comunista.

A popularização do livre acesso aos verdadeiros meios produção de riqueza é algo que aterroriza a Esquerda. Isso porque depois de conhecer as vantagens de uma dinâmica econômica saudável, com mínima intervenção do Estado, o cidadão nunca mais vai servir à escravidão do assistencialismo estatal promovido pela Esquerda.

ANTES DE FECHAR O LIVRO

Desnudando a farsante

Quando você estiver lendo essa última página do livro, o assunto "Twitter Files Brasil", que fez muita coisa boa acontecer no Brasil e no Mundo em 2024, já será história. No entanto, é mais do que pertinente aproveitarmos o conhecimento adquirido para analisar o regime por trás das mensagens trocadas pelos funcionários do antigo Twitter agora chamado de X.

Segundo Michael Shellenberger, "o Brasil está envolvido num caso de ampla repressão da liberdade de expressão, liderada pelo ministro do STF, Alexandre de Moraes". O que poderia levar um jornalista experiente a uma conclusão dessas? Como algo assim poderia estar acontecendo em uma democracia pujante? As respostas contrariam a "verdade oficial". O jornalista Michael Shellenberger, que é presidente da Cátedra de Política, Censura e Liberdade de Expressão da Universidade de Austin, Texas, analisou uma grande quantidade de mensagens que circularam entre os funcionários do X no período de 2020 até 2022, na época o aplicativo ainda se chamava Twitter. Michael não é nenhum novato ou alienado, é um profissional preparado. Quando ele, trabalhando em conjunto com os jornalistas brasileiros David Ágape e Eli Vieira, decidiu no dia 03 de abril de 2024 publicar o "Twitter Files Brazil", sabia o que estava fazendo bem como suas consequências.

Exatamente da maneira que caracterizamos ao longo do livro, a reação do regime proveniente do Golpe de Estado Híbrido não decepcionou. Toda a reação pareceu seguir um roteiro, o mesmo usado para neutralizar qualquer discurso que contrarie a "verdade oficial", denuncie corrupção ou que exponha as entranhas da ditadura 2.0. Além do "passo a passo" para destruir reputação, rotular de inimigo da democracia, incluir em algum inquérito, confiscar recursos financeiros e tentar censurar, também ficou óbvia a rede de sustentação à "verdade oficial".

A população brasileira e o mundo puderam acompanhar a movimentação de alguns setores da imprensa, sociedade, política e também algumas autoridades agindo na tentativa desesperada de defender o regime. Atuando como se fosse um consórcio, eles inundaram os meios de comunicação com pronunciamentos oficiais, informações para distorcer a realidade e silenciar as denúncias. Mas tudo, obviamente, feito em nome da democracia e contra a interferência perigosa de estrangeiros aliados à "extrema Direita Internacional". Perfeito!

Então, só para fixar os conhecimentos: Qual tipo de regime considera crime denunciar desvio de conduta de autoridades, denunciar abuso de poder, denunciar censura ou flagrante desrespeito aos princípios Constitucionais de liberdade de expressão e opinião? Você pensou ditadura. Muito bom! Agora, para fechar com chave de ouro: E se a repressão à cidadania, oposição ou denúncias for feita usando subterfúgios legais, com campanha de desinformação e discurso de que "é preciso proteger a democracia", qual é o regime? Pois é, contrariando a "verdade oficial" a democracia pujante quando desnuda é uma Ditadura 2.0.

REFERÊNCIAS

REFERÊNCIAS CONSULTADAS

 Artigo: "O Pensamento Conservador no Brasil do Século XIX" - José Murilo de Carvalho

Artigo: "A Constituição de 1824" - José Murilo de Carvalho

Artigo: "Globalismo: Uma Crítica" - Noam Chomsky

Artigo: "Globalização: Uma Defesa" - Jagdish Bhagwati

Artigo: "A Importância dos Valores Sociais na Construção de uma Sociedade Justa e Democrática" - Carlos Alberto Torres

Documentário: "1964: O Brasil entre Armas e Livros" - Vladimir Carvalho

Documentário: "1889 - O Ano em que o Brasil Virou República"

Livro: "A difícil democracia: Reinventar as esquerdas" de Boaventura de Sousa Santos.

Livro: "O que é ser de esquerda no Brasil hoje" de Marcos Nobre.

Livro: "Esquerda e direita no Brasil" de Wanderley Guilherme dos Santos.

Livro: "História do Brasil" - Boris Fausto

Livro: "As Reformas de Base no Brasil" - Carlos Lacerda

Livro: "História do Brasil" - Boris Fausto

Livro: "Edmund Burke. Reflexões sobre a Revolução na França." Campinas: Vide Editorial, 2017

Livro: "Sérgio Paulo Rouanet. As razões do Iluminismo". São Paulo: Companhia das Letras, 1987.

Livro: "Leviathan" de Thomas Hobbes.

Livro: "O Príncipe" de Nicolau Maquiavel.

Livro: "O Estado no Século XXI" de Perry Anderson.

Livro: "A Reinvenção do Governo" de David Osborne e Ted Gaebler.

Livro: "A Globalização" - Joseph Stiglitz

Livro: "O Mito da Globalização" - Jean Ziegler

Livro: "Constituição da República Federativa do Brasil"

Livro: "Regimento Interno da Câmara dos Deputados"

Livro: "Regimento Interno do Senado Federal"

Livro: "Direito Constitucional Brasileiro" de Alexandre de Moraes

Livro: "O Poder Legislativo no Brasil" de Carlos Ari Sundfeld

Livro: "O que é ser de direita no Brasil hoje" de Olavo de Carvalho.

Livro: "Direita e esquerda no Brasil" de Wanderley Guilherme dos Santos.

Livro: "O novo conservadorismo: Uma análise crítica" de Luiz Felipe Pondé.

Livro: "Valores Sociais e Educação" - Vitor Henrique Paro

Site: https://cpdoc.fgv.br/

Site: https://guiadoestudante.abril.com.br/atualidades/
educacao-domiciliar-criticas-e-defesas-do-homeschooling/

Site: https://pt.wikipedia.org/wiki/
Estado_de_exce%C3%A7%C3%A3o

Site: https://jus.com.br/duvidas/294711/o-que-significa-
regime-de-excecao/

Site: https://brasilescola.uol.com.br/o-que-e/historia/o-que-e-
estado-de-excecao.htm

Site: http://www.enciclopedia-juridica.com/pt/
d/regime-de-exce%c3%a7%c3%a3o/regime-de-
exce%c3%a7%c3%a3o.htm

Site: https://www.significados.com.br/estado-de-excecao/

Site: https://diariodopoder.com.br/eleicoes-2022/skinheads-
petistas-agridem-idosos-e-deputado-bolsonaristas-em-
londrina

Site: https://revistaoeste.com/politica/stf-resolveu-que-a-lei-
brasileira-nao-se-aplica-a-bolsonaro-e-seus-aliados/

Site: https://revistaoeste.com/revista/edicao-eleicoes22/
bolsonaro-e-o-bolsonarismo/

Site: https://www.em.com.br/app/noticia/
politica/2022/05/09/interna_politica,1365312/bolsonarista-
afirma-ter-sido-agredido-por-petistas-por-protesto-contra-
lula.shtml

Site: https://veja.abril.com.br/coluna/radar/petista-mata-
bolsonarista-durante-discussao-em-sc/

Site: https://www.gazetadopovo.com.br/republica/denuncias-de-assedio-no-governo-federal-crescem-mais-de-50-na-gestao-lula/

Site: https://www.gazetadopovo.com.br/vida-e-cidadania/redes-sociais-censuram-perfis-sem-ordem-judicial/

Site: https://noticias.uol.com.br/colunas/jamil-chade/2022/12/07/como-diplomatas-sabotaram-bolsonaro-de-dentro-do-itamaraty.htm?cmpid=copiaecola

Site: https://www.gazetadopovo.com.br/republica/denuncias-de-assedio-no-governo-federal-crescem-mais-de-50-na-gestao-lula/

Site: https://www.bbc.com/portuguese/brasil-63152266

Site: https://veja.abril.com.br/coluna/radar/petista-mata-bolsonarista-durante-discussao-em-sc/

Site: https://www.dw.com/pt-br/a-extrema-direita-no-brasil-n%C3%A3o-%C3%A9-s%C3%B3-o-bolsonarismo/a-63721707

Site: https://revistaoeste.com/politica/stf-resolveu-que-a-lei-brasileira-nao-se-aplica-a-bolsonaro-e-seus-aliados/

Site: https://www.gazetadopovo.com.br/republica/denuncias-de-assedio-no-governo-federal-crescem-mais-de-50-na-gestao-lula/

Site: https://www.gazetadopovo.com.br/vida-e-cidadania/redes-sociais-censuram-perfis-sem-ordem-judicial/

Site: https://revistaoeste.com/brasil/redes-sociais-alegam-censura-previa-em-recurso-as-decisoes-de-moraes/

Site: https://revistaoeste.com/politica/moraes-x-telegram-os-5-principais-pontos-da-decisao-do-ministro/

Site: portal.stf.jus.br

Site: conjur.com.br

Site: https://www12.senado.leg.br/noticias

Site: https://www.omcgroup.com/

Site: https://es.wikipedia.org/wiki/Democracia

Site: https://www.tse.jus.br/

Site: https://unric.org/pt/declaracao-universal-dos-direitos-humanos/

Site: https://www.britannica.com/event/American-Revolution

Site: https://www.britannica.com/event/French-Revolution

Site: https://www.cnnbrasil.com.br/politica/bolsonaro-decide-contestar-medidas-restritivas-e-pedira-devolucao-do-passaporte/

Site: https://economia.uol.com.br/noticias/reuters/2024/02/14/bolsonaro-pede-ao-stf-devolucao-de-passaporte-para-ir-a-

Site: https://www.poder360.com.br/justica/pf-usa-tatica-inquisitorial-diz-defesa-de-ex-assessor-de-bolsonaro/

Site: https://www.poder360.com.br/justica/com-30-condenados-8-de-janeiro-completa-1-ano/

Site: https://pt.wikipedia.org/wiki/Inqu%C3%A9rito_das_Fake_News

Site: https://www.stf.jus.br/arquivo/cms/noticiaNoticiaStf/anexo/DECISA771OAfastagovernadoreoutrasmedidas2.pdf

Site: https://www.diariodocentrodomundo.com.br/conheca-os-tres-parlamentares-bolsonaristas-alvos-de-inquerito-da-pgr-por-incitacao-aos-atos-de-8-1/

Site: https://g1.globo.com/fantastico/noticia/2020/05/31/
inquerito-das-fake-news-veja-quem-sao-os-
investigados.ghtml

Site: https://extra.globo.com/noticias/brasil/relembre-
outros-presos-nos-inqueritos-da-fake-news-das-milicias-
digitais-25546044.html

Site: https://www.cnnbrasil.com.br/politica/6-pontos-para-
entender-a-investigacao-de-fake-news-no-stf-que-chegou-a-
bolsonaro/

Site: https://www.otempo.com.br/politica/judiciario/quem-
e-ridauto-fernandes-general-alvo-da-pf-em-nova-operacao-
do-8-de-janeiro-1.3243984

Site: https://pt.wikipedia.org/wiki/
Acordos_de_dela%C3%A7%C3%A3o_premiada_na_Ope-
ra%C3%A7%C3%A3o_Lava_Jato

Site: https://g1.globo.com/politica/noticia/lava-jato-
teve-293-acordos-de-delacao-homologados-diz-pgr.ghtml

Site: https://g1.globo.com/politica/noticia/2023/05/17/veja-
como-funciona-a-delacao-premiada-e-quais-investigados-
podem-fazer-o-acordo.ghtml

Site: https://www.cfr.org/in-brief/lava-jato-see-how-far-
brazils-corruption-probe-reached

Site: https://g1.globo.com/politica/noticia/2020/04/24/
moro-anuncia-demissao-do-ministerio-da-justica-e-deixa-o-
governo-bolsonaro.ghtml

Site: https://www.bbc.com/portuguese/brasil-52415933

Site: https://g1.globo.com/politica/noticia/2020/04/24/
juiz-da-lava-jato-moro-deixou-a-magistratura-para-assumir-
ministerio-da-justica-no-governo-bolsonaro-veja-perfil.ghtml

Site: https://www.bbc.com/portuguese/internacional-43617234

Site: https://www.gazetadopovo.com.br/mundo/temer-e-o-6o-ex-presidente-preso-pela-lava-jato-na-america-latina-veja-a-lista/

Site: https://pt.aleteia.org/2018/08/13/corrupcao-na-america-latina-uma-historia-sem-fim/

Site: https://www.dw.com/pt-br/dez-ex-presidentes-latino-americanos-que-j%C3%A1-foram-presos/g-64044739

Site: https://www.em.com.br/app/noticia/internacional/2018/08/13/interna_internacional,979872/corrupcao-na-america-latina-uma-historia-sem-fim.shtml

Site: https://www.bbc.com/news/world-europe-56237818

Site: https://oglobo.globo.com/mundo/noticia/2023/05/tribunal-frances-condena-em-tres-anos-de-prisao-o-ex-presidente-sarkozy-por-corrupcao.ghtml

Site: https://brasil.elpais.com/internacional/2021-09-30/nicolas-sarkozy-e-condenado-a-um-ano-de-prisao-pelo-financiamento-ilegal-de-sua-campanha-em-2012.html

Site: https://www1.folha.uol.com.br/mercado/2024/03/brasileiro-ve-piora-na-economia-na-inflacao-e-no-desemprego-mostra-datafolha.shtml

Site: https://www.poder360.com.br/economia/913-do-capital-da-vale-e-privado-saiba-quem-sao-os-socios/

Site: https://valorinveste.globo.com/blogs/hudson-bessa/coluna/vale-tentativa-de-interferencia-em-ex-estatal-acrescenta-mais-ruido-ao-mercado.ghtml

Site: https://oglobo.globo.com/economia/negocios/noticia/2024/03/09/apos-decisao-do-conselho-da-vale-governo-vai-tentar-influenciar-sucessao-na-mineradora.ghtml

Site: https://revistaoeste.com/revista/edicao-147/brasilia-8-de-janeiro-de-2023/

Site: https://revistaoeste.com/mundo/no-governo-lula-estatais-voltam-a-ter-prejuizo-e-tesouro-projeta-rombo-de-r-6-bilhoes-para-2023/

Site: https://revistaoeste.com/economia/criacao-de-empregos-despenca-no-brasil/

Site: https://revistaoeste.com/economia/governo-lula-pib-vai-crescer-menos-em-2023/

Site: https://www.bbc.com/portuguese/articles/czk50133n8yo

Site: https://www.cnnbrasil.com.br/economia/mercado/relatorio-da-onu-preve-desaceleracao-da-economia-brasileira-em-2024/

Site: https://news.un.org/pt/story/2024/01/1825922

Site: https://brasil.un.org/pt-br/257183-situa%C3%A7%C3%A3o-econ%C3%B4mica-mundial-e-perspectivas-para-2024

Site: https://g1.globo.com/politica/blog/valdo-cruz/post/2024/03/11/lula-e-petrobras-disputa-interna-por-controle-da-estatal-irrita-investidores-e-prejudica-cofre-do-tesouro-nacional.ghtml

Site: https://g1.globo.com/economia/noticia/2023/05/16/presidente-da-petrobras-nega-intervencao-do-governo-e-diz-que-ha-transparencia-total-em-nova-politica.ghtml

Site: https://www1.folha.uol.com.br/mercado/2023/11/petrobras-preve-us-102-bilhoes-em-primeiro-planoestrategico-do-governo-lula.shtml

Site: https://www1.folha.uol.com.br/mercado/2023/11/governo-aprova-mudanca-no-estatuto-da-petrobras-questionada-pelo-tcu.shtml

Site: https://g1.globo.com/politica/noticia/2023/12/30/em-2023-lula-se-envolveu-em-polemicas-sobre-juros-guerras-e-indicacoes-de-mulheres.ghtml

Site: https://www.dw.com/pt-br/as-declarações-polêmicas-de-lula-na-política-externa/g-68309176

Site: https://www.bbc.com/portuguese/articles/c1rle2j82jlo

Site: https://g1.globo.com/jornal-nacional/noticia/2024/03/01/pib-soma-r-109-trilhoes-em-2023-e-brasil-volta-a-estar-entre-as-10-maiores-economias-do-mundo.ghtml

Site: https://g1.globo.com/rj/rio-de-janeiro/noticia/2023/10/27/ibge-ajusta-dados-do-censo-e-chega-a-um-novo-total-de-habitantes-do-brasil.ghtml

Site: https://agenciadenoticias.ibge.gov.br/agencia-noticias/2012-agencia-de-noticias/noticias/37237-de-2010-a-2022-populacao-brasileira-cresce-6-5-e-chega-a-203-1-milhoes

Site: https://www1.folha.uol.com.br/poder/2024/03/nova-ferramenta-nas-maos-de-stf-e-governo-pode-reduzir-poder-do-congresso.shtml

Site: https://www.politize.com.br/separacao-dos-tres-poderes-executivo-legislativo-e-judiciario/

Site: https://www.jusbrasil.com.br/artigos/divisao-organica-e-funcional-dos-poderes/1574098422

Site: https://www.transparency.org/en/cpi/2023/index/bra

Site: https://www.correiobraziliense.com.br/politica/2024/02/6798142-toffoli-determina-investigacao-da-transparencia-internacional-ong-reage.html

Site: https://g1.globo.com/politica/blog/daniela-lima/post/2024/02/05/toffoli-manda-investigar-transparencia-internacional.ghtml

Site: https://noticias.uol.com.br/politica/ultimas-noticias/2024/02/05/toffoli-manda-investigar-transparencia-internacional.htm

Site: https://www.bol.uol.com.br/noticias/2024/02/05/toffoli-manda-investigar-transparencia-internacional.htm

Site: https://epocanegocios.globo.com/empresas/noticia/2024/02/cnj-tambem-investiga-transparencia-internacional-no-acordo-bilionario-da-jf.ghtml

Site: https://oantagonista.com.br/brasil/lula-derrete-em-2024/

Site: https://www.cnnbrasil.com.br/saude/painel-da-vacina-brasil-esta-em-62-no-ranking-global-e-e-4o-no-total-de-doses/

Site: https://www.cnnbrasil.com.br/saude/painel-da-vacina-brasil-esta-em-60o-no-ranking-global-e-e-4o-no-total-de-doses/

Site: https://oglobo.globo.com/politica/noticia/2024/03/30/com-base-fragil-governo-lula-deixa-de-orientar-bancada-no-congresso-em-um-terco-das-votacoes.ghtml

Site: https://g1.globo.com/am/amazonas/noticia/2023/12/24/amazonas-fecha-2023-com-quase-20-mil-queimadas-o-segundo-pior-ano-desde-1998.ghtml

Site: https://www.wwf.org.br/?87182/Com-22-mil-focos-dequeimadas-Amazonia-tem-o-pior-mes-de-outubro-em-15-anos

Site: https://ipam.org.br/amazonia-tem-alta-de-65-na-area-queimada-de-janeiro-a-abril/

Site: https://agenciabrasil.ebc.com.br/geral/noticia/2024-02/area-queimada-no-brasil-cresce-248-em-relacao-janeiro-de-2023

Site: https://revistaoeste.com/politica/contaminando-o-governo-instabilidade-emocional-jornalistas-da-globonews-criticam-lula-por-declaracoes/

Site: https://www.poder360.com.br/saude/nao-e-possivel-vacinar-em-massa-contra-dengue-em-2024-diz-nisia/

Site: https://g1.globo.com/saude/noticia/2024/02/09/detalhamento-vacina-dengue-ministerio-da-saude.ghtml

Site: https://www.gov.br/saude/pt-br/assuntos/noticias/2024/janeiro/ministerio-da-saude-vai-definir-estrategia-de-vacinacao-contra-a-dengue-com-estados-e-municipios

Site: https://g1.globo.com/saude/noticia/2024/01/20/casos-de-dengue-no-pais-tem-boom-em-2024-e-dobram-em-relacao-ao-mesmo-periodo-de-2023-seis-mortes-foram-confirmadas.ghtml

Site: https://commission.europa.eu/strategy-and-policy/priorities-2019-2024/promoting-our-european-way-life/statistics-migration-europe_pt

Site: https://unric.org/pt/migracao-para-a-europa-factos-nao-percepcoes/

Site: https://causaoperaria.org.br/2024/crise-no-oriente-medio-eua-participam-cada-vez-mais-do-conflito/

Site: https://vermelho.org.br/2017/01/12/oriente-medio-e-o-imperialismo/

Site: https://www.monitordooriente.com/20210202-interferencia-estrangeira-como-fonte-de-fragilidade-do-estado-na-etiopia/

Site: https://www.bbc.com/portuguese/internacional-55351023

Site: https://www.publico.pt/2022/01/12/mundo/noticia/migracao-quase-200-mil-migrantes-chegaram-uniao-europeia-2021-1991595

Site: https://g1.globo.com/mundo/noticia/conheca-os-principais-episodios-da-crise-migratoria-na-europa.ghtml

Site: https://pt.wikipedia.org/wiki/Lista_de_pa%C3%ADses_do_Oriente_M%C3%A9dio_por_geografia_e_economia

Site: https://revistaoeste.com/politica/eleicoes-2022/cia-interferiu-nas-eleicoes-brasileiras-denuncia-fox-news/

Site: https://www.gazetadopovo.com.br/republica/lula-eleicao-2022-participacao-eua-por-baixo-panos/

Site: https://revistaoeste.com/revista/edicao-98/o-confronto-nas-americas-hoje-e-entre-ditadura-e-democracia/

Site: https://revistaoeste.com/politica/eleicoes-2022/

Site: https://www.gazetadopovo.com.br/mundo/russia-acusa-estados-unidos-de-interferencia-na-eleicao-presidencial/

Site: https://www.gazetadopovo.com.br/mundo/termina-investigacao-sobre-interferencia-russa-nas-eleicoes-americanas/

Site: https://www.opeu.org.br/2022/10/28/o-que-esperar-das-relacoes-brasil-eua-apos-as-eleicoes-i/

Site: https://www.opeu.org.br/2022/10/29/o-que-esperar-das-relacoes-brasil-eua-apos-as-eleicoes-v/

Site: https://cebri.org/revista/br/artigo/32/a-rivalidade-china-eua-e-os-interesses-estrategicos-do-brasil

Site: https://www.cnnbrasil.com.br/economia/fmi-diz-que-economia-brasileira-esta-se-saindo-melhor-do-que-o-esperado/

Site: https://www.apexbrasil.com.br/

Site: https://www.gov.br/mdic/pt-br/assuntos/noticias/2024/janeiro/comercio-exterior-brasileiro-bate-recordes-e-fecha-2023-com-saldo-de-us-98-8-bi

Site: https://www.ceicdata.com/pt/indicator/european-union/total-imports

Site: https://g1.globo.com/economia/noticia/2024/01/05/balanca-comercial-ultrapassa-us-98-bilhoes-em-2023-maior-valor-da-serie-historica.ghtml

Site: https://www.gov.br/mdic/pt-br/assuntos/noticias/2024/janeiro/comercio-exterior-brasileiro-bate-recordes-e-fecha-2023-com-saldo-de-us-98-8-bi

Site: https://g1.globo.com/jornal-nacional/noticia/2023/10/02/brasil-atinge-marca-historica-de-exportacoes-em-2023.ghtml

Site: https://www.gov.br/economia/pt-br/assuntos/noticias/2022/fevereiro/brasil-abre-2022-com-recordes-de-exportacoes-e-de-corrente-de-comercio

Site: https://www.gov.br/mdic/pt-br/assuntos/noticias/2023/agosto/exportacoes-brasileiras-em-2023-chegam-a-us-206-868-bilhoes

Site: https://www.ine.pt/xportal/xmain?
xpgid=ine_tema&xpid=INE&tema_cod=1410&xlang=pt

Site: https://www.gov.br/mdic/pt-br/assuntos/
noticias/2024/janeiro/comercio-exterior-brasileiro-bate-
recordes-e-fecha-2023-com-saldo-de-us-98-8-bi

Site: https://g1.globo.com/economia/noticia/2024/01/05/
balanca-comercial-ultrapassa-us-98-bilhoes-em-2023-maior-
valor-da-serie-historica.ghtml

Site: https://exame.com/economia/comercio-entre-brasil-e-
eua-vai-a-us-887-bi-e-bate-recorde-em-2022-diz-amcham/

Site: https://exame.com/economia/comercio-entre-brasil-e-
eua-vai-a-us-887-bi-e-bate-recorde-em-2022-diz-amcham/

Site: https://conteudo.amcham.com.br/monitor

Site: https://www.cnnbrasil.com.br/internacional/no-chile-
governo-enfrenta-protestos-e-alta-da-inflacao/

Site: https://valor.globo.com/mundo/noticia/2022/04/26/
presidente-do-chile-esta-em-apuros-apos-so-seis-semanas-
no-cargo.ghtml

Site: https://g1.globo.com/mundo/noticia/2022/03/11/
gabriel-boric-assume-presidencia-do-chile-veja-desafios-do-
novo-governo.ghtml

Site: https://www.bbc.com/portuguese/
internacional-59701412

Site: https://www.cnnbrasil.com.br/internacional/gabriel-
boric-e-empossado-presidente-do-chile-e-marca-mudanca-
na-politica-do-pais/

Site: https://www.cnnbrasil.com.br/internacional/comescandalos-e-sob-pressao-gustavo-petro-completa-um-ano-na-presidencia-da-colombia/

Site: https://www.bbc.com/portuguese/internacional-62444024

Site: https://www.estadao.com.br/internacional/gustavo-petro-e-eleito-presidente-da-colombia-indica-projecao/

Site: https://infograficos.gazetadopovo.com.br/mundo/esquerda-e-direita-na-america-do-sul/

Site: https://www.dw.com/pt-br/uma-guinada-%C3%A0-direita-na-am%C3%A9rica-do-sul/a-65570407

Site: https://www.bbc.com/portuguese/internacional-61202328

Site: https://www.publico.pt/2017/04/24/mundo/noticia/o-que-defende-le-pen-1769890

Site: https://www.elperiodico.com/es/internacional/20170205/propuestas-marine-le-pen-5788327

Site: https://www.bbc.com/portuguese/brasil-52824346

Site: https://www.conjur.com.br/2022-nov-27/inquerito-fake-news-stf-relacao-justica/

Site: https://revistaoeste.com/politica/8-motivos-que-tornam-o-inquerito-das-fake-news-ilegal/

Site: https://portal.stf.jus.br/noticias/verNoticiaDetalhe.asp?idConteudo=445860&ori=1

Site: https://dicionariodireito.com.br/principio-da-anterioridade-penal

Site: https://www.bbc.com/portuguese/internacional-55660072

Site: https://www.bbc.com/portuguese/internacional-56055125

Site: https://veja.abril.com.br/mundo/trump-e-absolvido-de-processo-de-impeachment-no-senado-pela-2a-vez/

Site: https://www.nationalgeographicbrasil.com/historia/2022/10/benito-mussolini-ascensao-queda-e-legado-do-fundador-do-fascismo

Site: https://ensina.rtp.pt/artigo/a-morte-de-benito-mussolini/

Site: https://revistagalileu.globo.com/Sociedade/Historia/noticia/2021/05/conheca-os-5-maiores-genocidios-da-historia-da-humanidade.html

Site: https://www.dw.com/pt-002/muammar-kadhafi-foi-assassinado-h%C3%A1-dez-anos-na-l%C3%ADbia/a-59557224

Site: https://www.bbc.com/portuguese/articles/c04yjelynv9o

Site: https://gazetabrasil.com.br/ultimas-noticias/2024/04/09/comissao-do-senado-inclui-elon-musk-em-audiencia-sobre-twitter-files-brazil/

LIVROS DESTE AUTOR

Estado Como Um Serviço - Staas: Da Coerção Territorial À Liberdade De Escolha: A Tecnologia Substituindo O Estado-Nação

O Estado-nação sequestrou a nossa individualidade. Desde o nascimento, somos inseridos em um "Sistema" quase invisível de camadas burocráticas e estruturas de poder que prometem proteção, mas entregam obsolescência e corrupção. O Estado moderno faliu: ele já não é capaz de acompanhar a velocidade da revolução digital, nem de respeitar a soberania de quem deveria servir.

Mas o que acontece quando a geografia deixa de ser o nosso destino?

Nesta obra, exploramos a fronteira final da inovação: a governança transformada em tecnologia. O "STaaS" não é apenas uma alternativa teórica; é a evolução inevitável de um mundo onde contratos inteligentes substituem burocratas e a adesão voluntária substitui o imposto forçado. Prepare-se para entender como a descentralização e a concorrência de serviços de governança estão moldando o fim da era das fronteiras rígidas. O futuro não será governado por territórios, mas por escolhas.

Nesta leitura essencial, você descobrirá:

- A Anatomia da Falência: Por que o Estado liberal moderno

está chegando ao fim?

- O Conceito de "STaaS": Como a governança pode funcionar como um serviço por assinatura, focado na satisfação do cliente e na eficiência tecnológica.

- Liberdade de Escolha: A transição de um sistema forçado para um modelo de adesão voluntária, inspirado na agilidade das "startups" e das comunidades digitais.

- O Caminho Adiante: Como a convergência de tecnologias digitais está criando uma oportunidade única para retomarmos nossa soberania individual.

Você já sentiu que o modelo de governo atual não representa mais os seus interesses? Já percebeu que o "Sistema" está usando o Estado apenas para benefício próprio? Se você deseja descobrir para onde o mundo está caminhando e como a liberdade e a prosperidade podem ser garantidas fora das fronteiras dos Estados tradicionais, este livro é o seu ponto de partida.

Líder Forte - Os Segredos Da Liderança À Prova De Crise

Este livro objetiva atender, de maneira direta e simples, às suas necessidades práticas de liderança e superação de crises. Você administra questões relacionadas a pessoas no dia a dia? Assumiu ou deseja conquistar uma nova função para a qual é desejável habilidade em liderar equipes? Você não sabe como agir diante de uma crise? Necessita melhorar o desempenho do trabalho em equipe?

Sua liderança está constantemente submetida a condições adversas como prazos achatados, resistência passiva de colaboradores, equipes transitórias, resultados aquém das metas ou comunicação precária? Então, provavelmente, a leitura de "Líder Forte" acrescentará uma nova perspectiva à sua forma de liderar e superar desafios.

O autor apresenta os detalhes de uma liderança com "personalidade", sem bom-mocismo e ambientada no olho do furacão de uma crise. O líder e o sistema de liderança forte descritos nas páginas deste livro possuem a competência necessária para a superação de crises; portanto, esqueça a ortodoxia ou os esforços para ser simpático. Sem abrir mão da ética, a liderança abordada aqui subverte alguns mitos, costumes e práticas para deixar claro que você deve ser forte para fazer o que precisa ser feito na hora oportuna.

Conheça os segredos que fazem do líder uma entidade capaz de reduzir o tempo de exposição a crises, minimizar os seus reflexos, atingir objetivos e, ainda, inspirar pessoas.

Cibersegurança E Privacidade Para Todos: Como Proteger Sua Vida Digital De Ameaças Online

Este Guia da Segurança Digital reúne as melhores práticas para manter suas informações longe de criminosos. O acesso não autorizado aos dados armazenados em dispositivos ou sistemas de armazenamento remoto, a interceptação do tráfego de rede e o roubo de identidade digital ou credenciais são apenas algumas das ameaças de consequências potencialmente trágicas.

Imagine alguém ter acesso irrestrito à sua conta bancária, aos seus e-mails, mensagens em aplicativos, imagens e arquivos corporativos confidenciais. Agora imagine que este criminoso pode assumir o controle de todas as suas redes sociais, se passando por você para interagir com seus familiares, amigos ou contatos profissionais. Tudo isso pode ser evitado, e a informação é a sua melhor aliada.

Com linguagem simples e exemplos atuais, este livro descreve as principais ameaças à segurança de usuários de tecnologia, propondo soluções de fácil implementação. Suas credenciais, dispositivos móveis ou sistemas são apenas meios para que os criminosos consigam o que querem. Portanto, todos têm importância e precisam ser tratados com a mesma atenção.

Proteja-se de "hackers", não seja a próxima vítima.

Fator Amazônia

Uma crise internacional envolvendo a soberania da região amazônica está em andamento. Militares brasileiros, liderados por um oficial "casca-grossa", partem em uma operação capaz de alterar os rumos da crise. No retorno da missão, a equipe descobre que algo surpreendente ocorreu enquanto esteve isolada na selva: o Brasil está sob intervenção de uma força internacional.

A resposta brasileira à agressão externa envolve o jovem oficial em uma trama sórdida e de consequências imprevisíveis. O tenente Ramos vai ter de correr contra o tempo, combater as forças estrangeiras e desafiar o governo de seu próprio país em busca de uma alternativa para as vítimas do conflito e da pandemia Ossos Verdes.

Conheça o livro que deu origem à trilogia "Casca Grossa". Embarque nessa emocionante aventura acompanhando combates na selva, guerra de resistência, espionagem e conspirações internacionais.

Necrose Moral

Escândalos de corrupção e crise econômica aumentam a pressão por mudanças. Um misterioso acidente aéreo atinge a cúpula da força-tarefa que investigava o crime organizado e suas ligações com o governo. Ao buscar informações sobre as circunstâncias deste acidente, o Major Ramos pode encontrar verdades que ameaçam políticos poderosos. Em pouco tempo, o oficial de operações especiais se torna o centro da mais espetacular caçada humana já realizada no país.

Transformado em um alvo por pessoas poderosas, ele vai ter de usar todas as suas habilidades e conhecimentos para sobreviver. Principalmente depois de ser acusado do assassinato da presidente da República, de políticos e de outras testemunhas, Ramos fará de tudo para descobrir qual é o segredo escondido por uma perigosa rede de corrupção e intrigas.

Prepare-se para fortes emoções. Neste segundo livro da trilogia "Casca Grossa", iniciada com "Fator Amazônia", o autor aprofunda a experiência de ação e aventura, brindando os leitores com horas de entretenimento. Você está convidado a descobrir a verdade junto com o Major Ramos. Boa sorte!

Paralaxe

Uma inteligência artificial baseada em tecnologias revolucionárias escapa ao controle de seus criadores e se apodera de todo o conhecimento já produzido pela humanidade. Planos para criar o caos e forçar o 'reset' global, alterando para sempre a estrutura da sociedade moderna, são descobertos.

Agora, o destino da vida sobre a Terra depende da ação rápida, brutal e improvável de três pessoas. Ramos está de volta! E, desta vez, não está sozinho. Este é o desfecho épico da trilogia "Casca Grossa". Você irá se surpreender.

Bostil - O Retorno Do Messianismo Militar

Este livro apresenta uma análise crítica sobre fatos que estão afetando a rotina de milhões de pessoas no Brasil e em muitos outros países. Polarização política, desinformação, autoritarismo e as dificuldades econômicas criam um ambiente de volatilidade social que favorece a manipulação e o surgimento de soluções eivadas de enganosa simplicidade. Com base no conhecimento consolidado nas obras de autores de grande relevância, são analisados assuntos como democracia, autoritarismo, desequilíbrio entre os Poderes da República, ativismo do Judiciário, ataques à liberdade de expressão, o mito da eficiência militar na administração pública e as dinâmicas das novas tecnologias nas questões do setor de Defesa.

Ao longo da obra, Ráyel G. C. Barroso explora as origens históricas do "messianismo militar" e suas consequências negativas para a democracia. Ele também examina, de maneira propositiva, as diferenças entre as habilidades decorrentes da formação militar e as necessidades específicas para atuar com eficácia na gestão pública, destacando as limitações da "expertise" militar quando aplicada em contextos civis. Além disso, o texto discute a experiência histórica de intervenções militares no Brasil e no mundo, seus resultados deletérios e a importância do fortalecimento das instituições democráticas como alternativa ao autoritarismo.

Finalmente, o autor aborda a legislação que define o papel e as atribuições das Forças Armadas no Brasil, enfatizando a necessidade de sua profissionalização e integração com o sistema democrático. São propostas abordagens para obter conformidade entre os anseios da população, o paradigma da informação descentralizada, a necessidade de amadurecimento da democracia e a atuação equilibrada de instituições de Estado, o surgimento de tecnologias disruptivas como inteligência artificial e computação quântica, e a atuação do setor produtivo em parceria estratégica com o setor de Defesa. Através de uma abordagem simples e direta, os leitores são guiados por fontes de conhecimento que podem fazer a diferença na percepção sobre assuntos de muita relevância no debate nacional e internacional.

www.ingramcontent.com/pod-product-compliance
Lightning Source LLC
Chambersburg PA
CBHW071218260726
48653CB00042B/1026